Todos los nombres

José Saramago

Todos los nombres

Traducción de Pilar del Río

ALFAGUARA M.R

TODOS LOS NOMBRES
© D.R. 1997, José Saramago
© De la traducción: Pilar del Río
   Título original: *Todos os Nomes*

De la edición española:
© 1998, Santillana, S.A.
   Torrelaguna, 60-28043. Madrid, España

De esta edición:
© D.R. 1998, Aguilar, Altea, Taurus, Alfaguara, S.A. de C.V. M.R.
   Av. Universidad 767, Col. del Valle
   México, 03100, D.F. Teléfono 688 8966

• Distribuidora y Editora Aguilar, Altea, Taurus, Alfaguara, S.A. de C.V.
  Calle 80 10-23. Santafé de Bogotá, Colombia.
• Santillana S.A., Avda San Felipe 731. Lima.
• Editorial Santillana S.A.
  Av. Rómulo Gallegos, Edif. Zulia 1er. piso
  Boleita Nte. Caracas 1071. Venezuela.
• Editorial Santillana Inc.
  P.O. Box 5462 Hato Rey, Puerto Rico, 00919.
• Santillana Publishing Company Inc.
  2043 N. W. 86 th Avenue Miami, Fl., 33172 USA.
• Ediciones Santillana S.A.(ROU)
  Javier de Viana 2350, Montevideo 11200, Uruguay.
• Aguilar, Altea, Taurus, Alfaguara, S.A.
  Beazley 3860, 1437. Buenos Aires.
• Aguilar Chilena de Ediciones Ltda.
  Pedro de Valdivia 942. Santiago.
• Santillana de Costa Rica, S.A.
  Apdo. Postal 878-1150, San José 1671-2050 Costa Rica.

Primera edición en México: abril de 1998
Primera reimpresión en México: octubre de 1998

ISBN: 968-19-0453-2

Proyecto de Enric Satué
© Cubierta: Juan Pablo Rada

Impreso en México

A Pilar

Conoces el nombre que te dieron,
no conoces el nombre que tienes.

LIBRO DE LAS EVIDENCIAS

Encima del marco de la puerta hay una chapa metálica larga y estrecha, revestida de esmalte. Sobre un fondo blanco, las letras negras dicen Conservaduría General del Registro Civil. El esmalte está agrietado y desportillado en algunos puntos. La puerta es antigua, la última capa de pintura marrón está descascarillada, las venas de la madera, a la vista, recuerdan una piel estriada. Hay cinco ventanas en la fachada. Apenas se cruza el umbral, se siente el olor del papel viejo. Es cierto que no pasa ni un día sin que entren en la Conservaduría nuevos papeles, de individuos de sexo masculino y de sexo femenino que van naciendo allá afuera, pero el olor nunca llega a cambiar, en primer lugar porque el destino de todo papel nuevo, así que sale de la fábrica, es comenzar a envejecer, en segundo lugar porque, más habitualmente en el papel viejo, aunque muchas veces también en el papel nuevo, no pasa un día sin que se escriban causas de fallecimientos y respectivos lugares y fechas, cada uno contribuyendo con sus olores propios, no siempre ofensivos para las mucosas olfativas, como lo demuestran ciertos efluvios aromáticos que de vez en cuando, sutilmente, atraviesan la atmósfera de la Conservaduría General y que las narices más finas identifican como un perfume compuesto de mitad rosa y mitad crisantemo.

Pasada la puerta, aparece una mampara alta y acristalada con dos batientes, por donde se accede a la enorme sala rectangular en la que trabajan los funcionarios, separados del público por un mostrador largo que une las dos paredes laterales, con excepción, en una de las dos extremidades, del ala abatible que permite el paso al interior. La disposición de los lugares en la sala acata naturalmente las precedencias jerárquicas, pero siendo, como cabe esperar, armoniosa desde este punto de vista, también lo es desde el punto de vista geométrico, lo que sirve para probar que no existe ninguna irremediable contradicción entre estética y autoridad. La primera línea de mesas, paralela al mostrador, está ocupada por los ocho escribientes, a quienes compete atender al público. Detrás, igualmente centrada respecto al eje de simetría que, partiendo de la puerta, se pierde allá al fondo, en los confines oscuros del edificio, hay una línea de cuatro mesas. Éstas pertenecen a los oficiales. A continuación vienen los subdirectores, que son dos. Finalmente, aislado, solo, como tenía que ser, el conservador, a quien llaman jefe en el trato cotidiano.

La distribución de tareas entre la plantilla de funcionarios satisface una regla simple, la de que los elementos de cada categoría tienen el deber de ejecutar todo el trabajo que les sea posible, de modo que sólo una parte mínima pase a la categoría siguiente. Esto significa que los escribientes no tienen más remedio que trabajar sin descanso desde la mañana hasta la noche, mientras los oficiales lo hacen de vez en cuando, los subdirectores muy de tarde en tarde, el conservador casi nunca. La continua agitación de los ocho de delante, que tan pronto se sientan como se levantan, siempre corriendo de la mesa al mostrador, del mostrador a los ficheros, de los ficheros al archivo, repitiendo sin descanso éstas y otras secuencias y combinaciones ante la indiferencia de los superiores, tanto inmediatos como distantes, es un factor imprescindible para comprender cómo fueron posibles y lamentablemente fáciles de cometer los abusos, las irregularidades y las falsificaciones que constituyen la materia central de este relato.

Para no perder el hilo de la madeja en asunto de tal trascendencia, es conveniente comenzar sabiendo dónde se encuentran instalados y cómo funcionan los archivos y los ficheros. Están divididos, estructural y básicamente, o, si queremos usar palabras simples, obedeciendo a la ley de la naturaleza, en dos grandes áreas, la de los archivos y ficheros de los muertos y la de los archivos y ficheros de los vivos. Los papeles de aquellos que ya no viven se encuentran más o menos organizados en la parte trasera del edificio, cuya pared del fondo, de tiempo en tiempo, en virtud del aumento incesante del número de fallecidos, tiene que ser derribada y nuevamente levantada unos metros atrás. Como será fácil concluir, las dificultades de acomodación de los vivos, aunque preocupantes, teniendo en cuenta que siempre está naciendo gente, son mucho menos acuciantes, y se han ido resolviendo, hasta ahora, de modo razonablemente satisfactorio, ya sea por el recurso a la compresión mecánica horizontal de los expedientes individuales colocados en las estanterías, caso de los archivos, ya sea por el empleo de cartulinas finas y ultrafinas, en el caso de los ficheros. A pesar del incómodo problema de la pared del fondo, al que ya se ha hecho referencia, merece todas las alabanzas el espíritu de previsión de los arquitectos históricos que proyectaron la Conservaduría General del Registro Civil, proponiendo y defendiendo, contra las opiniones conservadoras de ciertas mentes tacañas ancladas en el pasado, la instalación de las cinco gigantescas armazones de estantes que se levantan hasta el techo a espaldas de los funcionarios, más atrasado el tope del estante central, que casi toca el sillón del conservador, más próximos al mostrador los topes de los estantes laterales extremos, quedándose los otros dos, por así decir, a medio camino. Consideradas ciclópeas y sobrehumanas por todos los observadores, estas construcciones se extienden por el interior del edificio más allá de lo que los ojos pueden alcanzar, también porque a partir de cierta altura comienza a reinar la oscuridad, ya que apenas se encienden las lámparas cuando es necesario consultar algún expediente. Estas armazones de estantes son las que soportan el peso de los vivos. Los muertos, esto es, sus papeles, están metidos por allí dentro, en peores condiciones de lo que debería permitir el respeto, por eso da el trabajo que da encontrarlos cuando un pa-

riente, un notario o un agente judicial vienen a la
Conservaduría General requiriendo certificados o
copias de documentos de otras épocas. La desor-
ganización de esa parte del archivo está motivada y
agravada por el hecho de que los fallecidos antiguos
son los que están más próximos al área denomina-
da activa, inmediatamente después de los vivos,
constituyendo, según la inteligente definición del
jefe de la Conservaduría General, un peso dos veces muerto, dado que es rarísimo que alguien se
preocupe de ellos, sólo de tarde en tarde se presenta aquí algún excéntrico investigador de pequeñeces históricas irrelevantes. Salvo que algún día se
decida separar a los muertos de los vivos, constru-
yendo en otro lugar una nueva Conservaduría
para depósito exclusivo de los difuntos, no hay remedio para la situación, como quedó claro cuando uno de los subdirectores, en infeliz hora, tuvo
la ocurrencia de proponer que la organización del
archivo de los muertos se hiciera al contrario, al
fondo los remotos, más acá los de fecha fresca, en
orden a facilitar, burocráticas palabras las suyas, el
acceso a los difuntos contemporáneos, que, como
se sabe, son los autores de testamentos, los provee-
dores de herencias y, por tanto, fáciles objetos de
disputas y contestaciones mientras el cuerpo aún
está caliente. Sarcástico, el conservador aprobó la
idea, con la condición de que fuera el propio pro-
ponente el encargado de empujar hacia el fondo,
día tras día, la masa gigantesca de los expedientes
individuales de los muertos pretéritos, a fin de
que pudieran ir entrando en el espacio recuperado

los de reciente defunción. Queriendo hacer que se olvidara la desastrosa e irrealizable ocurrencia, y también para distraer su espíritu de la humillación, el subdirector no encontró mejor recurso que pedir a los escribientes que le pasaran algún trabajo, hiriendo así, tanto por encima como por debajo, la histórica paz de la jerarquía. Creció con este episodio la negligencia, prosperó el abandono, se multiplicó la incertidumbre, hasta el punto de que un día desapareció en las laberínticas catacumbas del archivo de los muertos un investigador que, meses después de la absurda propuesta, se presentó en la Conservaduría General para llevar a cabo unas pesquisas heráldicas que le habían encomendado. Fue descubierto casi por milagro al cabo de una semana, hambriento, sediento, exhausto, delirante, superviviente sólo gracias al recurso desesperado de ingerir grandes cantidades de papeles viejos que, no precisando ser masticados porque se deshacían en la boca, no duraban en el estómago ni alimentaban. El jefe de la Conservaduría General, que ya había pedido que le trajeran a su mesa la ficha y el expediente del imprudente historiador para darlo por muerto, decidió hacer la vista gorda ante los estragos, oficialmente atribuidos a los ratones, firmando después una orden interna que determinaba, bajo pena de multa y suspensión de salario, la obligatoriedad del uso del hilo de Ariadna para quien tuviera que ir al archivo de los muertos.

En todo caso no sería justo olvidar las dificultades de los vivos. Es más que cierto y sabido que la muerte, ya sea por incompetencia de origen ya sea por mala fe adquirida con la experiencia, no escoge a sus víctimas de acuerdo con la duración de las vidas que vivieron, comportamiento éste, entre paréntesis digámoslo, que, si damos crédito a la palabra de las innumerables autoridades filosóficas y religiosas que sobre el tema se pronunciaron, acabó produciendo en el ser humano, de forma refleja, por diferentes y a veces contradictorias vías, el efecto paradójico de la sublimación intelectual del temor natural a morir. Pero, yendo a lo que nos interesa, de lo que la muerte no podrá ser acusada nunca es de haber dejado a algún viejo indefinidamente olvidado en el mundo, sólo para que cada día sea más viejo, sin mérito que se conociese u otro motivo a la vista. Por mucho que los viejos duren, siempre les llega su hora. No pasa un día sin que los escribientes tengan que retirar expedientes de los anaqueles de los vivos para llevarlos al depósito del fondo, no pasa un día en que no empujen hacia el tope de los estantes a los que permanecen, aunque a veces, por capricho irónico del enigmático destino, sólo hasta el día siguiente. De acuerdo con el llamado orden natural de las cosas, haber llegado al tope del estante significa que la suerte ya se cansó, que no habrá mucho más camino para andar. El final del anaquel es, en todos los sentidos, el principio de la caída. Sucede, sin embargo, que hay expedientes que, no se sabe por qué razón, se mantienen en el borde extremo del vacío, insensibles a ese último vértigo, durante años y años más allá de lo que la convención establece como duración normal de una existencia humana. Al principio esos expedientes excitan, en los funcionarios, la curiosidad profesional, pero pronto comienzan a despertar en ellos impaciencias, como si la descarada terquedad de los macrobios estuviese reduciéndoles, comiéndoles, devorándoles sus propias perspectivas de vida. No se equivocaban del todo los supersticiosos, si tenemos en cuenta los numerosos casos de funcionarios de todas las categorías cuyos expedientes tuvieron que ser prematuramente retirados del archivo de los vivos, mientras los papeles exteriores de los obstinados sobrevivientes iban amarilleando cada vez más, hasta convertirse en manchas oscuras y antiestéticas en los topes de los anaqueles, ofendiendo la vista del público. Es entonces cuando el jefe de la Conservaduría General dice a uno de los escribientes, Don José, sustitúyame aquellas carpetas.

Además del nombre propio de José, don José también tiene apellidos, de los más corrientes, sin extravagancias onomásticas, uno por parte de padre, otro por parte de madre, según la norma, legítimamente transmitidos, como podríamos comprobar en el registro de nacimiento existente en la Conservaduría si la sustancia del caso justificase el interés y si el resultado de la averiguación compensara el trabajo de confirmar lo que ya se sabe. Sin embargo, por algún motivo desconocido, si es que simplemente no se desprende de la insignificancia del personaje, cuando a don José se le pregunta cómo se llama, o cuando las circunstancias le exigen que se presente, Soy Fulano de Tal, nunca le sirve de nada pronunciar el nombre completo, dado que los interlocutores sólo retienen en la memoria la primera palabra, José, a la que después añadirán o no, dependiendo del grado de confianza o de ceremonia, la cortesía o la familiaridad del tratamiento. Que, dígase ya, el don no vale tanto cuanto en principio parece prometer, por lo menos aquí en la Conservaduría General, donde el hecho de tratarse todos de esa manera, desde el conservador al más reciente de los escribientes, no tiene siempre el mismo significado en la práctica

de las relaciones jerárquicas, incluso se pueden observar, en la manera de articular la breve palabra
y según los diferentes escalones de autoridad o los
humores del momento, modulaciones tan distin-
tas como son las de condescendencia, irritación,
ironía, desdén, humildad, lisonja, lo que bien muestra hasta qué punto pueden llegar las potenciali-
dades expresivas de una cortísima emisión de voz
que, a simple vista, parece decir una cosa sola. Con
las dos sílabas de José y la del don, cuando éste pre-
cede al nombre, sucede más o menos lo mismo.
En ellas siempre será posible distinguir, cuando alguien se dirige al nombrado, en la Conservaduría
y fuera de ella, un tono de desdén, o de ironía, o
de irritación, o de condescendencia. Los restantes
tonos, los de humildad y de lisonja, embaucadores
y melodiosos, ésos nunca sonarán a los oídos del
escribiente don José, ésos no tienen entrada en la
escala cromática de los sentimientos que le son
manifestados habitualmente. Hay que aclarar, sin
embargo, que algunos de estos sentimientos son
mucho más complejos que los antes enumerados,
en cierto modo primarios y obvios, hechos de una
sola pieza. Cuando, por ejemplo, el conservador
dio la orden, Don José, múdeme aquellas carpetas, un oído atento y afinado habría reconocido en
su voz algo que podría clasificarse, salvando la evidente contradicción de los términos, como una indiferencia autoritaria, esto es, un poder tan seguro
de sí mismo que no sólo mostraba ignorar a la
persona a quien se dirigía, a la que ni siquiera miraba, sino que dejaba claro, ya en ese momento,

que no se rebajaría después a verificar el cumplimiento de la orden. Para alcanzar los anaqueles superiores, allá en lo alto, casi a ras del techo, don José tenía que utilizar una escalera de mano altísima y, como sufría, para su desgracia, de ese perturbador desequilibrio nervioso al que vulgarmente llamamos atracción del abismo, no le quedaba otro remedio, si no quería dar con los huesos en tierra, que atarse a los peldaños con una fuerte correa. Abajo a ninguno de los colegas de categoría, de los superiores ni vale la pena hablar, se les pasaba por la cabeza la idea de levantar los ojos para ver si el trabajo transcurría bien. Dar por entendido que sí era otra manera de justificar la indiferencia.

Al principio, un principio que venía de muchos siglos atrás, los funcionarios residían en la Conservaduría General. No propiamente dentro, en promiscuidad corporativa, sino en unas viviendas simples y rústicas construidas en el exterior, a lo largo de las paredes laterales, como pequeñas capillas desamparadas que se hubieran ido agarrando al cuerpo robusto de la catedral. Las casas disponían de dos puertas, la puerta normal, que daba a la calle, y una puerta complementaria, discreta, casi invisible, que comunicaba con la gran nave de los archivos, cosa que en aquellos tiempos y durante muchos años fue tenida como sumamente beneficiosa para el buen funcionamiento de los servicios, ya que los empleados no estaban obligados a perder tiempo en traslados a través de la ciudad ni podían disculparse con el tránsito cuando llegaban con retraso. Además de estas ventajas logísticas, era facilísimo mandar la inspección para verificar si faltaban a la verdad cuando se les ocurría presentar baja por enfermedad. Desgraciadamente, un cambio en los criterios municipales sobre el ordenamiento urbanístico del barrio donde se situaba la Conservaduría General, forzó la demolición de las singulares casitas, excepto una, que las autoridades competentes decidieron conservar como documento arquitectónico de una época y recuerdo de un sistema de relaciones de trabajo que, por mucho que pese a las livianas críticas de la modernidad, tenía también sus cosas buenas. Es en esta casa donde vive don José. No fue a propósito, no lo escogieron para ser el depositario residual de un tiempo pasado, si ocurrió así sólo hay que achacarlo a la localización de la vivienda, situada en un recodo que no perjudicaba a la nueva alineación, por tanto no se trató de castigo o de premio, que no los merecía don José, ni uno ni otro, se permitió que continuase viviendo en la casa, nada más. En todo caso, como señal de que los tiempos habían mudado y para evitar una situación que fácilmente sería interpretada como de privilegio, la puerta de comunicación con la Conservaduría fue condenada, es decir, ordenaron a don José que la cerrase con llave y le avisaron de que por allí no podía pasar más. Ésta es la razón por la que don José tiene que entrar y salir todos los días por la puerta grande de la Conservaduría General, como otra persona cualquiera, aunque sobre la ciudad se desencadene la más furiosa de las tormentas. Hay que decir, no obstante, que su espíritu metódico se siente libre obedeciendo a un principio de igualdad, incluso yendo, como en este caso, en su contra, aunque, también es verdad, hubiera preferido no tener que ser siempre él quien subiera por la escalera de mano para cambiar las carpetas de los expedientes viejos, sobre todo sufriendo de pánico a las alturas, como ya ha sido dicho. Don José tiene el encomiable pudor de aquellos que no andan por ahí quejándose de trastornos nerviosos y psicológicos, auténticos o imaginados, lo más probable es que nunca haya hablado del padecimiento a los colegas, de lo contrario éstos harían algo más que mirarlo recelosos mientras él está encaramado en lo alto, con miedo de que, a pesar de la seguridad de la correa, pierda el equilibrio y les caiga sobre la cabeza. Cuando don José regresa al suelo, todavía medio aturdido y disimulando lo mejor que puede el último mareo del vértigo, a los otros funcionarios, tanto a los iguales como a los superiores, ni siquiera les aflora al pensamiento el peligro que han corrido.

Ahora llega el momento de explicar que, incluso teniendo que dar aquel rodeo para entrar en la Conservaduría General y regresar a casa, a don José sólo le trajo satisfacción y alivio la clausura de la puerta. No era persona de recibir visitas de colegas en el intervalo del almuerzo, y, si alguna vez caía en cama, era él quien de motu propio iba a mostrarse a la sala, presentándose al subdirector correspondiente para que no quedaran dudas sobre su honradez de funcionario y para que no tuviesen que mandarle la fiscalización sanitaria a la cabecera. Con la prohibición de usar la puerta, quedaban aún más reducidas las probabilidades de una intromisión inesperada en su recato doméstico, por ejemplo, si dejara expuesto encima de la mesa, por casualidad, aquello que tanto trabajo le venía dando desde hacía largos años, a saber, su importante colección de noticias acerca de personas del país que, tanto por buenas como por malas razones, se habían hecho famosas. Los extranjeros, fuese cual fuese la dimensión de su celebridad, no le interesaban, sus papeles se encontraban archivados en conservadurías distantes, si también le dan ese nombre por ahí, y estarían escritos en lenguas que no sabría descifrar, aprobados por leyes que no conocía, aunque usara la más alta escalera de mano no podría alcanzarlos. Personas así, como este don José, se encuentran en todas partes, ocupan el tiempo que creen que les sobra de la vida juntando sellos, monedas, medallas, jarrones, postales, cajas de cerillas, libros, relojes, camisetas deportivas, autógrafos, piedras, muñecos de barro, latas vacías de refrescos, angelitos, cactos, programas de ópera, encendedores, plumas, búhos, cajas de música, botellas, bonsáis, pinturas, jarras, pipas, obeliscos de cristal, patos de porcelana, muñecos antiguos, máscaras de carnaval, lo hacen probablemente por algo que podríamos llamar angustia metafísica, tal vez porque no consiguen soportar la idea del caos como regidor único del universo, por eso, con sus débiles fuerzas y sin ayuda divina, van intentando poner algún orden en el mundo, durante un tiempo lo consiguen, pero sólo mientras pueden defender su colección, porque cuando llega el día en que se dispersa, y siempre llega ese día, o por muerte o por fatiga del coleccionista, todo vuelve al principio, todo vuelve a confundirse.

Ahora bien, siendo claramente esta manía de don José de las más inocentes, no se comprende por qué pone tantos cuidados para que nadie sospeche que colecciona recortes de periódicos y revistas con noticias e imágenes de gente célebre, sin otro motivo que esa misma celebridad, ya que le es indiferente que se trate de políticos o de generales, de actores o de arquitectos, de músicos o de jugadores de fútbol, de ciclistas o de escritores, de especuladores o de bailarinas, de asesinos o de banqueros, de estafadores o de reinas de belleza. No siempre tuvo este comportamiento secreto. Es verdad que nunca quiso hablar del entretenimiento a los pocos colegas con quienes tenía alguna confianza, pero eso se debe a su natural reservado, no a un recelo consciente de caer en el ridículo. La preocupación de defender tan celosamente su privacidad surgió poco después de la demolición de las casas donde habían vivido los funcionarios de la Conservaduría General, o más exactamente, después de haber sido prevenido de que no podría volver a usar la puerta de comunicación. Puede tratarse de una coincidencia accidental, como hay tantas, porque no se ve qué relación inmediata o próxima existe entre aquel hecho y una necesidad de secreto tan repentina, pero es sabido que el espíritu humano, muchas veces, toma decisiones cuyas causas dice no conocer, se supone que lo hace después de haber recorrido los caminos de la mente con tal velocidad que luego no es capaz de reconocerlos y mucho menos reencontrarlos. Así o no, sea ésta u otra cualquiera la explicación, en una hora avanzada de cierta noche, trabajando tranquilamente en su casa en la actualización de los papeles de un obispo, don José tuvo la iluminación que iría a transformar su vida. Es posible que una consciencia súbitamente más inquieta de la presencia de la Conservaduría General del otro lado de la gruesa pared, aquellos enormes anaqueles cargados de vivos y de muertos, la pequeña y pálida lámpara suspendida del techo sobre la mesa del conservador, encendida todo el día y toda la noche, las tinieblas espesas que tapaban los pasillos entre los estantes, la oscuridad abisal que reinaba en el fondo de la nave, la soledad, el silencio, es posible que todo esto, en un instante, por los confusos caminos mentales ya mencionados, le hiciera percibir que algo fundamental estaba faltando en sus colecciones, esto es, el origen, la raíz, la procedencia o, dicho con otras palabras, la simple certificación de nacimiento de las personas famosas cuyas noticias de vida pública se dedicaba a compilar. No sabía, por ejemplo, cómo se llamaban los padres del obispo, ni quiénes habían sido los padrinos que lo asistieron en el bautizo, ni dónde había nacido exactamente, en qué calle, en qué edificio, en qué piso, y en cuanto a la fecha del nacimiento, si era cierto que por casualidad constaba en uno de estos recortes, sólo el registro oficial de la Conservaduría, evidentemente, daría verdadera fe, nunca una información suelta recogida en la prensa, quién sabe hasta qué punto exacta, podía el periodista haberla oído o copiado mal, podía el corrector haberla enmendado al contrario, no sería la primera vez que en la historia del deleatur acontecía una de ésas. La solución se encontraba a su alcance. La convicción inexorable que el jefe de la Conservaduría General alimentaba sobre el peso absoluto de su autoridad, la certeza de que cualquier orden salida de su boca sería cumplida con el máximo rigor y el máximo escrúpulo, sin riesgo de caprichosas secuelas o de arbitrarias derivaciones por parte del subalterno que la recibiese, fueron la causa de que la llave de la puerta de comunicación se mantuviese en poder de don José. Que nunca tendría la ocurrencia de usarla, que nunca la retiraría del cajón donde la había guardado, si no hubiese llegado a la conclusión de que sus esfuerzos de biógrafo voluntario de poquísimo servirían, objetivamente, sin la inclusión de una prueba documental, o su fiel copia, de la existencia, no sólo real, sino oficial, de los biografiados.

Imagine ahora quien pueda el estado de nervios, la excitación con que don José abrió por primera vez la puerta prohibida, el escalofrío que le hizo detenerse a la entrada, como si hubiese puesto el pie en el umbral de una cámara donde se encontrase sepultado un dios cuyo poder, al contrario de lo que es tradicional, no le llegara de la resurrección, sino de haberla recusado. Sólo los dioses muertos son dioses siempre. Los bultos fantasmagóricos de los estantes cargados de papeles parecían romper el techo invisible y subir por el cielo negro, la débil claridad de encima de la mesa del conservador era como una remota y sofocada estrella. Aunque conocía bien el territorio por donde se movería, don José comprendió, cuando recobró la suficiente serenidad, que necesitaría del auxilio de una luz para no tropezar con los muebles, pero sobre todo para llegar sin demasiada pérdida de tiempo a los documentos del obispo, primero la ficha, luego el expediente personal. Tenía una linterna en el cajón donde guardaba la llave. Fue a por ella, y después, como si llevar consigo una luz le hubiese hecho nacer un coraje nuevo en el espíritu, avanzó casi resoluto por entre las mesas, hasta el mostrador, bajo el que estaba instalado el extenso fichero de los vivos. Encontró rápidamente la ficha del obispo y tuvo la suerte de que el anaquel donde se encontraba archivado el respectivo expediente no estuviera a más distancia que la altura del brazo. No precisó de la escalera, pero pensó con aprensión cómo sería su vida cuando tuviera que subir a las regiones superiores de los estantes, allí donde el cielo negro comenzaba. Abrió el armario de los impresos, sacó uno de cada modelo y volvió a casa, dejando abierta la puerta de comunicación. Después se sentó y, con la mano todavía trémula, comenzó a copiar en los impresos blancos los datos identificadores del obispo, el nombre completo, sin que le faltara un apellido o una partícula, la fecha y el lugar de nacimiento, los nombres de los padres, los nombres de los padrinos, el nombre del párroco que lo bautizó, el nombre del funcionario de la Conservaduría General que lo registró, todos los nombres. Cuando llegó al final del breve trabajo estaba exhausto, le sudaban las manos, tenía escalofríos en la espalda, sabía muy bien que había cometido un pecado contra el espíritu del cuerpo funcionarial, de hecho no hay nada que canse más a una persona que tener que luchar, no contra su propio espíritu, sino contra una abstracción. Al indagar en aquellos papeles había cometido una infracción contra la disciplina y la ética, tal vez contra la legalidad. No porque las informaciones contenidas fueran reservadas o secretas, que no lo eran, dado que cualquier persona podría presentarse en la Conservaduría solicitando copias o certificados de los documentos del obispo sin necesidad de explicar las razones del pedido o los fines a que se destinaban, sino porque había quebrado la cadena jerárquica procediendo sin la necesaria orden o autorización de un superior. Todavía se le pasó por la cabeza volver atrás, enmendar la irregularidad del acto rasgando y haciendo desaparecer las impertinentes copias, entregar las llaves al conservador, Señor, no quiero responsabilidades si algo llega a faltar en la Conservaduría y, hecho esto, olvidar los minutos, por así decir, sublimes que acababa de vivir. Sin embargo, le pudo más la satisfacción y el orgullo de haberlo conocido todo, fue ésta la palabra que dijo, Todo, de la vida del obispo. Miró el armario donde guardaba las cajas con las colecciones de recortes y sonrió de íntimo deleite, pensando en el trabajo que tenía ahora a la espera, las surtidas nocturnas, la recogida ordenada de fichas y expedientes, la copia con su mejor letra, se sentía tan contento que ni el hecho de saber que utilizaría la escalera de mano le quebró el ánimo. Volvió a la Conservaduría y restituyó los documentos del obispo a sus lugares. Después, con un sentimiento de confianza en sí mismo que no había experimentado en toda su vida, paseó el foco de la linterna a su alrededor, como si estuviese finalmente tomando posesión de algo que siempre le había pertenecido, pero que sólo ahora podía reconocer como suyo. Se detuvo un momento para mirar la mesa del jefe, nimbada por la luz macilenta que caía de lo alto, sí, era lo que debía hacer, sentarse en aquel sillón, a partir de hoy sería el verdadero señor de los archivos, sólo él podría, si quisiera, teniendo que pasar aquí los días por obligación, vivir por voluntad suya también las noches, el sol y la luna girando sin descanso en torno a la Conservaduría General del Registro Civil, mundo y centro del mundo. Para anunciar el comienzo de algo, se habla siempre del día primero, cuando es la primera noche la que debería contar, ella es la condición del día, la noche sería eterna si no hubiera noche. Don José está sentado en el sillón del conservador y allí se quedará hasta el amanecer, oyendo el sordo rumor de los papeles de los vivos sobre el silencio compacto de los papeles muertos. Cuando la iluminación de la ciudad se apagó y las cinco ventanas encima de la puerta grande aparecieron del color de una ceniza oscura, se levantó del sillón y entró en casa, cerrando la puerta de comunicación tras de sí. Se lavó, se afeitó, tomó el desayuno, guardó aparte los papeles del obispo, vistió su mejor traje y, cuando llegó la hora, salió por la otra puerta, la de la calle, dio la vuelta al edificio y entró en la Conservaduría. Ninguno de los colegas se apercibió de quién había venido, respondieron como de costumbre al saludo, dijeron, Buenos días, don José, y no sabían con quién estaban hablando.

Felizmente la gente famosa no es tanta. Incluso empleando criterios de selección y representatividad tan eclécticos y generosos como se ha visto que son los de don José, no es fácil, sobre todo cuando se trata de un país pequeño, llegar a la centena redonda de personajes realmente célebres sin haber caído en la conocida laxitud de las antologías de los cien mejores sonetos de amor o de las cien más pujantes elegías, ante los cuales nos asiste el pleno derecho de sospechar que los últimos escogidos sólo entraron para perfilar la cuenta. Considerada en su globalidad, la colección de don José excedía en mucho la centena, mas para él, como para el autor de las antologías de elegías y sonetos, el número cien era una frontera, un límite, un nec plus ultra, o, hablando en términos vulgares, como una botella de litro que, por mucho que se intente, nunca contendrá más que un litro de líquido. A este modo de entender el carácter relativo de la fama no le sentaría mal, creemos, el calificativo de dinámico, puesto que la colección de don José, necesariamente dividida en dos partes, es decir, de un lado los cien más famosos, de otro los que no consiguieron tanto, está en constante movimiento en esa zona a la que convencionalmente llamamos de frontera. La fama, ay de nosotros, es un aire que tanto viene como va, es una grímpola que tanto gira al norte como al sur, y de la misma manera que una persona pasa del anonimato a la celebridad sin percibir por qué, tampoco es infrecuente que después de haberse pavoneado ante el entusiasta favor público acabe sin saber cómo se llama. Aplicadas estas tristes verdades a la colección de don José, se comprende que haya también en ella gloriosas subidas y dramáticas caídas, uno que sale del grupo de los suplentes y entra en el grupo de los efectivos, otro que ya no cabe en la botella y tiene que ser arrojado fuera. La colección de don José se parece mucho a la vida.

Trabajando con empeño, algunas veces hasta bien entrada la madrugada, con las previsibles consecuencias negativas en los índices de productividad que estaba obligado a satisfacer en el tiempo normal de servicio, don José concluyó en menos de dos semanas la recogida y transposición de los datos de origen a los expedientes individuales de las cien personas más famosas de su colección. Pasó por momentos de inenarrable pánico cada vez que tuvo que encaramarse al último peldaño de la escalera para alcanzar los anaqueles superiores, donde, como si no fuera suficiente el sufrimiento de los mareos, parecía que todas las arañas de la Conservaduría General del Registro Civil habían decidido tejer las telas más densas, polvorientas y envolventes que alguna vez rozaran rostros humanos. La repugnancia, o más crudamente hablando, el miedo, le hacía agitar locamente los brazos para

apartar el nauseabundo contacto, menos mal que
llevaba el cinturón atado firmemente a los peldaños de la escalera, pero hubo ocasiones en que faltó poco para que ella y él cayesen atropelladamente hasta el suelo, arrastrando una nube de polvo
histórico y bajo una lluvia triunfal de papeles. En
uno de esos momentos de congoja, llegó al punto
de pensar en desatarse y aceptar el riesgo de una
caída desamparada, ocurrió eso cuando imaginó
la vergüenza que mancharía para siempre su nombre y su memoria si el jefe entrase por la mañana y
diese con él, don José, entre dos estanterías, muerto, la cabeza abierta y los sesos fuera, ridículamente atado a la escalera con una correa. Después
concluyó que desatarse sólo podría salvarlo del ridículo, pero no de la muerte, y que siendo así no
valía la pena. Luchando contra la amedrentada
naturaleza con que vino al mundo, ya casi al final
de la tarea, a pesar de haber trabajado casi a oscuras, logró crear y perfeccionar una técnica de localización y manipulación de los expedientes que le
permitía retirar en pocos segundos los documentos que necesitaba. La primera vez que tuvo el valor de no usar la correa fue como si en su modestí-
simo currículo de escribiente hubiese inscrito una
victoria inmortal. Se sentía exhausto, desvelado,
con temblores en la boca del estómago, pero feliz
como no recordaba haberlo sido alguna vez, cuando la celebridad clasificada en centésimo lugar,
ahora identificada de acuerdo con todas las reglas
de la Conservaduría General, ocupó su sitio en la
caja correspondiente. Pensó entonces don José que

después de un esfuerzo tan grande le vendría bien un descanso, y puesto que el fin de semana iba a comenzar, decidió posponer para el lunes la siguiente fase del trabajo, es decir, dar estatuto civil regular a los cuarenta y tantos famosos de retaguardia que todavía se encontraban a la espera. No soñaba que iba a ocurrirle algo mucho más serio que simplemente caerse de una escalera. El efecto de la caída podría ser que se le acabara la vida, lo que sin duda tendría su importancia desde un punto de vista estadístico y personal, pero qué representa eso, nos preguntamos, si siendo la vida biológicamente la misma, es decir, el mismo ser, las mismas células, las mismas facciones, la misma estatura, el mismo modo aparente de mirar, ver y reparar, y sin que la estadística se aperciba del cambio, esa vida pasó a ser otra vida, y otra persona esa persona.

Le costó mucho soportar la lentitud anormal con que los dos días se arrastraron, aquel sábado y aquel domingo le parecieron eternos. Empleó el tiempo en recortar periódicos y revistas, algunas veces abrió la puerta de comunicación para contemplar la Conservaduría General en toda su silenciosa majestad. Sentía que le gustaba su trabajo más que nunca, gracias a él podía penetrar en la intimidad de tantas personas famosas, saber, por ejemplo, cosas que algunas hacían lo posible por ocultar, como ser hijas de padre o de madre desconocidos, o desconocidos ambos, como era el caso de una de ellas, o decir que eran naturales de la capital de una provincia o de la comarca cuando ha-

bían nacido en una aldea perdida, en una encruci-
jada de bárbara resonancia, si no fue en un sitio que
simplemente olía a estiércol y corral y que muy bien
podía pasar sin nombre. Con estos pensamientos,
y otros de tono escéptico semejante, don José llegó al lunes bastante repuesto de los tremendos esfuerzos cometidos y, a pesar de la tensión nerviosa
acumulada por un querer y un temer en perma-
nente conflicto, dispuesto a enfrentarse con otras
aventuras nocturnas y otras temerarias ascensiones.

El día, sin embargo, se torció desde la mañana. El subdirector a cuyo cargo estaba la responsabilidad de la intendencia comunicó al conservador
que estaba notando, en las dos últimas semanas,
un gasto de fichas y de carpetas de expedientes que,
incluso teniendo en cuenta la media de errores administrativamente admitida en el proceso de asentamiento, no tenía, ese gasto, correspondencia con
el número de nuevos nacidos inscritos en la Conservaduría. El conservador quiso saber qué medidas había tomado el subordinado para averiguar
las razones del insólito desajuste de consumo y en
qué otras medidas estaba pensando para que el hecho no volviera a repetirse. Discretamente, el subdirector explicó que por el momento ninguna, que
no se permitiría tener una idea, y menos aún pro-
mover una iniciativa, antes de exponer el caso a la
consideración superior, lo que hacía en aquel momento. Secamente, como siempre, el conservador
respondió, Ya lo ha expuesto, ahora actúe, y que
no oiga hablar más del asunto. El subdirector se
fue a su mesa a pensar y al cabo de una hora llevó

al conservador el borrador de una comunicación interna, según la cual el armario de los impresos se cerraría con llave, y ésta permanecería en su poder, como intendente responsable. El conservador escribió, Cúmplase, el subdirector cerró el armario, ostensiblemente para que todo el mundo se diera cuenta de la mudanza, y don José, después del primer susto, suspiró aliviado por haber tenido tiempo de terminar la parte más importante de su colección. Intentó recordar cuántas fichas de admisión tendría todavía de reserva en casa, tal vez unas doce, tal vez unas quince. Tampoco era tan grave. Cuando se acabasen, copiaría en hojas de papel común las treinta que todavía faltaban, la diferencia sólo ofendería la estética, No siempre se puede tener todo, pensó para consolarse.

Como hipotético autor del desvío de los impresos, no había motivo para que se sospechase más de él que de cualquier otro de sus colegas de categoría, dado que sólo ellos, los escribientes, rellenaban las fichas y las carpetas de los expedientes, pero los frágiles nervios de don José le hicieron temer todo el día que los estremecimientos de su conciencia culpada pudiesen ser percibidos y registrados desde fuera. A pesar de eso, salió bien parado del interrogatorio a que fue sometido. Con expresiones de rostro y de voz que intentó adecuar a la situación, declaró emplear el más riguroso escrúpulo en el aprovechamiento de los impresos, en primer lugar porque esa manera de proceder era propia de su naturaleza, pero sobre todo porque tenía presente, en todas las circunstancias, que el papel consumido en la Conservaduría General provenía de los impuestos públicos, cuántas y cuántas veces pagados con sacrificio por los contribuyentes y que él, como funcionario responsable, tenía el deber estricto de respetar y hacer rendir. Tanto por el fondo como por la forma, la declaración cayó bien en el ánimo de los superiores, hasta el extremo de que los colegas a continuación llamados a capítulo la repitieron con modificaciones mínimas de estilo, pero fue la convicción tácita y generalizada, con el paso del tiempo, inculcada en el personal por la peculiar personalidad del jefe, de que nada en la Conservaduría, aconteciese lo que aconteciese, podría ir contra los intereses del servicio, lo que impidió que alguien reparara en que don José, desde su primer día de trabajo, muchos años atrás, nunca había pronunciado tantas palabras seguidas. Si fuese el subdirector instruido en los métodos escrutadores de la psicología aplicada, en menos de un suspiro habría echado abajo el engañoso discurso de don José, como un castillo de cartas en el que le hubiera fallado el pie al rey de espadas, o como una persona propensa a mareos a quien le sacuden las escalerillas. Receloso de que una reflexión a posteriori del subdirector instructor de la investigación le hiciese sospechar que allí había gato encerrado, don José decidió, para prevenir males mayores, que se quedaría en casa esa noche. No se movería de su rincón, no entraría en la Conservaduría ni aunque le prometieran la fortuna inaudita de descubrir el documento más buscado desde que el mundo es mundo, ni más ni menos que el certificado oficial de nacimiento de Dios. El sabio es sabio de acuerdo con la prudencia que lo exorne, se dice, y, aunque desoladoramente imprecisa e indefinible, hay que reconocer en don José, a pesar de las irregularidades que viene cometiendo en los últimos tiempos, la existencia de una especie de sabiduría involuntaria, de aquellas que parece que han entrado en el cuerpo por vía respiratoria o porque el sol da en la cabeza, y por eso no son consideradas dignas de particular aplauso. Si ahora la prudencia le aconsejaba la retirada, él, sabiamente, acataría la voz de la prudencia. Una o dos semanas de suspensión de las investigaciones ayudarían a borrar de su cara cualquier vestigio de temor o ansiedad que le hubiera quedado.

Después de cenar frugalmente, como era su costumbre y la necesidad obligaba, don José se encontró con toda una velada por delante sin tener nada que hacer. Durante media hora todavía consiguió distraerse ojeando algunas de las vidas más famosas de la colección, les añadió unos cuantos recortes recientes, pero su pensamiento no estaba allí, andaba vagando por la oscuridad de la Conservaduría, como un perro negro que hubiese encontrado el rastro del último secreto. Comenzó a pensar que no existía peligro alguno en utilizar simplemente las fichas que tenía de reserva, aunque fuesen apenas tres o cuatro, sólo para ocupar un poco la noche y luego dormir tranquilo. La prudencia intentaba retenerlo, sujetándolo por la manga, pero, como todo el mundo sabe, o debía saber,

la prudencia sólo es buena cuando se trata de conservar aquello que ya no interesa, qué mal podría
acarrearle abrir la puerta, buscar rápidamente tres
o cuatro fichas, bueno, cinco, que es número re-
dondo, dejaría las carpetas de los expedientes para
otra ocasión, así evitaba tener que servirse de la escalera. Esta idea acabó de decidirlo. Alumbrando
el camino con la linterna en la mano trémula, penetró en la caverna inmensa de la Conservaduría y
se aproximó al fichero. Más nervioso de lo que
creyera antes, giraba la cabeza a un lado y a otro
con desconfianza, como si estuviera siendo observado por millares de ojos escondidos en la oscuridad de los pasillos entre los estantes. Todavía no
se había rehecho del choque de la mañana. Tan rápido como le permitieron sus dedos tensos, abrió y
cerró cajones, buscando en las diferentes letras
del alfabeto las fichas que precisaba, equivocándo-
se una y otra vez, hasta que finalmente consiguió
reunir los primeros cinco famosos de la segunda
categoría. Ya asustado de verdad, volvió a casa corriendo, con el corazón dándole saltos, como un
niño que va a la despensa para robar un dulce y
vuelve de allí perseguido por todos los monstruos
de las tinieblas. Les dio con la puerta en la cara y cerró con dos vueltas la llave, no quería pensar que
aún tendría que volver esa noche a la Conservaduría para colocar las malditas fichas en sus lugares.
Con la intención de calmarse, bebió un trago de
la botella de aguardiente que guardaba para las ocasiones, tanto las buenas como las malas. Por culpa
de la prisa y de la falta de costumbre, dado que en

su insignificante vida hasta lo bueno y lo malo habían sido raridad, se atragantó, tosió, volvió a toser, casi sofocado, un pobre escribiente con cinco fichas en la mano, creía él que eran cinco, con el esfuerzo de la tos las había dejado caer, y no eran cinco, eran seis, esparcidas por el suelo, como cualquier persona podrá ver y contar, una, dos, tres, cuatro, cinco, seis, un único trago de aguardiente nunca produjo este efecto.

Cuando por fin pudo recuperar el aliento, se agachó para recoger las fichas, una, dos, tres, cuatro, cinco, no había duda, seis, a medida que las recogía iba leyendo los nombres que allí constaban, famosos todos, menos uno. Con la precipitación y la agitación de los nervios, la ficha intrusa se había pegado a la que le precedía, de finas que eran la diferencia de grosor apenas se notaba. Está claro que por mucho que se perfile y retoque una caligrafía, copiar cinco registros sumarios de nacimiento y vida es trabajo que en poco tiempo se despacha. Al cabo de media hora ya don José podía dar por terminada la velada y abrir otra vez la puerta. De mala gana, reunió las seis fichas y se levantó de la silla. No le apetecía nada entrar en la Conservaduría, pero no había otro remedio, el fichero tenía que estar completo y en debido orden a la mañana siguiente. Si fuese necesario consultar una de estas fichas y no estuviese en su lugar, la situación se agravaría. De sospecha en sospecha, de indagación en indagación, alguien acabaría observando que don José vive pared con pared con la Conservaduría General, que, como bien sabemos, no goza de la elemental protección de una vigilancia nocturna, a alguien se le ocurriría preguntar dónde estaba aquella llave de acceso que no llegó a ser entregada. Lo que tiene que ser, tiene que ser, y tiene mucha fuerza, pensó sin originalidad don José, y se dirigió a la puerta. A medio camino, de súbito, paró, Es curioso, no me he fijado si es de hombre o de mujer la ficha que vino pegada. Volvió atrás, se sentó de nuevo, demoraría así un poco más en obedecer a la fuerza de lo que tiene que ser. La ficha es de una mujer de treinta y seis años, nacida en aquella misma ciudad, y en ella constan dos asentamientos, uno de matrimonio, otro de divorcio. Como esta ficha hay con certeza centenas en el fichero, si no millares, por tanto no se comprende por qué estará don José mirándola con una expresión tan extraña, que a primera vista parece atenta, pero que es también vaga e inquieta, posiblemente es éste el modo de mirar de quien, poco a poco, sin deseo ni renuncia, se va soltando de algo y todavía no ve dónde poner la mano para volver a sujetarse. Siempre habrá quien apunte supuestas e inadmisibles contradicciones entre inquieto, vago y atento, son personas que se limitan a vivir así como así, personas que nunca se encontraron con el destino de frente. Don José mira y vuelve a mirar lo que se halla escrito en la ficha, la caligrafía, excusado será decirlo, no es suya, tiene un trazo pasado de moda, hace treinta y seis años otro escribiente anotó las palabras que aquí se pueden leer, el nombre de la niña, los nombres de los padres y de los padrinos, la fecha y la hora

del nacimiento, la calle, el número y el piso donde
ella vio la primera luz y sintió el primer dolor, un
principio como el de todas las personas, las grandes y pequeñas diferencias vienen después, algunos de los que nacen entran en las enciclopedias, en
las historias, en las biografías, en los catálogos, en los
manuales, en las colecciones de recortes, los otros,
mal comparando, son como una nube que pasó
sin dejar señal de su paso, si llovió no llegó para
mojar la tierra. Como yo, pensó don José. Tenía el
armario lleno de hombres y mujeres de los que
casi todos los días se hablaba en los periódicos,
sobre la mesa la partida de nacimiento de una persona desconocida, y era como si los hubiese acabado de colocar en los platillos de una balanza, cien
en este lado, uno en el otro, y después, sorprendido, descubriera que todos aquellos juntos no pesa-
ban más que éste, que cien eran igual a uno, que
uno valía tanto como cien. Si alguien entrara en
casa en este momento y le preguntase de sopetón,
Cree, realmente, que el uno que usted también es
vale lo mismo que cien, que los cien de su armario, para no irnos más lejos, valen tanto como usted, respondería sin dudar, Querido señor, soy un
simple escribiente, nada más que un simple escribiente de cincuenta años que no ha sido ascendi-
do a oficial, si creyese que valía tanto como uno
solo de los que tengo guardados, o como cualquiera
de estos cinco de menos fama, no habría comenzado la colección, Entonces por qué no deja de
mirar la ficha de esa mujer desconocida, como si
de repente ella tuviese más importancia que todos

los otros, Precisamente por eso, estimado señor, porque es desconocida, Vamos, vamos, el fichero de la Conservaduría está lleno de desconocidos, Están en el fichero, no están aquí, Qué quiere decir, No lo sé bien, En ese caso, déjese de pensamientos metafísicos para los que su cabeza no me parece que haya nacido, ponga la ficha en su lugar y duerma en paz, Es lo que pretendo hacer, como todas las noches, el tono de la respuesta fue conciliador, pero don José aún tenía alguna cosa que añadir, En cuanto a los pensamientos metafísicos, querido señor, permítame que le diga que cualquier cabeza es capaz de producirlos, aunque muchas veces no consiga encontrar las palabras.

Al contrario de lo que deseaba, don José no pudo dormir con la relativa paz de costumbre. Perseguía en el laberinto confuso de su cabeza sin metafísica el rastro de los motivos que lo habían llevado a copiar la ficha de la mujer desconocida, y no conseguía encontrar uno solo que hubiese podido determinar, conscientemente, la inopinada acción. Apenas conseguía recordar el movimiento de su mano izquierda tomando una ficha en blanco, luego la mano derecha escribiendo, los ojos pasando de un cartón a otro, como si en realidad fuesen ellos los que estuvieran transportando las palabras de allí para acá. También se acordaba de cómo, sorprendido consigo mismo, entró tranquilamente en la Conservaduría General llevando la linterna en la mano firme, sin nerviosismo, sin ansiedad, de cómo colocó las seis fichas en sus lugares, de cómo la última había sido la de la mujer desconocida, ilu-

minada hasta el instante postrero por el foco de la
linterna, después deslizándose para abajo, hundién-
dose, desapareciendo entre el cartón de una letra
antes y una letra después, un nombre en una ficha, nada más. A media noche, extenuado de no
dormir, encendió la luz. Después se levantó, se puso la gabardina sobre la ropa interior y se sentó a
la mesa. Se durmió mucho más tarde, con la cabeza descansando en el antebrazo derecho y la mano
izquierda posada sobre la copia de una ficha.

La decisión de don José apareció dos días después. En general no se dice que una decisión se nos aparece, las personas son tan celosas de su identidad, por vaga que sea, y de su autoridad, por poca que tengan, que prefieren dar a entender que reflexionaron antes de dar el último paso, que ponderaron los pros y los contras, que sopesaron las posibilidades y las alternativas, y que, al cabo de un intenso trabajo mental, tomaron finalmente la decisión. Hay que decir que estas cosas nunca ocurren así. A nadie se le pasa por la cabeza la idea de comer sin sentir suficiente apetito y el apetito no depende de la voluntad de cada uno, se forma por sí mismo, resulta de objetivas necesidades del cuerpo, es un problema físico-químico cuya solución, de un modo más o menos satisfactorio, será encontrada en el contenido del plato. Incluso un acto tan simple como es el de bajar a la calle a comprar el periódico presupone no sólo un suficiente deseo de recibir información, que, aclarémoslo, siendo deseo, es necesariamente apetito, efecto de actividades físico-químicas específicas del cuerpo, aunque de diferente naturaleza, como presupone también, ese acto rutinario, por ejemplo, la certeza, o la convicción, o la esperanza, no conscientes, de que el vehículo de distribución no se atrasó o de que el puesto de venta de los periódicos no está cerrado por enfermedad o ausencia voluntaria del propietario. Además, si persistiésemos en afirmar que somos nosotros quienes tomamos nuestras decisiones, tendríamos que comenzar dilucidando, discerniendo, distinguiendo, quién es, en nosotros, aquel que tomó la decisión y quién es el que después la cumplirá, operaciones imposibles donde las haya. En rigor, no tomamos decisiones, son las decisiones las que nos toman a nosotros. La prueba la encontramos en que nos pasamos la vida ejecutando sucesivamente los más diversos actos, sin que cada uno vaya precedido de un período de reflexión, de valoración, de cálculo, al final del cual, y sólo entonces, nos declararíamos en condiciones de decidir si iremos a almorzar, a comprar el periódico o a buscar a la mujer desconocida.

Por estas razones, don José, aunque fuese sometido al más intenso de los interrogatorios, no sabría decir cómo y por qué tomó la decisión, oigamos la explicación que daría, Sólo sé que era la noche del miércoles, estaba en casa, de tan cansado que me encontraba ni quise cenar, todavía sentía la cabeza dándome vueltas por haber pasado todo el santo día encima de aquella escalera, el jefe debería comprender que ya no tengo edad para esas acrobacias, que no soy ningún muchacho, aparte del padecimiento, Qué padecimiento, Sufro de mareos, vértigos, atracción del abismo, o como se llame, Nunca se quejó, No me gusta quejarme, Es bonito por su parte, continúe, Estaba pensando meterme en la cama, miento, ya me había quitado los zapatos, cuando de repente tomé la decisión, Si tomó la decisión, sabe por qué la tomó, Creo que no la tomé yo, que fue ella quien me tomó a mí, Las personas normales toman decisiones, no son tomadas por ellas, Hasta la noche del miércoles, también yo pensaba así, Qué sucedió en la noche del miércoles, Esto que le estoy contando, tenía la ficha de la mujer desconocida sobre la mesilla, me puse a mirarla como si fuese la primera vez, Pero ya la había mirado antes, Desde el lunes, en casa, no hacía otra cosa, Estaba madurando la decisión, O ella a mí, Venga, venga, no vuelva otra vez con ésas, Me calcé de nuevo los zapatos, me puse la chaqueta y la gabardina y salí, ni me acordé de la corbata, Qué hora era, Sobre las diez y media, Adónde fue después, A la calle donde nació la mujer desconocida, Con qué intención, Quería ver el sitio, el edificio, la casa, Finalmente está reconociendo que hubo una decisión y que, como debe ser, fue usted quien la tomó, No señor, simplemente tuve consciencia de ella, Para escribiente no hay duda de que sabe argumentar, En general no se repara en los escribientes, no se les hace justicia, Prosiga, El edificio estaba allí, había luz en las ventanas, Se refiere a la casa de la mujer, Sí, Qué hizo a continuación, Me quedé allí unos minutos, Mirando, Sí señor, mirando, Sólo mirando, Sí señor, sólo mirando, Y después, Después, nada más, No llamó a la puerta, no subió, no hizo preguntas, Vaya idea, ni siquiera se me pasó tal cosa por la cabeza, a esas horas de la noche, Qué hora era,

Entonces serían ya las once y media, Fue a pie, Sí señor, Y cómo volvió, También a pie, O sea que no tiene testigos, Qué testigos, La persona que lo hubiera atendido en la puerta, de haber subido, el conductor de un tranvía o de un autobús, por ejemplo, Y serían testigos de qué, De que estuvo realmente en la calle de la mujer desconocida, Y para qué servirían esos testigos, Para probar que todo eso no fue un sueño, Dije la verdad, sólo la verdad y nada más que la verdad, estoy bajo juramento, mi palabra debería bastar, Podría bastar, tal vez, si no hubiese en su relato un pormenor altamente delator, incongruente por así decirlo, Qué pormenor, La corbata, Qué tiene que ver la corbata con este asunto, Un funcionario de la Conservaduría General del Registro Civil no va a ninguna parte sin la corbata puesta, es imposible, sería una falta contra la propia naturaleza, Ya le dije que no estaba en mí, que fui tomado por la decisión, Eso es una prueba más de que soñó, No veo por qué, Una de dos, o usted reconoce que tomó la decisión como todo el mundo, y yo estoy dispuesto a creer que fue sin corbata a la calle de la mujer desconocida, desvío de conducta profesional censurable que por ahora no pretendo examinar, o insiste en decir que fue tomado por la decisión, y eso, más la irreversible cuestión de la corbata, sólo en estado de sueño sería admisible, Repito que no tomé la decisión, miré la ficha, me calcé los zapatos y salí, Entonces soñó, No soñé, Se recostó, entró en el sueño, soñó que iba a la calle de la mujer desconocida, Puedo describirle la calle, Tendría que probarme que nunca había pasado por allí, Puedo decirle cómo es el edificio, Vamos, vamos, de noche todos los edificios son pardos, Los que son pardos de noche son los gatos, Los edificios, también, Entonces no cree en mí, No, Por qué, si me permite la pregunta, Porque lo que afirma que ha hecho no entra en mi realidad, y lo que no entra en mi realidad no existe, El cuerpo que sueña es real, por tanto, salvo opinión más autorizada, también tiene que ser real el sueño que está soñando, El sueño sólo tiene realidad como sueño, Quiere decir que mi única realidad fue ésa, Sí, fue ésa su única realidad vivida, Puedo volver al trabajo, Puede, pero prepárese porque todavía vamos a tener que tratar la cuestión de la corbata.

Habiéndose librado airosamente de la investigación administrativa por los impresos desaparecidos, don José, para no perder las ganancias dialécticas conquistadas, inventó en su cabeza la fantasía de este nuevo diálogo, del cual, a pesar del tono irónico y conminatorio del argüidor, salió fácilmente vencedor, como una nueva lectura, más atenta, podrá comprobar. Y argumentó con tal convicción que hasta fue capaz de mentirse a sí mismo y luego sustentar la mentira sin ningún remordimiento de conciencia, como si él no fuese el primero en saber que efectivamente entró en la finca y subió la escalera, que pegó el oído a la puerta del piso donde, según la ficha, la mujer desconocida había nacido. Es cierto que no se atrevió a tocar el timbre, en este punto dijo la verdad, pero permaneció algunos minutos en el oscuro rellano,

inmóvil, tenso, intentando distinguir los sonidos
que llegaban de dentro, tan curioso que casi se ol-
vida del miedo a ser sorprendido y confundido con
un ladrón de casas. Oyó el llanto enojado de un
niño de pañales, Debe de ser el hijo, un susurro dulce de acune femenino, Será ella, de repente una
voz de hombre dijo desde el otro lado, Ese niño
no se va a callar nunca, el corazón de don José dio
un brinco de susto, si la puerta se abriera, cosa que
podría ocurrir, tal vez el hombre salga, Quién es
usted, qué busca aquí, preguntaría, Qué hago ahora, se preguntaba don José, pobre de él, no hizo
nada, se quedó allí paralizado, inerme, tuvo la suerte de que el padre del niño no cultivara el antiguo
hábito masculino de ir al café después de cenar
para conversar con los amigos. Entonces, cuando
sólo el lloro del niño se oía, don José comenzó a
bajar la escalera despacio, sin encender la luz, rozando levemente la pared con la mano izquierda
para no perder el equilibrio, las curvas del pasamanos eran demasiado pronunciadas, a cierta altura
casi le ahogó una ola de terror al pensar en lo que
sucedería si otra persona, silenciosa, invisible a sus
ojos, viniese en aquel momento subiendo la escalera, rozando la pared con la mano derecha, no
tardarían en chocar, la cabeza del otro topando
contra su pecho, ciertamente sería mucho peor que
estar en lo alto de la escalera de mano y que una
araña viniera a lamerle la cara, también podría ser
que alguien de la Conservaduría General lo hubiese seguido hasta aquí con la intención de sor-
prenderlo en flagrante delito y así poder juntar al

proceso disciplinario, que probablemente estaría en curso, la pieza incriminatoria incuestionable que todavía le faltaba. Cuando don José llegó finalmente a la calle las piernas le temblaban, el sudor le corría por la frente, Estoy hecho una madeja de nervios, se reprendió. Después, disparatadamente, como si de pronto el cerebro se le hubiese desgobernado y movido en todas las direcciones, como si el tiempo todo hubiese encogido, de atrás para adelante y de adelante para atrás, comprimido en un instante compacto, pensó que el niño que había oído llorar tras la puerta era, treinta y seis años antes, la mujer desconocida, que él mismo era un muchacho de catorce años, sin ningún motivo para buscar a alguien, mucho menos a estas horas de la noche. Parado en la acera, miró la calle como si no la hubiese visto aún, hace treinta y seis años las farolas de la iluminación pública daban una luz más pálida, el pavimento no estaba asfaltado, era de piedras alineadas, el rótulo de la tienda de la esquina anunciaba zapatos y no comida rápida. El tiempo se movió, comenzó a dilatarse poco a poco, luego más deprisa, parecía que daba sacudidas violentas, como si estuviese dentro de un huevo y forcejease por salir, las calles se sucedían superponiéndose, los edificios aparecían y desaparecían, mudaban de color, de forma, todas las cosas buscaban ansiosas sus lugares antes de que la luz del amanecer viniese a mudar nuevamente los sitios. El tiempo se puso a contar los días desde el principio, ahora usando la tabla de multiplicar para recuperar el atraso, y con tanto acierto lo hizo que don José ya tenía otra vez cincuenta años cuando llegó a casa. En cuanto al niño llorón, ése sólo era una hora mayor, lo que demuestra que el tiempo, aunque los relojes quieran convencernos de lo contrario, no es igual para todos.

Don José pasó una noche difícil, a añadir a las anteriores, que tampoco fueron mejores. Sin embargo, a pesar de las fortísimas emociones vividas durante su breve excursión nocturna, apenas se cubrió la oreja con el embozo de la sábana, según su hábito, cayó en un sueño que cualquier persona, a primera vista, denominaría profundo y reparador, pero en seguida salió de él, bruscamente, como si alguien, sin respeto ni contemplaciones, lo hubiera sacudido por el hombro. Lo despertó una idea inesperada que irrumpió en medio del sueño, de un modo tan fulminante que no dio tiempo a que un sueño se tejiese con ella, la idea de que la tal mujer desconocida, la de la ficha, fuese en resumidas cuentas aquella que él había oído meciendo al niño, la del marido impaciente, en ese caso su búsqueda habría terminado, estúpidamente terminado, en el preciso instante en que debería comenzar. Una angustia repentina le apretó la garganta, mientras la razón afligida intentaba resistir, quería que él mostrase indiferencia, que dijese, Mejor así, menos trabajo tendré, pero la angustia no desistía, continuaba apretando, apretando, y ahora era ella quien le preguntaba a la razón, Y él qué hará, si ya no puede realizar lo que pensaba, Hará lo que siempre ha hecho, coleccionará recortes de periódicos, fotografías, noticias, entrevistas, como si no hubiese sucedido nada, Pobrecillo, no creo que lo consiga, Por qué, La angustia, cuando llega, no se va fuera con esa facilidad, Podrá escoger otra ficha y luego ponerse a buscar a esa persona, El azar no escoge, propone, fue el azar quien le trajo la mujer desconocida, sólo al azar le compete tener voto en esta materia, No le faltan desconocidos en el fichero, Pero le faltan los motivos para escoger a uno de ellos y no a otro, uno de ellos en particular y no uno cualquiera de todos los otros, No creo que sea buena regla de vida dejarse guiar por el azar, Buena regla o no, conveniente o no, fue el azar quien le puso en las manos aquella ficha, Y si la mujer fuera la misma, Si la mujer fuese la misma, entonces el azar sería ése, Sin otras consecuencias, Quiénes somos nosotros para hablar de consecuencias, si de la fila interminable que incesantemente camina en nuestra dirección apenas podemos ver la primera, Significa eso que algo puede suceder todavía, Algo, no, todo, No comprendo, Vivimos tan absortos que no reparamos en que lo que nos va aconteciendo deja intacto, en cada momento, lo que nos puede acontecer, Quiere eso decir que lo que puede acontecer se va regenerando constantemente, No sólo se regenera como se multiplica, basta con que comparemos dos días seguidos, Nunca pensé que fuese así, Son cosas que sólo los angustiados conocen bien.

Como si la conversación no fuese con él, don José daba vueltas en la cama sin conciliar el sueño, Si la mujer es la misma, repetía, si después de todo la mujer es la misma, rompo la maldita ficha y no pienso más en el asunto. Sabía que estaba intentando encubrir la decepción, sabía que no soportaría regresar a los gestos y a los pensamientos de siempre, era como si hubiese estado a punto de embarcar para descubrir la isla misteriosa y en el último instante, ya con un pie en la plancha, apareciese alguien con un mapa abierto, No vale la pena que partas, la isla desconocida que querías encontrar está aquí, observa, tanto de latitud, tanto de longitud, tiene puertos y ciudades, montañas y ríos, todos con sus nombres e historias, es mejor que te resignes a ser quien eres. Pero don José no quería resignarse, continuaba mirando el horizonte que parecía perdido y, de repente, como si una nube negra se hubiese apartado para dejar que el sol apareciera, percibió que la idea que lo había despertado era engañosa, se acordó de que en la ficha constaban dos asentamientos, uno de matrimonio, otro de divorcio, y aquella mujer del edificio estaba ciertamente casada, si fuese la misma tendría que haber en la ficha un asentamiento del nuevo matrimonio, aunque es verdad que a veces la Conservaduría se equivoca, pero en eso don José no quiso pensar.

Alegando razones particulares de irresistible fuerza mayor, que se excusó de no explicar, recordando en todo caso que en veinticinco años de fiel y siempre puntual servicio era ésta la primera vez que lo hacía, don José pidió permiso para salir una hora más temprano. Siguiendo las disposiciones que regulaban la compleja relación jerárquica de la Conservaduría General del Registro Civil, comenzó formulando la pretensión al oficial de su sección, de cuya buena o mala disposición de espíritu dependerían los términos con que la solicitud sería transmitida al subdirector correspondiente, quien, a su vez, omitiendo o añadiendo palabras, acentuando esta sílaba o borrando aquélla, podría, hasta cierto punto, influir en la decisión final. Sobre esta cuestión, sin embargo, son muchas más las dudas que las certezas, porque los motivos que inducen al conservador a conceder o negar éstas u otras autorizaciones sólo por él son conocidos, no existiendo memoria ni registro, en tantos años de Conservaduría, de un único despacho, escrito o verbal, dotado de la respectiva fundamentación. Se ignorarán para siempre, por tanto, las razones por las que don José fue autorizado a salir media hora antes en lugar de la hora completa que había

requerido. Es legítimo imaginar, aunque se trate
de una especulación gratuita, no verificable, que el
oficial, primero, o el subdirector, después, o ambos,
hayan añadido que tan demorada ausencia afecta-
ría negativamente al servicio, es más que probable
que el jefe haya decidido aprovechar la ocasión para
rebajar nuevamente a los subordinados con una
de sus exhibiciones de autoridad discriminatoria.
Informado de la decisión por el oficial, a quien se
la transmitiera el subdirector, don José hizo cuentas del tiempo y concluyó que, si no quería llegar
tarde a su destino, si no quería enfrentarse con el
dueño de la casa de vuelta ya del trabajo, tendría
que tomar un taxi, lujo donde los haya, tan infrecuente en su vida. Nadie lo esperaba, podía suceder que no hubiese nadie en casa a aquella hora,
pero lo que deseaba, por encima de todo, era no
verse obligado a enfrentarse con la impaciencia del
hombre, sería más embarazoso satisfacer las desconfianzas de una persona así que responder a las
preguntas de una mujer con un hijo en los brazos.

El hombre no abrió la puerta ni después se
le oyó la voz dentro de la casa, de manera que estaría aún en el empleo o vendría de camino, y la
mujer no traía al hijo en brazos. Don José comprendió en seguida que la mujer desconocida, tanto si estaba casada como divorciada, nunca podría
ser aquella que tenía delante. Por muy bien con-
servada que estuviera, por muy bien que la hubiera tratado el tiempo, no es natural que alguien lleve treinta y seis años en el cuerpo y parezca tener
menos de veinticinco en la cara. Don José podía ha-

berle dado la espalda simplemente, o farfullar una explicación rápida, decir, por ejemplo, Perdone, me equivoqué, buscaba a otra persona, pero de una u otra manera la punta de su hilo de Ariadna, por usar el lenguaje mitológico de la orden burocrática, estaba allí, eso sin olvidar la razonable probabilidad de que vivieran otras personas en la casa, y entre ellas se encontrara el objeto de su búsqueda, aunque, como sabemos, el espíritu de don José rechaza con vehemencia tal posibilidad. Sacó la ficha de su bolsillo, mientras decía, Buenas tardes, señora, Buenas tardes, qué desea, preguntó la mujer, Soy funcionario de la Conservaduría General del Registro Civil y estoy encargado de investigar ciertas dudas que han surgido sobre el registro de una persona que sabemos que nació en esta casa, Ni mi marido ni yo nacimos aquí, sólo nuestra hija, que tiene ahora tres meses, supongo que no se trata de ella, Qué idea, la persona que busco es una mujer de treinta y seis años, Yo tengo veintisiete, No puede ser la misma, claro, dijo don José, y luego, Cómo se llama. La mujer dio el nombre, él hizo una pausa para sonreír, después preguntó, Hace mucho tiempo que vive en esta casa, Hace dos años, Conoció a las personas que residían antes aquí, éstas, leyó el nombre de la mujer desconocida y los nombres de los padres, No sabemos nada de esa gente, la casa estaba desocupada y mi marido trató el alquiler con el agente del propietario, Hay en el edificio algún inquilino antiguo, En el entresuelo derecha vive una señora mayor, por lo que he oído es la inquilina más antigua, Probablemente hace

treinta y seis años aún no viviría aquí, las personas hoy se mudan mucho, Eso no puedo decírselo, será mejor que hable con ella, y ahora tengo
que irme, mi marido está a punto de llegar y no le
gusta verme hablando con extraños, además estaba preparando la cena, Soy un funcionario de la
Conservaduría General del Registro Civil, no soy
un extraño, y he venido aquí de servicio, si la mo-
lesté le pido disculpas. El tono melindroso de don
José ablandó a la mujer, No, de verdad, no me ha
molestado, sólo quería decir que si mi marido estuviese aquí le habría pedido de entrada la credencial, Yo le enseño mi carné de funcionario, vea,
Ah, muy bien, se llama don José, pero cuando dije
credencial quería decir un documento oficial donde se mencionara el asunto que está encargado de
investigar, El conservador no pensó que encontraría desconfianzas, Cada uno tiene su manera de
ser, y la vecina del entresuelo derecha, ésa, es el
colmo, no abre la puerta a nadie, yo soy diferente,
a mí me gusta conversar con las personas, Le agradezco la amabilidad con que me ha atendido,
Siento no haberle sido más útil, Al contrario, me
ha ayudado mucho, me ha hablado de la señora
del entresuelo y de la cuestión de la credencial,
Menos mal que piensa así. La conversación tenía
visos de continuar algunos minutos más, pero el
sosiego de la casa fue súbitamente interrumpido
por el llanto de un niño que se había despertado,
Es su niño, dijo don José, No es niño, es niña, ya
se lo había dicho, sonrió la mujer y don José sonrió también. En ese momento se oyó la puerta de

la calle y la luz de la escalera se encendió, Es mi
marido, conozco su manera de entrar, susurró la
mujer, váyase y haga como que no ha hablado
conmigo. Don José no bajó. Sin hacer ruido, de
puntillas, subió rápidamente hasta el descansillo
superior y allí se quedó, apoyado a la pared, con el
corazón palpitando como si estuviese viviendo una
aventura peligrosa, mientras los pasos firmes del
hombre joven crecían y se aproximaban. El timbre
tocó, entre el abrir y el cerrar de la puerta de la
casa aún se oyó el llanto de la niña, luego un gran
silencio llenó la espiral de la escalera. Un minuto
después la luz general se apagó. Entonces don José
cayó en la cuenta de que todo su diálogo con la
mujer había transcurrido, como si uno u otro tuviera algo que ocultar, en la penumbra cómplice
del interior del edificio, cómplice fue la inesperada palabra que se le vino a la cabeza, Cómplice de
qué, cómplice por qué, se preguntó, lo cierto es que
ella no volvió a encender la luz que, tras el inter-
cambio de las primeras palabras, se había apagado.
Comenzó finalmente a bajar las escaleras, primero
con todas las cautelas, después apresurado, sólo paró un instante para escuchar ante la puerta del entresuelo derecha, llegaba un sonido que debía de
ser de una radio, no pensó en llamar al timbre, dejaría la nueva investigación para el fin de semana,
para el sábado o el domingo, entonces no le pilla-
rían desprevenido, se presentaría con la credencial
en la mano, investido de una autoridad formal que
nadie se atrevería a poner en duda. Falsa credencial, claro está, pero que le evitaría, con la irresisti-

ble fuerza de un membrete oficial y de un sello auténtico, el trabajo de tener que disipar desconfianzas antes de entrar en el meollo de la cuestión. En cuanto a la firma del jefe, se sentía absolutamente tranquilo, no era verosímil que la longeva señora del entresuelo hubiera visto alguna vez la firma del conservador, cuyos floreados, pensándolo bien, gracias a su propia fantasía ornamental, no serían difíciles de imitar. Si todo ocurriese bien esta vez, como estaba seguro de que ocurriría, usaría el documento siempre que encontrase o previese dificultades en las futuras investigaciones, pues estaba convencido de que la búsqueda no acabaría en el entresuelo. Suponiendo que la inquilina fuese del tiempo en que la familia de la mujer desconocida vivía en el edificio, podría suceder que no se llevaran bien unos con otros, que todo se redujera, en la memoria cansada de la anciana, a unos cuantos recuerdos vagos, dependería de los años transcurridos desde la mudanza de la familia del segundo piso a otro lugar de la ciudad. O del país, o del mundo, pensó preocupado ya en la calle. Las personas famosas de su colección, vayan por donde vayan, llevan siempre un periódico o una revista siguiéndoles la pista y rastreándoles el olor para una fotografía más, para otra pregunta, pero de la gente vulgar nadie se acuerda, nadie se interesa verdaderamente por ella, nadie se preocupa de saber lo que hace, ni lo que piensa, ni lo que siente, incluso en los casos en que se pretende hace creer lo contrario, se está fingiendo. Si la mujer desconocida se hubiese ido a vivir al extranjero, quedaría

fuera de su alcance, sería como si estuviera muerta, Punto final, se acababa la historia, murmuró
don José, pero luego consideró que no sería así, que
al marcharse, dejaría tras de sí una vida, tal vez
sólo una pequeña vida, cuatro años, cinco años, casi
nada, o quince o veinte, un encuentro, un deslum-
bramiento, una decepción, unas cuantas sonrisas,
unas cuantas lágrimas, lo que a primera vista es
igual para todos y en la realidad es diferente para
cada uno. Y diferente también cada vez. Llegaré a
donde pueda, remató don José con una serenidad
que no parecía suya. Como si fuese ésa la conclusión lógica de lo que había pensado, entró en una
papelería y compró un cuaderno grueso de hojas
pautadas, de los que usan los estudiantes para apuntar las materias escolares a medida que creen que
las van aprendiendo.

La falsificación de la credencial no le llevó
mucho tiempo. Veinticinco años de cotidiana práctica caligráfica bajo la vigilancia de oficiales celosos
y subdirectores exigentes le habían proporcionado
un dominio pleno de las falanges, de las muñecas
y de la llave de la mano, una firmeza absoluta tanto en las líneas curvas como en las rectas, un casi
instintivo sentido de los trazos gruesos y de los
finos, una noción perfecta del grado de fluidez y
viscosidad de las tintas, que, puestos a prueba en
esta ocasión, dieron como resultado un documento capaz de resistir las pesquisas de la lupa más potente. Delatoras, sólo las impresiones digitales y las
impregnaciones invisibles de sudor que quedaron
en el papel, pero la probabilidad de que se realiza-

ra cualquiera de estos exámenes era, evidentemente, ínfima. El más competente perito en grafolo-
gía, llamado a declarar, juraría que el documento
bajo juicio era de puño y letra del jefe de la Conservaduría y tan auténtico como si hubiese sido
escrito en presencia de los testigos idóneos. La redacción de la credencial, el estilo, el vocabulario
empleado, aduciría a su vez un psicólogo, refor-
zando el informe del querido colega, muestran hasta la saciedad que su autor es persona extremada-
mente autoritaria, dotada de un carácter duro, sin
flexibilidad ni fisuras, seguro de su razón, desdeñoso de la opinión ajena, como incluso un niño
fácilmente podría concluir de la lectura del texto,
que reza así, En nombre de los poderes que me
fueron conferidos y que bajo juramento manten-
go, aplico y defiendo, hago saber, como conservador de esta Conservaduría General del Registro
Civil, a todos cuantos, civiles o militares, particulares o públicos, vean, lean y compulsen esta credencial escrita y firmada de mi puño y letra, que
Fulano de Tal, escribiente a mi servicio y de la
Conservaduría General que dirijo, gobierno y ad-
ministro, recibió directamente de mí la orden y el
encargo de averiguar y agotar todo cuanto diga
respecto a la vida pasada, presente y futura de Fulana de Tal, nacida en esta ciudad, a tantos de tal,
hija de Beltrano de Tal y de Zutana de Tal, debiendo, por tanto, sin más comprobaciones, serle
reconocidos, como suyos propios, y durante todo
el tiempo que la investigación dure, los poderes
absolutos que, por esta vía y para este caso, delego

en su persona. Así lo exigen las conveniencias del servicio conservatorial y lo decide mi voluntad. Cúmplase. Trémula de susto, acabando a duras penas de leer el impresionante papel, la tal criatura correría a protegerse en el regazo de la madre, preguntándole cómo es posible que un escribiente como este don José, de natural tan pacífico, tan cuerdo de costumbres, haya sido capaz de concebir, de imaginar, de inventar en su cabeza, sin disponer de un modelo anterior por donde guiarse, dado que no es norma ni se verifican necesidades técnicas para que la Conservaduría General alguna vez haya presentado credenciales, la expresión de un poder despótico hasta tal punto, que es lo mínimo que se puede decir de éste. La asustada criatura todavía tendrá que comer mucho pan y mucha sal antes de comenzar a aprender de la vida, entonces ya no se sorprenderá cuando descubra cómo, llegando la ocasión, hasta los buenos pueden volverse duros y prepotentes, aunque sea escribiendo una credencial, falsificada o no. Dirán ellos como disculpa, Es que ése no era yo, estaba escribiendo, actuando en nombre de otra persona, y en el mejor de los casos lo que quieren es engañarse a sí mismos, pues, verdaderamente, la dureza y la prepotencia, cuando no la crueldad, se estaban manifestando dentro de ellos, y no de otro, visible o invisible. Aun así, sopesando lo que ha sucedido hasta ahora por sus efectos, es poco probable que de las intenciones y obras futuras de don José puedan advenir serios perjuicios al mundo, por tanto dejemós provisionalmente suspendido nuestro juicio mientras otras acciones más esclarecedoras, tanto en el buen sentido como en el malo, no dibujen su definitivo retrato.

El sábado, vistiendo el mejor traje, la camisa limpia y planchada, la corbata más o menos correcta, casi a juego, protegido en un bolsillo interior de la chaqueta el sobre timbrado con la credencial, don José tomó un taxi en la puerta de casa, no para ganar tiempo, el día era suyo, sino porque las nubes amenazaban lluvia, y no quería aparecer ante la señora del entresuelo derecha pingando desde las orejas y con las vueltas de los pantalones salpicados de barro, arriesgándose a que le cerrasen la puerta en la cara antes de que pudiera decir a lo que iba. Se sentía excitado imaginando cómo lo recibiría la anciana señora, el efecto que causaría en la vieja, le vino sin pensar el término peyorativo, la lectura de un papel como aquél, intimidatorio e intimidante, hay personas que reaccionan al contrario de lo que sería de esperar, ojalá no sea éste el caso. Tal vez hubiese empleado en la redacción términos demasiado duros y prepotentes, sin embargo la verosimilitud imponía que fuese fiel al carácter del conservador tanto como a la caligrafía, además todo el mundo sabe que siendo cierto que no es con vinagre como se atrapan moscas, tampoco es menos cierto que algunas ni con miel se dejan atrapar. Veremos, suspiró. La primera cosa que pudo ver, después de responder a las preguntas insistentes que llegaban de dentro, Quién es, Qué desea, Quién lo manda, Qué tengo yo que ver con esto, fue que la señora del entresuelo derecha, no era tan mayor como había imaginado, no eran de anciana aquellos ojos vivos, aquella nariz recta, aquella boca delgada pero firme, sin arrugas en las comisuras, donde la mucha edad se notaba era en la flacidez de la piel del cuello, probablemente se fijó en ese pormenor porque ya comenzaba a notar en sí mismo esa señal ineludible de deterioro físico y sólo contaba cincuenta años. La mujer no abría completamente la puerta, decía y volvía a decir que los asuntos de la vecindad no le interesaban, respuesta esta de lo más procedente, ya que don José, siguiendo un camino errado, comenzó anunciando que buscaba a una persona del segundo izquierda. El equívoco pareció acabar cuando pronunció, por fin, el nombre de la mujer desconocida, entonces la puerta se abrió un poco más, para volver luego a la posición anterior, Conoce a esa señora, preguntó don José, Sí, la conocí, dijo la mujer, Sobre ella desearía hacerle algunas preguntas, Quién es usted, Soy funcionario autorizado de la Conservaduría General del Registro Civil, ya se lo he dicho, Cómo puedo saber que eso es verdad, Tengo una credencial firmada por mi conservador, Estoy en mi casa, no quiero ser incomodada, En estos casos, es obligatorio colaborar con la Conservaduría General, Qué casos, La aclaración de dudas existentes en el Registro Civil, Por qué no le preguntan a ella, No conocemos su dirección actual, si usted la conoce, dígamela y no la molesto más, Va para treinta años, si no me fallan las cuentas, que dejé de tener noticias de esa persona, Que entonces era una niña, Sí. Con esta única

palabra, la mujer dio señal de considerar terminada la conversación, pero don José no desistió, si
tenía que perder por cien, qué más le daba perder
por mil. Sacó el sobre del bolsillo, lo abrió y extra-
jo de dentro, con una lentitud que debería parecer
amenazadora, la credencial, Lea, ordenó. La mujer sacudió la cabeza, No lo leo, no es asunto que
me incumba, Si no lo lee, volveré acompañado de
la policía, eso será peor para usted. La mujer se resignó a recibir el papel que le tendía, encendió la
luz del pasillo, se puso unas gafas que traía colga-
das al cuello y leyó. Después, devolvió el documento y franqueó la entrada, Es mejor que pase,
los de enfrente deben de estar escuchándonos detrás de la puerta. Ante la alianza no declarada que el
pronombre personal parecía representar, don José
comprendió que había ganado el duelo. De una
cierta indefinible manera, ésta era la primera victoria objetiva de su vida, es verdad que fraudulen-
tísima victoria, pero si andan tantas personas por
ahí pregonando que los fines justifican los medios,
quién era él para desmentirlas. Entró sin alarde,
como un vencedor cuya generosidad le impidiese
ceder a la fácil tentación de humillar al vencido,
aunque, en todo caso, apreciaría que su grandeza
fuese notada.

La mujer lo condujo a una pequeña sala
cuidadosamente ordenada y limpia, decorada con
un gusto de otra época. Le ofreció un sillón, se sentó
también y, sin dar tiempo al visitante para nuevas
preguntas, dijo, Soy la madrina. Don José espera-
ría todas las revelaciones menos ésa. Fue allí como

un simple funcionario que cumple órdenes de sus superiores, por tanto sin ninguna implicación de naturaleza personal, así era necesario que lo viese la mujer que se sentaba enfrente, pero sólo él sabe el esfuerzo que tuvo que hacer para no sonreír de beatífico deleite. Sacó de otro bolsillo la copia de la ficha, la miró despacio, como si memorizara todos los nombres que contenía, luego dijo, Y su marido fue el padrino, Sí, Podría hablar también con él, Soy viuda, Ah, en la sorda exclamación hubo tanto de auténtico alivio como de sentimiento simulado, era una persona menos con la que combatir. La mujer dijo, Nos llevábamos muy bien, quiero decir, las dos familias, la nuestra y la suya, éramos amigos íntimos, cuando la niña nació nos pidieron que fuésemos los padrinos, Qué edad tenía la niña cuando cambiaron de casa, Creo que iba para los ocho años, Antes me dijo que hace treinta años que no tiene noticias de ella, Así es, Explíquese mejor, Recibí una carta poco después de que se mudaran, De quién, De la niña, Qué decía, Nada especial, era la carta que una criatura de ocho años, con las pocas palabras que sabe, es capaz de escribir a su madrina, Todavía la guarda, No, Y los padres, no le escribieron nunca, No, No es extraño, No, Por qué, Son asuntos privados, no son para divulgarlos, Para la Conservaduría General del Registro Civil no existen asuntos privados. La mujer lo miró fijamente, Quién es usted, Mi credencial acaba de decírselo, Sólo me dice cómo se llama, es don José, Sí, soy don José, Puede hacerme las preguntas que quiera y yo no puedo hacerle ninguna, Para

interrogarme a mí, sólo es competente un funcionario de la Conservaduría de la escala superior, Es
usted una persona feliz, puede guardar sus secretos, No creo que alguien sea feliz sólo por guardar
secretos, Es feliz, Lo que yo sea no importa, ya le
he explicado que sólo la jerarquía está autorizada a
preguntarme, Tiene secretos, No le respondo, Pero yo sí debo responder, Es mejor que lo haga, Qué
quiere que le diga, Qué asuntos privados fueron
ésos. La mujer se pasó la mano por la frente, dejó
caer lentamente los párpados marchitos, después
dijo sin abrir los ojos, La madre de la niña sospe-
chó que yo mantenía una relación íntima con su
marido, Y era verdad, Lo era, desde hacía mucho tiempo, Por eso se mudaron, Sí. La mujer
abrió los ojos y preguntó, Le gustan mis secretos,
Sólo me interesa de ellos lo que tenga que ver con
la persona que ando buscando, además no estoy
autorizado para otra cosa, Entonces no quiere saber lo que pasó después, Oficialmente, no, Pero,
particularmente, tal vez, No es mi estilo espiar las
vidas ajenas, dijo don José, olvidándose de las ciento
cuarenta y tantas que guardaba en el armario, después añadió, Pero no le ocurriría nada muy extraordinario, puesto que me ha dicho que es viuda,
Tiene buena memoria, Es una condición fundamental para ser funcionario de la Conservaduría
General del Registro Civil, mi jefe, por ejemplo, y
esto es sólo para que se haga una idea, se sabe de
corrido todos los nombres que existen y existirán,
todos los nombres y todos los apellidos, Y eso para
qué sirve, El cerebro de un conservador es como

un duplicado de la Conservaduría, No lo entiendo, Siendo, como es, capaz de realizar todas las combinaciones posibles de nombres y apellidos, el cerebro de mi jefe no sólo conoce los nombres de todas las personas que viven y de todas las que murieron, sino que también podría decirle cómo se llamarán todas las que van a nacer de aquí hasta el fin del mundo, Usted sabe más que su jefe, Ni pensarlo, comparado con él yo no valgo nada, por eso el conservador es él y yo no paso de un mero escribiente, Ambos saben mi nombre, Es cierto, Pero él no sabe de mí más que el nombre, En eso tiene razón, la diferencia estriba en que él ya lo conocía, mientras que yo lo he conocido al recibir esta misión, Y de un salto se ha puesto delante, está aquí, en mi casa, puede verme la cara, oírme decir que engañé a mi marido y es, en todos estos años, la única persona a quien se lo he contado, qué más es necesario para que se convenza de que junto a usted, su jefe no pasa de ser un ignorante, No diga eso, no es conveniente, Tiene alguna pregunta más, Qué pregunta, Por ejemplo, si fui feliz en mi matrimonio después de lo que sucedió, Es un asunto ajeno al expediente, Nada es ajeno, así como todos los nombres están en la cabeza de su jefe, así el expediente de una persona es el expediente de todas, Usted sabe mucho, Es natural, he vivido mucho, Cincuenta años tengo yo, y ante usted no sé nada, No imagina lo que se aprende entre los cincuenta y los setenta años, Ésa es su edad, Un poco más, Fue feliz después de lo que ocurrió, O sea, que le interesa, Es que sé poco de la vida de las personas, Tal como su jefe, tal como su Conservaduría, Supongo que sí, Fui perdonada, si eso es lo que quiere saber, Perdonada, Sí, ocurre muchas veces, perdonaos los unos a los otros, como suele decirse, La frase conocida no es así, es amaos los unos a los otros, Da lo mismo, se perdona porque se ama, se ama porque se perdona, usted es un chiquillo, todavía tiene mucho que aprender, Veo que sí, Está casado, No, Nunca ha vivido con una mujer, Vivir, lo que se dice vivir, no he vivido, Sólo relaciones pasajeras, temporales, Ni eso, vivo solo, cuando la necesidad aprieta, hago lo que todos hacen, busco y pago, Se ha dado cuenta que está respondiendo a preguntas, Sí, pero ahora no me importa, a lo mejor es así como se aprende, respondiendo, Voy a explicarle una cosa, Dígame, Comenzaré preguntándole si sabe cuántas personas forman un matrimonio, Dos, el hombre y la mujer, No señor, en el matrimonio existen tres personas, está la mujer, está el hombre y está lo que llamo tercera persona, la más importante, la persona que está constituida por el hombre y la mujer juntos, Nunca había pensado en eso, Si uno de los dos comete adulterio, por ejemplo, el más ofendido, el que recibe el golpe más profundo, por muy increíble que esto le parezca, no es el otro, sino ese otro que es la pareja, no es el uno, es la unión de la dos, Y se puede vivir realmente con ese uno hecho de dos, a mí ya me cuesta trabajo vivir conmigo mismo, Lo más común en el matrimonio es que se vea al hombre o a la mujer, o a ambos, cada uno por su lado queriendo destruir a ese tercero que ellos son, ese que resiste, ese que quiere sobrevivir sea como sea, Es una aritmética demasiado complicada para mí, Cásese, encuentre una mujer y después ya me dirá, A mí ya se me ha acabado el tiempo, Será mejor que no apueste, quién sabe lo que encontrará cuando llegue al fin de su misión o como le llame, Las dudas que me mandaron esclarecer son dudas de la Conservaduría General, no son las mías, Y qué dudas son ésas, si no es demasiado preguntar, Estoy bajo secreto oficial, no puedo responder, El secreto le aprovecha bien poco, don José, pronto tendrá que irse y se irá sabiendo lo mismo que cuando entró, nada, Eso es cierto, y don José movió la cabeza desalentado.

La mujer lo miró como si lo estuviera estudiando, después preguntó, Desde cuándo anda con esta investigación, Propiamente hablando, comencé hoy, pero el conservador se va a enfadar mucho cuando aparezca con las manos vacías, es una persona muy impaciente, Sería una gran injusticia para con un funcionario que, por lo visto, no tiene reparo en trabajar los sábados, No tenía nada particular que hacer, era una manera de adelantar el servicio, Pues no adelantó gran cosa, no señor, Tendré que pensar, Pida consejo a su jefe, para eso es jefe, No lo conoce, él no admite que le hagan preguntas, da las órdenes y basta, Y ahora, Ya se lo he dicho, tengo que pensar, Entonces piense, De verdad usted no sabe nada, adónde fueron cuando salieron de aquí, la carta que recibió traería la dirección de quien la enviaba, Debía traerla, sí, pero esa carta ya no existe, No respondió, No, Por qué,

Entre matar y dejar morir, preferí matar, hablo en sentido figurado, claro, Estoy en un callejón sin salida, Tal vez no, Qué quiere decir, Déme un papel y algo que escriba. Con las manos temblándole, don José le pasó un lápiz, Puede escribir aquí mismo, en el reverso de la ficha, es una copia. La mujer se puso las gafas y escribió rápidamente algunas palabras, Ahí tiene, pero mire que no es su dirección, es sólo el nombre de la calle donde estaba la escuela a la que acudía mi ahijada cuando se mudaron, tal vez por ahí consiga llegar a donde quiere, si es que la escuela sigue estando allí. El espíritu de don José se encontró dividido entre la gratitud personal por el favor y la contrariedad oficial porque se hubiera demorado tanto. Despachó la gratitud diciendo, Gracias, sin más, y, aunque en un tono moderado, dejó que la contrariedad se manifestase, No puedo comprender por qué ha tardado tanto tiempo en darme la dirección de la escuela, sabiendo que cualquier información, por insignificante que parezca, puede ser de vital importancia para mí, No sea exagerado, A pesar de todo, le estoy muy agradecido y lo digo tanto en mi nombre como en nombre de la Conservaduría General del Registro Civil que represento, pero insisto en que me explique por qué se ha demorado tanto en darme esta dirección, La razón es muy simple, no tengo nadie con quien hablar. Don José miró a la mujer, ella estaba mirándolo a él, no vale la pena gastar palabras explicando la expresión que tenían en los ojos uno y otro, sólo importa lo que él fue capaz de decir al cabo de un silencio,

Yo tampoco. Entonces la mujer se levantó del sillón, buscó en un cajón del mueble que estaba tras ella y sacó lo que parecía un álbum, Son fotografías, pensó don José con alborozo. La mujer abrió el libro, lo hojeó, en pocos segundos encontró lo que quería, la fotografía no estaba pegada, se mantenía apenas por cuatro pequeños encajes de cartulina adheridos a la página, Aquí tiene, llévesela, dijo, es la única que conservo de ella, y ahora espero que no me pregunte si también tengo fotografías de los padres, No lo preguntaré. Don José alargó la mano vacilante, recibió el retrato en blanco y negro de una niña de ocho o nueve años, una carita que debía ser pálida, unos ojos serios debajo de un flequillo que rozaba las cejas, la boca quiso sonreír pero no pudo, se quedó así. Corazón sensible, don José sintió que sus propios ojos se arrasaban de lágrimas, No parece un funcionario de esa Conservaduría, dijo la mujer, Es la única cosa que soy, dijo él, Quiere una taza de café, Vendría bien.

Hablaron poco mientras bebían el café y mordisqueaban una galleta, apenas algunas palabras sobre la rapidez con que el malvado tiempo pasa, Pasa, y ni nos damos cuenta, hace poco todavía era mañana y ya la noche está ahí, en realidad se notaba que la tarde iba llegando al fin, pero tal vez estuviesen hablando de la vida, de sus vidas, o de la vida en general, es lo que sucede cuando asistimos a una conversación y no estamos atentos, siempre lo más importante se nos escapa. Acabó el café, las palabras habían acabado, don José se levantó y dijo, Tengo que retirarme, agradeció el retrato, la dirección de la escuela, la mujer dijo, Si alguna vez pasa por esta zona, después lo acompañó a la puerta, él extendió la mano, volvió a decir, Muchas gracias, como un caballero de otra época la acercó a sus labios, entonces la mujer sonrió maliciosamente y dijo, Tal vez no fuese mala idea buscar en la guía telefónica.

El golpe fue tan duro que don José, pisando ya la calle con sus desorientados pies, tardó en percibir que una lluvia fina, casi diáfana, de esas que mojan en sentido vertical y en sentido horizontal, además de en todos los oblicuos, le estaba cayendo encima. Quizá no fuese mala idea mirar en la guía, dijo malvadamente la vieja en la despedida, y cada una de estas palabras, en sí mismas inocentes, incapaces de ofender a la más susceptible de las criaturas, se había transformado en un instante en insulto agresivo, en atestado de insufrible estupidez, como si durante la conversación, tan rica en sentimientos a partir de cierta altura, ella lo hubiese estado observando fríamente, para concluir que el desmañado funcionario de la Conservaduría General del Registro Civil, enviado a la búsqueda de lo que estaba lejos y oculto, era incapaz de ver lo que se encontraba delante de los ojos y al alcance de la mano. Sin sombrero ni paraguas, don José recibía la llovizna directamente en la cara, arremolinada y confusa como los desagradables pensamientos que iban y venían dentro de su cabeza, todos ellos, en seguida comenzó a notarlo, alrededor de un cierto punto central, apenas discernible, que poco a poco se tornaba más nítido.

Era verdad que no se le había ocurrido algo tan simple y cotidiano como consultar la guía telefónica, que es lo habitual cuando se quiere conocer el número o la dirección de la persona a cuyo nombre está el teléfono. Su primera acción, si pretendía averiguar el paradero de la mujer desconocida, debía haber sido ésa, en menos de un minuto sabría dónde encontrarla, después, con el pretexto de esclarecer las imaginarias dudas de la inscripción en el Registro Civil, podría concertar con ella un encuentro fuera de la Conservaduría, alegando que deseaba ahorrarle el pago de una tasa, por ejemplo, y luego, arriesgando todo en un gesto temerario, en ese momento o días más tarde, cuando ya tuvieran confianza, pedirle, Cuénteme su vida. No había procedido así y, aunque fuese bastante ignorante en artes de psicología y arcanos del inconsciente, comenzaba ahora, con apreciable aproximación, a comprender por qué. Imaginemos un cazador, iba diciéndose a sí mismo, imaginemos un cazador que hubiese preparado cuidadosamente su equipo, la escopeta, la cartuchera, el morral de la merienda, la cantimplora del agua, la bolsa de red para recoger las piezas, las botas camperas, imaginémoslo saliendo con los perros, decidido, lleno de ánimo, preparado para una larga jornada como es propio de las aventuras cinegéticas y, al doblar la esquina más próxima, todavía al lado de casa, le sale al encuentro una bandada de perdices dispuestas a dejarse matar, que levantan el vuelo pero no se van de allí por más tiros que las abatan, con regalo y sorpresa de los perros, que nunca en su vida habían visto caer el maná del cielo en tales cantidades. Cuál sería, para el cazador, el interés de una caza hasta este punto fácil, con las perdices ofreciéndose, por decirlo así, ante los cañones, se preguntó don José, y dio la respuesta que a cualquiera le parecerá obvia, Ninguno. Lo mismo me pasa a mí, añadió, debe de haber en mi cabeza, y seguramente en la cabeza de todo el mundo, un pensamiento autóctono que piensa por su propia cuenta, que decide sin la participación del otro pensamiento, ese que conocemos desde que nos conocemos y al que tratamos de tú, ese que se deja guiar para llevarnos a donde creemos que conscientemente queremos ir, aunque, a fin de cuentas, puede que esté siendo conducido por otro camino, en otra dirección, y no para la esquina más próxima, donde una bandada de perdices nos espera sin que lo sepan, pero sabiéndolo nosotros, en fin, que lo que da verdadero sentido al encuentro es la búsqueda y que es preciso andar mucho para alcanzar lo que está cerca. La claridad del pensamiento, fuese éste o aquél, el especial o el de costumbre, verdaderamente después de haber llegado no importa tanto cómo se llegó, fue tan cegadora, que don José paró aturdido en medio de la acera, envuelto por la llovizna brumosa y por la luz de una farola del alumbrado público que se encendió en aquel momento por casualidad. Entonces, desde el fondo de un alma contrita y agradecida, se arrepintió de los malos e inmerecidos pensamientos, ésos, sí, muy conscientes, que había lanzado sobre la longeva y benévola señora del entresuelo derecha, cuando lo cierto es que le debía, no sólo la dirección de la escuela y el retrato, sino también la más perfecta y acabada explicación de un proceder que aparentemente no la tenía. Y como ella había dejado en el aire aquella invitación para que volviera a visitarla, Si alguna vez pasa por esta zona, fueron las palabras, suficientemente claras como para dispensar el resto de la frase, se prometió a sí mismo que volvería a llamar a su puerta un día de éstos, tanto para dar cuenta del avance de las pesquisas como para sorprenderla con la revelación del motivo auténtico de su negativa a consultar la guía de teléfonos. Claro que eso significaría confesarle que la credencial era falsa, que la búsqueda no había sido ordenada por la Conservaduría General, sino idea suya, e, inevitablemente, hablar del resto. El resto era la colección de personas famosas, el miedo a las alturas, los papeles ennegrecidos, las telas de araña, los estantes monótonos de los vivos, el caos de los muertos, el moho, el polvo, el desánimo, y por fin, la ficha que por alguna razón llegó agarrada a las otras, Para que no se olviden de ella, y el nombre, El nombre de la niña que aquí llevo, recordó, y sólo porque remolinos de agua seguían cayendo del cielo, no sacó el retrato del bolsillo para mirarlo. Si alguna vez se decidiese a contar a alguien cómo es la Conservaduría General por dentro, sería a la señora del entresuelo derecha. Es un asunto que el tiempo resolverá, decidió don José. En ese preciso instante el tiempo le trajo el autobús que le llevaría hasta cerca de su casa, con mucha gente mojada dentro, hombres y mujeres de edades y figuras varias, unos jóvenes, otros viejos, unos más acá, otros más allá. La Conservaduría General del Registro Civil los conocía a todos, sabía cómo se llamaban, dónde habían nacido y de quién, les contaba y les descontaba los días uno a uno, aquella mujer, por ejemplo, de ojos cerrados, aquella que lleva la cabeza apoyada en el vidrio de la ventana, debe de tener qué, treinta y cinco, treinta y seis años, fue suficiente para que don José diese alas a la imaginación, y si es ésta la mujer que busco, imposible no se puede decir que sea, la vida está llena de personas desconocidas, pero hay que resignarse, no podemos ir por ahí preguntándole a toda la gente, Cómo se llama, y después sacar la ficha del bolsillo para ver si aquella persona es la que queremos. Dos paradas más tarde la mujer salió, después se detuvo en la acera esperando que el autobús siguiese su viaje, seguramente quería cruzar la calle, y, como no llevaba paraguas, don José pudo verle la cara de frente a pesar de las gotillas que se agarraban a los cristales, hubo un momento en que, acaso impaciente porque el autobús tardaba en arrancar, ella levantó la cabeza y las miradas se encontraron. Así se quedaron hasta que el autobús se puso en marcha, continuaron así mientras pudieron verse, don José estirando y volviendo el cuello, la mujer siguiendo desde la calle el movimiento, ella, por ventura, preguntándose, Quién será éste, él respondiéndose, Es ella.

Entre la parada donde don José debía apearse y la Conservaduría General, atención muy loable de los servicios de transportes para con las personas que necesitaban arreglar sus papeles en el Registro Civil, la distancia no era grande. A pesar de eso, don José entró en casa mojado de arriba abajo. Se quitó rápidamente la gabardina, se mudó de pantalones, calcetines y zapatos, se frotó con una toalla el pelo que le chorreaba, y mientras hacía todo esto proseguía en su diálogo interior, Es ella, No es ella, Podía ser, Podía ser, pero no era, Y si era, Lo sabrás cuando encuentres a la de la ficha, Si fuera ella, le diré que ya nos conocíamos, que nos vimos en autobús, No se acordará, Si no tardo mucho en encontrarla, seguro que se acuerda, Pero tú no quieres encontrarla en poco tiempo, quizá ni en mucho, si realmente lo quisieses habrías buscado el nombre en la guía telefónica, por ahí es por donde se empieza, No se me ocurrió, La guía está ahí dentro, No me apetece entrar ahora en la Conservaduría, Tienes miedo de lo oscuro, No tengo ningún miedo, conozco aquella oscuridad como la palma de mi mano, Di mejor que ni la palma de tu mano conoces, Si es eso lo que piensas, déjame en mi ignorancia, también los pájaros cantan y no saben por qué, Estás lírico, Estoy triste, Con la vida que llevas, es natural, Imagínate que la mujer del autobús fuera de verdad la de la ficha, imagínate que no la vuelvo a encontrar, que aquélla era la única ocasión, que el destino estaba allí y lo dejé marchar, Sólo tienes una manera de salvar la situación, Cuál, Hacer lo que te dijo la inquilina del entresuelo derecha, la vieja, Más tiento con la lengua, por favor, Es vieja,

Es una señora de edad, Déjate de hipocresías, edad
tenemos todos, la cuestión está en saber cuánta,
si es poca, se es joven, si es mucha, se es viejo, lo
demás es cháchara, Acabemos con esto, Pues acabemos, Voy a mirar la guía, Es lo que te estoy diciendo desde hace media hora. En pijama y zapatillas, envuelto en una manta, don José entró en
la Conservaduría. La insólita indumentaria le pro-
vocaba un cierto malestar, como si le perdiera el
respeto a los venerables archivos, aquella eterna luz
amarilla que, como un sol moribundo, flotaba sobre el escritorio del conservador. La guía está allí,
en una esquina de la mesa, no estaba permitido
consultarla sin permiso, incluso tratándose de una
llamada oficial, y ahora don José, como ya hiciera
antes, podría sentarse en el sillón, es verdad que lo
hizo una sola vez, en un momento sin par que
le pareció de triunfo y de gloria, pero ahora no se
atrevía, tal vez por lo impropio de la vestimenta,
por el temor absurdo de que alguien lo sorpren-
diese con aquella pinta, y quién podría ser, si nunca un ser vivo, a no ser él, por aquí anduvo fuera de
las horas de servicio. Pensó que sería conveniente
llevarse la guía, en casa se sentiría más tranquilo,
sin la presencia amenazadora de los altísimos estantes que parecían querer precipitarse desde las
sombras del techo, allí donde las arañas tejen y de-
voran. Se estremeció como si las polvorientas y
pegajosas telas le estuviesen cayendo encima y por
poco comete la imprudencia de echar mano a la
guía sin haber tenido antes la precaución de medir exactamente las distancias que la separaban, por

arriba y a los lados, de los bordes de la mesa, y quien dice las distancias dirá también los ángulos, si no se diese la favorable circunstancia de que las inclinaciones geométricas y topográficas del conservador tienden abiertamente a los ángulos rectos y a las paralelas. Entró en casa seguro de que poco después, al restituir la guía telefónica a su lugar, ésta quedaría en el sitio exacto, sin desvío de un solo milímetro, y que el conservador no tendría que ordenar a los subdirectores que investigaran quién la había utilizado, cómo, cuándo y por qué. Hasta el último momento estuvo esperando que ocurriera algo que le impidiese llevarse la guía, un murmullo, un estallido sospechoso, una claridad llegada súbitamente de los fondos mortuorios de la Conservaduría General, pero la paz era absoluta, ni siquiera el minúsculo roer de las mandíbulas de los bóstridos, los insectos comedores de madera, se oía.

Ahora don José, con la manta sobre la espalda, está sentado en su propia mesa, tiene enfrente la guía telefónica, la abre por el principio y se demora recorriendo las instrucciones de uso, los códigos, las tablas de precios, como si ése fuese su objetivo. Al cabo de unos minutos, un ímpetu repentino, no pensado, le obligó a pasar rápidamente las páginas, hacia delante, hacia atrás, hasta parar en la que corresponde al nombre de la mujer desconocida. O no está, o son sus ojos los que rehúsan ver. No, no está. Debía venir a continuación de este nombre y no viene. Debía estar antes de este nombre y no está. Ya lo decía yo, pensó don José, y no era verdad que lo hubiese dicho alguna vez, son maneras de darse la razón contra el mundo, de desahogar, en este caso, una alegría, cualquier investigador de la policía habría manifestado su contrariedad asestando un puñetazo en la mesa, don José no, don José enarbola la sonrisa irónica de quien, habiendo sido mandado en busca de algo que sabía que no existe, regresa con la frase en los labios, Ya lo decía yo, o ella no tiene teléfono o no quiere su nombre en la guía. Su satisfacción fue tal que, acto seguido, sin perder tiempo pensando en los pros y los contras, buscó el nombre del padre de la mujer desconocida, y ése sí estaba. Ni una fibra de su cuerpo se estremeció. Bien al contrario, decidido ahora a quemar todos los puentes tras de sí, arrastrado por un impulso que sólo los auténticos investigadores pueden experimentar, buscó el nombre del hombre de quien la mujer desconocida se había divorciado y también lo encontró. Si tuviese aquí un mapa de la ciudad, ya podría señalar los cinco primeros puntos de paso averiguados, dos en la calle donde la niña del retrato nació, otro en el colegio, ahora éstos, el principio de un diseño como el de todas las vidas, hecho de líneas quebradas, de cruces, de intersecciones, pero nunca de bifurcaciones, porque el espíritu no va a ningún lado sin las piernas del cuerpo, y el cuerpo no sería capaz de moverse si le faltasen las alas del espíritu. Tomó nota de las moradas, después apuntó lo que tendría que comprar, un mapa grande de la ciudad, un cartón grueso del mismo tamaño donde fijarlo, una caja de alfileres de cabeza coloreada, rojos para ser vistos en la distancia, que las vidas son como los cuadros, conviene siempre mirarlos cuatro pasos atrás, incluso si un día llegamos a tocarles la piel, a sentirles el olor, a probarles el gusto. Don José estaba tranquilo, no le perturbaba el hecho de saber dónde vivían los padres y el antiguo marido de la mujer desconocida, éste, curiosamente, bastante cerca de la Conservaduría General, claro que más tarde o más temprano tendría que llamar a su puerta, pero sólo cuando sintiese que llegaba el momento, sólo cuando el momento ordenase, Ahora. Cerró la guía telefónica, la devolvió a la mesa del jefe, al lugar exacto de donde la había retirado, y regresó a casa. En el reloj era hora de cenar, pero las emociones del día debieron de distraerle el estómago, que no daba señales de impaciencia. Se sentó de nuevo, arrebujó su cuerpo en la manta, estiró las puntas para cubrirse las piernas y alcanzó el cuaderno que había comprado en la papelería. Era tiempo de comenzar a tomar notas sobre el avance de la búsqueda, los encuentros, las conversaciones, las reflexiones, los planes y las tácticas de una investigación que se anunciaba compleja, Los pasos de alguien que busca a alguien, piensa, y, verdaderamente, aunque la procesión va por el principio, ya tiene mucho que contar, Si esto fuese una novela, murmuró mientras abría el cuaderno, sólo la conversación con la señora del entresuelo derecha sería un capítulo. Tomó la pluma para comenzar, pero a mitad del gesto, sus ojos encontraron el papel donde anotó las direcciones, le rondaba algo en lo que no había pensado antes, la contingencia, más que probable, de que la mujer desconocida, después de divorciarse, se fuera a vivir con los padres, la contingencia, igualmente posible, de que fuese el marido quien hubiera dejado la casa, manteniéndose el teléfono a su nombre. De ser éste el caso, y considerando que la calle en cuestión se encuentra en las proximidades de la Conservaduría General, quién sabe si la mujer del autobús no sería ella. El diálogo interior dio muestras de querer recomenzar, Era, No era, Era, No era, pero don José hizo oídos sordos esta vez, e, inclinándose sobre el papel, comenzó a escribir las primeras palabras, así, Entré en el edificio, subí la escalera hasta el segundo piso y escuché ante la puerta de la casa donde la mujer desconocida nació, entonces oí el llanto de un niño de pecho, pensé que podía ser el hijo, y al mismo tiempo un arrullo de mujer, Será ella, después supe que no.

Al contrario de lo que casi siempre se piensa, cuando se ven las cosas desde fuera, no suele ser fácil la vida en las entidades oficiales, menos aún en esta Conservaduría General del Registro Civil, donde, desde tiempos que no podremos llamar inmemoriales porque de todo y de todos se halla registro en ella, por obra del esfuerzo persistente de una línea ininterrumpida de grandes conservadores, se concentraron en grado sumo todas las excelencias y pequeñeces del oficio público, aquellas que hacen del funcionario un ser aparte, usufructuario y al mismo tiempo dependiente del espacio físico y mental delimitado por el alcance de su plumín. En términos simples, y con vista a una más exacta comprensión de los hechos generales abstractamente considerados en este preámbulo, lo que don José tiene es un problema por resolver. Sabiendo cuán costoso le resultó arrancar a las reluctancias reglamentarias de la jerarquía aquella media hora de baja en el trabajo, gracias a la cual evitó ser sorprendido en flagrante por el marido de la joven señora del segundo piso izquierda, podemos imaginar las aflicciones que está pasando ahora, noche y día, intentando encontrar una justificación útil que le permita solicitar, no una hora, sino dos, no dos, sino tres, que probablemente serán las que necesite para llevar a cabo, con provecho suficiente, la visita a la escuela y la indispensable investigación en sus archivos. Los efectos de esta inquietud constante, obsesiva, se manifestaron pronto en errores en el trabajo, en faltas de atención, en súbitas somnolencias diurnas debidas a los insomnios nocturnos, en resumen, don José, hasta aquí apreciado por sus varios superiores como un funcionario competente, metódico y dedicado, comenzó a ser objeto de avisos severos, de amonestaciones, de llamadas al orden, que sólo sirven para confundirlo aún más, sin contar que, por el camino que va, puede tener como certísima una respuesta negativa si alguna vez llega a requerir la ansiada dispensa. La situación alcanzó tales extremos que, después de haber sido analizada, sin resultado, sucesivamente por oficiales y subdirectores, no quedó otro remedio que elevarla a la consideración del conservador, quien, en los primeros momentos, no conseguía comprender lo que pasaba, de puro absurdo. Que un funcionario hubiese descuidado hasta ese punto sus obligaciones era algo que imposibilitaba cualquier benevolente inclinación que aún pudiese existir para una decisión exculpatoria, era algo que ofendía seriamente las tradiciones operativas de la Conservaduría General, algo que sólo una enfermedad muy grave podría justificar. Conducido el delincuente a su presencia, fue esto mismo lo que el conservador preguntó a don José, Está enfermo, Creo que no, señor, Si no está enfermo, cómo explica entonces el mal trabajo que está realizando en los últimos días, No sé, señor, tal vez sea porque estoy durmiendo mal, En ese caso, está enfermo, Sólo duermo mal, Si duerme mal, es porque está enfermo, una persona saludable duerme siempre bien, a no ser que tenga algún peso en la conciencia, una falta censurable, de aquellas que la conciencia no perdona, la conciencia es muy importante, Sí señor, Si sus errores en el servicio están causados por el insomnio y si el insomnio está causado por acusaciones de la conciencia, entonces es preciso descubrir la falta cometida, No he cometido ninguna falta, señor, Imposible, la única persona que aquí no comete faltas soy yo, y ahora qué pasa, por qué mira la guía de teléfonos, Me he distraído, señor, Mala señal, sabe que siempre debe mirarme cuando le hablo, está en el reglamento disciplinario, yo soy el único que tiene derecho a desviar los ojos, Sí señor, Cuál es su falta, No sé, señor, En ese caso todavía es más grave, las faltas olvidadas son las peores, He sido cumplidor de mis deberes, Las informaciones de que dispongo a su respecto eran satisfactorias, pero eso, precisamente, sólo sirve para demostrar que su mala conducta profesional de estos días no es consecuencia de una falta olvidada, sino de una falta reciente, de una falta de ahora, La conciencia no me acusa, Las conciencias callan más de lo que debían, por eso se crearon las leyes, Sí señor, Tengo que tomar una decisión, Sí señor, Y ya la he tomado, Sí señor, Le aplico un día de suspensión, Y la suspensión, señor, es sólo de salario o también de servicio, preguntó don José viendo encenderse un vislumbre de esperanza, De salario, de salario, no se puede perjudicar al servicio más de lo que ya lo ha sido, además, no hace mucho tiempo que le di media hora libre, no me vaya a decir que esperaba que su mal comportamiento fuese premiado con un día entero, No señor, Deseo, por su bien, que le sirva de enmienda, que vuelva rápidamente a ser el funcionario correcto que era antes, por el interés de esta Conservaduría General, Sí señor, Nada más, regrese a su lugar.

Desesperado, con los nervios deshechos, a punto de llorar, don José fue donde le mandaron. Durante los pocos minutos que había durado la difícil conversación con el jefe, el trabajo se había acumulado en su mesa, como si los otros escribientes, sus colegas, aprovechándose de la deteriorada situación disciplinaria en que lo veían, quisieran, por propia cuenta, castigarlo también. Además, unas cuantas personas esperaban su turno para ser atendidas. Todas estaban frente a él, y no era por casualidad, o porque pensaran, cuando entraron en la Conservaduría General, que el funcionario ausente quizá fuese más simpático y acogedor que los que estaban a la vista a lo largo del mostrador, sino porque esos mismos indicaron que era allí adonde debían dirigirse. Como el reglamento interno determinaba que la atención a las personas tenía prioridad absoluta sobre el trabajo de mesa, don José se puso en el mostrador, sabiendo que por detrás le seguirían lloviendo papeles. Estaba perdido. Ahora, después de la airada advertencia del conservador y del subsiguiente castigo, aunque inventase el nacimiento imposible de un hijo o la muerte dudosa de un pariente, podía sacarse de la cabeza cualquier esperanza de que lo autorizasen en un periodo de tiempo inmediato a salir antes o a entrar una hora después, media hora, un minuto, aunque fuese. La memoria, en esta casa de archivos, es tenaz, lenta en olvidar, tan lenta que nunca llega a borrar nada por completo. Tenga don José, de aquí a diez años, una distracción, por muy insignificante que sea, y verá cómo alguien le recordará en seguida todos los pormenores de estos desafortunados días. Probablemente a esto se refería el conservador cuando dijo que las peores faltas son aquellas que aparentemente están olvidadas. Para don José, el resto del día fue como un penoso calvario, forzado de trabajos, angustiado de pensamientos. Mientras una parte de su consciencia iba dando explicaciones acertadamente al público, rellenando y sellando documentos, archivando fichas, la otra parte, monótonamente, maldecía la suerte y la casualidad que acabaron transformando en curiosidad morbosa algo que no llegaría siquiera a rozar la imaginación de una persona sensata, equilibrada de cabeza. El jefe tiene razón, pensaba don José, Los intereses de la Conservaduría deben estar por encima de todo, si yo fuera juicioso, normal, ciertamente no me habría puesto, a esta edad, a coleccionar actores, bailarinas, obispos y jugadores de fútbol, es estúpido, es inútil, es ridículo, bonita herencia voy a dejar cuando muera, menos mal que no tengo descendientes, lo malo es que todo esto, quizá, me venga de vivir sin compañía, si tuviese una mujer. Llegado a este punto, el pensamiento se interrumpió, después tomó por otra vía, un camino estrecho, confuso, a cuya entrada se puede ver el retrato de una niña pequeña, a cuyo fin está, si estuviera, la persona real de una mujer hecha, adulta, que tiene ahora treinta y seis años, divorciada, Y para qué la quiero yo, para qué, qué haría yo con ella después de haberla encontrado. El pensamiento se cortó otra vez, desanduvo bruscamente los pasos dados, Y cómo crees que la vas a encontrar, si no te dejan ir a buscarla, le preguntó y él no respondió, en ese momento estaba ocupado informando a la última persona de la fila de que el certificado de defunción que había solicitado estaría listo al día siguiente.

Con todo, hay preguntas tenaces que no desisten y ésta lo atacó de nuevo cuando, cansado de cuerpo, exhausto de ánimo, entró por fin en casa. Se había echado sobre la cama como un trapo, quería dormir, olvidar la cara del jefe, el castigo injusto, pero la pregunta se acostó a su lado, deslizándose susurrante, No la puedes buscar, no te dejan, esta vez era imposible fingir que estaba distraído hablando con el público, todavía intentó hacerse el desentendido, dijo que encontraría una manera, y si no la encontraba, desistiría del todo, sin embargo la pregunta insistía, Te dejas vencer con facilidad, para eso no merecía la pena que falsificaras una credencial y obligaras a aquella infeliz y simpática señora del entresuelo derecha a contar su pecaminoso pasado, es una falta de respeto entrar en las casas de esa manera, invadiendo la intimidad de las personas. La alusión a la credencial le hizo sentarse en la cama de repente, asustado. La tenía en la chaqueta, anduvo con ella durante todos estos días, imagínese que por una razón u otra se le cae, o que con el aturullamiento de los nervios, le da un síncope, de esos que dejan a una persona sin conocimiento, y un colega cualquiera, sin mala intención, al desabotonarle para que pudiese respirar, ve el sobre blanco con el timbre de la Conservaduría General y dice, Qué es esto, y después un oficial, y después un subdirector, y después el jefe. Don José no quiso ni pensar en lo que vendría a continuación, se levantó de un salto, tomó la chaqueta que estaba colgada en el respaldo de una silla, sacó la credencial y, ansioso, mirando alrededor, se preguntó dónde diablos podría esconderla. Ningún mueble tenía llave, sus escasas pertenencias se encontraban al alcance de cualquier espíritu fisgón que entrara. Entonces reparó en las colecciones alineadas en el armario, allí debía de estar el remedio para la dificultad. Eligió la carpeta del obispo e introdujo el sobre, un obispo no excita la curiosidad por mucha fama de piadoso que tenga, no es un ciclista ni un corredor de fórmula uno. Volvió a la cama aliviado, pero la pregunta se había quedado esperándolo, No has adelantado nada, el problema no es la credencial, lo mismo da que la escondas o que la muestres, no será eso lo que te lleve a la mujer, Ya te he dicho que encontraré una manera, Lo dudo, el jefe te ató bien atado de pies y manos, no te permite que des un paso, Esperaré a que las cosas se calmen,

Y luego, No sé, ya se me ocurrirá una idea, Podrías resolver el asunto ahora mismo, Cómo, Telefoneas a los padres, les dices que hablas en nombre de la Conservaduría, les pides que te den la dirección, Eso no lo hago, Mañana vas a casa de la mujer, no soy capaz de imaginar qué conversación será la vuestra, pero al menos te quedarás en paz, Probablemente no le hablaré cuando la tenga delante, Siendo así, por qué la buscas, por qué andas investigándole la vida, También junto papeles sobre el obispo y no estoy interesado en hablar con él algún día, Me parece absurdo, Es absurdo, pero ya era hora de hacer algo absurdo en la vida, Me quieres decir que si llegas a encontrar a la mujer, ella no se enterará de que la estuviste buscando, Es lo más seguro, Por qué, No lo sé explicar, De todos modos, ni a la escuela de la niña conseguirás ir, las escuelas son como la Conservaduría General, están cerradas los fines de semana, En la Conservaduría puedo entrar siempre que quiera, No se puede decir que sea una proeza realmente extraordinaria, la puerta de tu casa da allí, Se ve que nunca tuviste que ir por ti misma, Voy donde tú vas, asisto a lo que haces, Puedes continuar, Continuaré, pero tú, a la escuela, no entras, Veremos. Don José se levantó, era hora de cenar, si es que merecen tal nombre las ligerísimas colaciones que acostumbra a tomar de noche. Mientras comía, iba pensando, después lavó el plato, el vaso y el cubierto, recogió las migajas que habían caído al mantel, siempre pensando, y, como si el gesto hubiese sido la inevitable conclusión de lo que había pensado, abrió

la puerta que daba a la calle. Enfrente, al otro lado de la calzada, había una cabina telefónica, a ti-
ro de piedra, por decirlo así, en veinte pasos al-
canzaría la punta del hilo que se llevaría su voz, el
mismo hilo le traería una respuesta, y allí, bien
en un sentido, bien en otro, se acabarían las búsquedas, podría volver a casa tranquilo, recuperar
la confianza del jefe, después, girando en su propio e invisible rastro, el mundo retomaría la órbita
de siempre, la calma profunda de quien simplemente espera la hora en que todas las cosas se cum-
plan, si es que estas palabras, tantas veces dichas y
repetidas, tienen algún significado real. Don José
no atravesó la calle, se puso la chaqueta y la gabardina y salió.

Tuvo que cambiar dos veces de autobús an-
tes de llegar a su destino. La escuela era un edificio
largo, de dos pisos y buhardillas, separado de la
calle por una valla alta. El espacio intermedio, una
franja de terreno donde crecían, dispersos, algunos árboles de pequeño porte, debía de utilizarse
para el recreo de los alumnos. No había ninguna
luz. Don José miró alrededor, la calle estaba desierta a pesar de que no era tarde, es lo bueno de estos barrios periféricos, sobre todo si el tiempo no
está para abrir las ventanas, los vecinos se recogen
en el interior de sus casas, y además de eso, no hay
nada que ver fuera. Don José caminó hasta el final
de la calle, cambió de acera, ahora viene andando
en dirección a la escuela, despacio, como alguien a
quien le gusta salir a tomar el fresco nocturno y no
tiene a nadie esperándole. A la altura del portón,

se agachó como quien acaba de descubrir que lleva el cordón de un zapato desabrochado, el truco es viejo y gastado, no engaña, pero se usa a falta de otro mejor, cuando la imaginación no da para más. Con el codo empujó el portón, que se movió un poco, no estaba cerrado con llave. Metódicamente, don José hizo un segundo nudo sobre el primero, se levantó y golpeó con el pie en el suelo para comprobar la solidez de la lazada, y prosiguió su camino, ahora más aprisa, parecía haber recordado de pronto que sí le esperaba alguien.

Los días que faltaban de la semana los vivió don José como si estuviese asistiendo a sus propios sueños. En la Conservaduría no lo vieron cometer ni un error, no se distrajo, no confundió un papel con otro, despachó cantidades ingentes de trabajo que en otro momento le habrían hecho protestar, en silencio, naturalmente, contra el trato deshumano de que los escribientes son víctimas desde siempre, y todo esto fue hecho y soportado sin una palabra, sin un murmullo. El conservador lo miró dos veces desde lejos, sabemos que ésa no es su costumbre, mirar a los subordinados, mucho menos a los de baja categoría, pero la concentración espiritual de don José alcanzaba tal grado de intensidad que era imposible no percibirla en la atmósfera perennemente suspendida de la Conservaduría General. El viernes, en el momento de acabar el trabajo y sin que nada lo hiciese prever, el conservador infringió todos los reglamentos, despreció todas las tradiciones, asombró a los funcionarios todos, cuando, al salir, y pasando al lado de

don José, le preguntó, Está mejor. Respondió don
José que sí, que estaba mucho mejor, que no había
vuelto a tener insomnio, y el conservador dijo, Le
hizo bien la conversación que tuvimos, pareció que
iba a añadir algo más, alguna idea que súbitamente se le hubiese ocurrido, pero cerró la boca y salió, no faltaba más, anular el castigo impuesto
sería una subversión de la disciplina. Los otros escribientes, los oficiales e incluso los subdirectores
miraron a don José como si lo vieran por primera
vez, las pocas palabras del jefe lo convertían en
una persona diferente, es más o menos lo que sucede cuando se lleva a un niño a bautizar, se lleva
a uno y se trae a otro. Don José acabó de arreglar
la mesa, después esperó su turno de salida, estaba
reglamentado que el primero en retirarse sería
el subdirector más antiguo, después los oficiales,
luego los escribientes, siempre según el orden de
antigüedad, al otro subdirector le competía cerrar
la puerta. Contra lo acostumbrado, don José no
dio la vuelta a la Conservaduría General para ir a
casa, se encaminó hacia las calles de alrededor,
entró en tres tiendas diferentes y en cada una hizo
una compra, medio kilo de manteca de cerdo en una,
una toalla de rizo en otra, y también un pequeño
objeto, cosa de nada, que cabía en la palma de la
mano y que guardó en un bolsillo exterior de
la chaqueta, porque no necesitaba ser envuelto.
Después se fue para casa. Pasaba mucho de la media noche cuando salió. A esas horas eran pocos
los autobuses en circulación, sólo de tarde en tarde
aparecía uno, por eso don José, por segunda vez

desde que la ficha de la mujer desconocida le apareciera, decidió tomar un taxi. Sentía una especie de vibración en la boca del estómago, como un zumbido, un frenesí, pero la cabeza permanecía calma o, simplemente, era incapaz de pensar. Hubo un momento en que don José, encogido en el asiento del taxi como si tuviera miedo de ser visto, todavía intentó imaginar lo que le podría suceder, las consecuencias que tendría en su vida, si el acto que estaba a punto de cometer se malograse, pero el pensamiento se escondió detrás de una pared, De aquí no salgo, dijo desde allí y él comprendió, porque se conocía bien, que el pensamiento lo quería proteger, no del miedo, sino de la cobardía. Cerca del destino, ordenó parar el taxi, recorrería a pie el poco camino que le faltaba, llevaba las manos en los bolsillos, sosteniendo, debajo de la gabardina abotonada, los paquetes que contenían la manteca y la toalla. En el momento en que iba a doblar una esquina para entrar en la calle donde se encontraba la escuela, le cayeron unas gotas de lluvia sueltas, sustituidas luego, cuando se aproximaba al portón, por un fuerte chaparrón que barrió ruidosamente la calzada. Se dice, desde los tiempos clásicos, que la fortuna protege a los audaces, en este caso el intermediario encargado de la protección fue la lluvia o, con otras palabras, el cielo directamente, si anduviera alguna persona por aquí a estas horas tardías estaría, sin duda, más preocupada en resguardarse del súbito aguacero que en observar los manejos de un sujeto de gabardina que, a juzgar por la edad que aparentaba,

se escapó del chaparrón con una rapidez inesperada, ahora mismo estaba aquí y ya no está. Guare-
cido debajo de uno de los árboles de la cerca, el
corazón batiéndole como loco, don José respiraba
ansiosamente, maravillado por la agilidad con que
se había movido, él, que en materia de ejercicios
físicos no iba más allá de trepar hasta el tope de la
escalera de la Conservaduría General, y Dios sabe
con qué voluntad. Estaba a salvo de las miradas
de la calle, y creía que, pasando cautelosamente de
árbol en árbol, podría alcanzar la entrada de la escuela sin que nadie de fuera se apercibiese. Tenía
la convicción de que no había guarda dentro, en
primer lugar por la ausencia de luz, tanto el otro
día como ahora, y después porque las escuelas, salvo por razones particulares y excepcionales, no son
cosa que valga la pena asaltar. Excepcionales y particulares eran sus razones, por eso había ido allí, armado de medio kilo de manteca, una toalla y un
cortavidrios, que éste era el objeto que no necesitaba ser envuelto. Ahora tenía que pensar bien en
lo que iba a hacer. Entrar por la parte delantera sería una imprudencia, un vecino que viviese en uno
de los pisos altos del otro lado de la calle podría asomarse para contemplar la lluvia que seguía cayendo fuerte y ver a un hombre rompiendo la ventana
de la escuela, hay muchas personas que no move-
rían un dedo para evitar la consumación del acto
violento, por el contrario, echarían la cortina y volverían a la cama, diciendo, Allá ellos, pero hay otras
personas que si no salvan el mundo es sólo porque
el mundo no se deja salvar, ésas llamarían inme-

diatamente a la policía y se asomarían al balcón gritando, Al ladrón, dura palabra que don José no se merece, como mucho falsificador, pero esto sólo lo sabemos nosotros. Dio la vuelta a la finca, tal vez sea por allí más fácil, pensó don José, y posiblemente tenga razón, son tantas las veces que las partes traseras de los edificios están mal cuidadas, con trastos viejos arrumbados, cubos esperando un nuevo uso, latas viejas de pintura, ladrillos partidos de una obra, lo mejor que puede desear quien pretende improvisar una escalera, alcanzar una ventana y entrar por ahí. De hecho, don José encontró algunos de estos útiles, pero estaba todo ordenado bajo un alpende adosado a la pared, meticulosamente según parecía palpando aquí y allá, sería menester mucho trabajo y tiempo para escoger y retirar, a oscuras, lo que mejor se adecuase a las necesidades estructurales de la pirámide por donde debería ascender, Si consiguiese subir al techo, murmuró, y la idea en principio era excelente, dado que había una ventana dos palmos más arriba de la junta de la parte superior del alpende con la pared, Incluso así, no será fácil, el techo es muy inclinado y con esta lluvia estará resbaladizo, escurridizo, pensó. Don José sintió que perdía el ánimo, es lo que le acontece a quien no tiene experiencia en asaltos, quien no se ha beneficiado de las lecciones de los maestros escaladores, ni siquiera se le había ocurrido inspeccionar antes el lugar, podía haber aprovechado el otro día cuando comprobó que el portón no estaba cerrado con llave, la suerte le pareció tanta en esa ocasión que prefirió no abusar. Tenía en el bolsillo la pequeña linterna eléctrica que usaba en la Conservaduría General para iluminar las fichas, pero no quería encenderla aquí, una cosa es un bulto en medio de la oscuridad, que puede pasar más o menos inadvertido, otra cosa muy diferente, y peor, es un anillo de luz paseándose y denunciándose, Miren dónde estoy. Resguardado bajo el alpende, oía la lluvia redoblando incansable en la chapa del techo y no sabía qué hacer. A este lado también había árboles, más altos y frondosos que los de la parte delantera, si detrás se escondían algunos edificios no podía verlos desde donde estaba, Por tanto, tampoco ellos pueden verme a mí, pensó don José y, después de haber dudado todavía un momento, encendió la linterna y la movió de un lado a otro, de una pasada rápida. No se había equivocado, el depósito de hierro viejo de la escuela estaba dispuesto y acondicionado con criterio, como si fuesen piezas de maquinaria encajadas unas en otras. Volvió a encender la linterna, esta vez apuntado el foco hacia arriba. Tumbada sobre los trastos, suelta del resto, como pieza que de vez en cuando se usa, había una escalerilla. Sea por el inesperado descubrimiento, o por un recuerdo repentino e incontrolado de las alturas de la Conservaduría General, a don José le pasó una cosa por la vista, modo expresivo y corriente de decir que dispensa, con comunicativa ventaja, el uso de la palabra vértigo en bocas populares que no nacieron para eso. La escalerilla no era tan alta que alcanzase la ventana, pero daba para subir al alpende, y, a partir de ahí, que sea lo que Dios quiera.

Así invocado, Dios decidió ayudar a don José en el trance, lo que no tiene nada de extraordinario si tenemos en cuenta la cantidad enorme de asaltantes que, desde que el mundo es mundo, tuvieron la suerte de regresar de sus asaltos, no sólo forrados de bienes, sino también enteros de cuerpo, o sea, sin castigo divino. Quiso pues la providencia que las chapas onduladas de cemento que formaban el techo del alpende, además de ásperas en el acabado, tuvieran en las aristas inferiores un reborde que sobresalía, a cuyo atractivo ornamental el diseñador de fábrica, imprudente, no supo resistirse. Gracias a eso, y a pesar de la fuerte inclinación del alpende, pie aquí, mano allá, gimiendo, suspirando, raspando con las uñas, desollándose las puntas de los zapatos, don José consiguió reptar hasta arriba. Ahora no faltaba más que entrar. Bien, ha llegado el momento de decir que como escalador y efractor, don José usa métodos absolutamente desactualizados, por no decir antiguos e incluso arcaicos. Tiempos atrás, no sabe cuándo ni en qué libro o papel, leyó que la manteca de cerdo y una toalla de rizo son los complementos obligatorios de un cortavidrios siempre que se pretenda entrar con intención malsana por una ventana, y de esos insólitos auxilios, con fe ciega, se había provisto. Podía, evidentemente, para abreviar la tarea, dar un simple puñetazo en el cristal, pero temió, al planificar el asalto, que el inevitable estallido, subsiguiente al golpe, alarmase al vecindario y, si era cierto que el mal tiempo con sus ruidos naturales contribuía a disminuir el riesgo, lo mejor sería ceñirse estrictamente a la disciplina del método. Así, apoyados los pies en el reborde providencial, hincadas las rodillas en la aspereza de las chapas, don José se puso a cortar el cristal con el diamante a ras del marco de la ventana. A continuación, con el pañuelo, jadeando por culpa del esfuerzo y de la mala postura, secó como pudo el vidrio, para no perjudicar la deseada adherencia de la manteca, o de la que quedaba, puesto que los violentos esfuerzos que acometiera para escalar el plano inclinado habían convertido el paquete en una masa informe y pegajosa, con las consecuencias que se imaginan en la integridad de la ropa que traía puesta. A pesar de todo, consiguió esparcir por el cristal una capa aceptablemente espesa de grasa, sobre la que después, con la mayor minuciosidad posible, pegó la toalla que, al cabo de mil contorsiones, logró sacar del bolsillo de la gabardina. Ahora tenía que calcular con precisión la fuerza del golpe, que no debía ser ni tan débil que tuviese que repetirlo, ni tan fuerte que redujese a nada la adherencia de los vidrios al paño. Oprimiendo la parte superior de la toalla contra el marco con la mano izquierda para que no se escurriera, don José cerró el puño derecho, echó el brazo atrás y asestó un golpe seco que felizmente resultó, sordo, sofocado, como el disparo de un arma provista de silenciador. Había acertado a la primera, proeza notable para un aprendiz. Uno o dos pequeños fragmentos de cristal cayeron al interior, nada más, pero eso no importaba, dentro no había nadie. Durante algunos segundos, a pesar de la lluvia, don José se mantuvo tumbado sobre el alpende, para recobrar las fuerzas y saborear el triunfo. Después, enderezando el cuerpo, introdujo el brazo en la abertura, buscó y encontró el pestillo de la ventana, Dios mío, qué dura es la vida de los asaltantes, la abrió de par en par y, agarrándose al pretil, con la ayuda angustiosa de los pies, que ya no encontraban puntos de apoyo, consiguió izarse, alzar una pierna, después otra, para acabar cayendo al otro lado, suavemente, como una hoja que se hubiese desprendido del árbol.

El respeto por la realidad de los hechos y la simple obligación moral de no ofender la credibilidad de quien se ha dispuesto a aceptar como razonables y coherentes las peripecias de tan inaudita búsqueda reclaman la inmediata aclaración de que don José no cayó suavemente desde el pretil de la ventana, como una hoja que se hubiese soltado de la rama. Por el contrario, lo ocurrido es que cayó desamparado, como caería el árbol entero, cuando hubiera sido tan fácil irse escurriendo poco a poco de su momentáneo asiento hasta tocar con los pies en el suelo. La caída, por la dureza del choque y por la sucesión de contactos dolorosos, incluso antes de que los ojos lo hubiesen podido confirmar, le mostró que el lugar donde se encontraba era como una prolongación del alpende exterior, o más probablemente su inverso, ambos sitios destinados a trastero, pero primero éste, y sólo después, faltando aquí espacio, el de fuera. Don José se quedó sentado durante unos minutos esperando que la respiración se normalizase y dejasen de temblarle los brazos y las piernas. Al cabo de ese tiempo, encendió la linterna, teniendo cuidado de iluminar apenas el suelo que tenía delante, y vio que, entre los muebles apiñados a un lado y a otro, se había dejado un corredor que iba hasta la puerta. Se inquietó al pensar que tal vez estuviese cerrada con llave, en ese caso tendría que derrumbarla sin los utensilios adecuados y con el consecuente e inevitable ruido. Fuera continuaba lloviendo, el vecindario debía de dormir, pero no podemos fiarnos mucho de eso, hay personas con un sueño tan leve que incluso el zumbido de un mosquito basta para despertarlas, después se levantan van a la cocina a beber un vaso de agua, miran casualmente hacia fuera y ven un agujero rectangular negro en la pared del colegio, tal vez comenten, Qué poco cuidado tienen los de la escuela, con un tiempo como éste dejan la ventana abierta, o, Si no recuerdo mal, aquella ventana estaba cerrada, habrá sido la fuerza del viento, nadie va a pensar que puede haber un ladrón dentro, además errarían radicalmente, porque don José, lo recuerdo una vez más, no vino aquí a robar. Ahora se le acaba de ocurrir que debería cerrar la ventana para que desde fuera no se aperciban de la efracción, pero tiene dudas, se pregunta si no será mejor dejarla como está, Pensarán que fue el viento o la falta de celo de algún empleado, si la cerrase se notaría inmediatamente la rotura del cristal, tanto más que los vidrios de la ventana son opacos, casi blancos. Confiado en que el resto del mundo use el espíritu que tiene de una manera tan deductiva como la suya propia, don José decidió dejar abierta la ventana y luego se puso a gatear por entre los muebles hasta alcanzar la puerta. Que no estaba cerrada con llave. Respiró aliviado, a partir de aquí no debería haber más obstáculos. Necesitaba ahora un sillón confortable, un sofá aún sería mejor, para pasar descansando el resto de la noche, si los nervios lo consintieran hasta podría dormir. Como un jugador de ajedrez experimentado, había calculado los lances, en realidad no es muy difícil, cuando se está bastante seguro de las causas objetivas inmediatas, avanzar prospectivamente por el abanico de los efectos probables y posibles y de su transformación en causas, todo generando en sucesión efectos causas efectos y causas efectos causas, hasta el infinito, pero ya sabemos que el caso de don José no irá tan lejos. A los prudentes les habrá parecido una insensatez que el escribiente se meta así en la boca del lobo, y ahora, como si fuese pequeña la osadía, se quiera quedar tranquilamente durante lo que todavía falta de noche y todo el día de mañana, con el riesgo de que lo sorprenda en flagrante delito alguien más deductivo que él en materia de ventanas abiertas. Reconózcase, sin embargo, que mayor insensatez habría sido andar de aula en aula encendiendo luces. Juntar ventana abierta y luz encendida, cuando se sabe que están ausentes los legítimos usuarios de una casa o de un colegio, es operación mental al alcance de cualquier persona por poco desconfiada que sea, en general se llama a la policía.

Don José sentía dolores por todo el cuerpo, debía de tener las rodillas desolladas, quizá sangrando, la incomodidad que le producía la rozadura de los pantalones no decía otra cosa, además estaba mojado y sucio de la cabeza a los pies. Se qui-

tó la gabardina, que chorreaba, pensó, Si hubiese
por aquí una división interior, podría encender la
luz, y un cuarto de baño, un cuarto de baño donde pueda lavarme al menos las manos. Palpando el
camino, abriendo y cerrando puertas, encontró lo
que buscaba, primero una pequeña división sin
ventana, con estanterías donde se guardaba material escolar y de escritorio, lápices, cuadernos, hojas sueltas, bolígrafos, gomas de borrar, frascos de
tinta, reglas, escuadras, cartabones, estuches de dibujo, tubos de pegamento, cajitas de grapas, y más
que no llegó a ver. Con la luz encendida pudo examinar por fin los estragos causados por la aventura.
Las heridas de las rodillas no parecían tan malas como había supuesto, los rasguños eran superficia-
les, aunque dolorosos. A la luz del día, cuando ya
no tuviera que encender luces, buscaría lo que en
todas las escuelas se encuentra, el armario blanco
de los primeros auxilios, el desinfectante, el alcohol,
el agua oxigenada, el algodón, la venda, la gasa, el
esparadrapo, ni tanto sería preciso. A la gabardina
esos remedios no la podrán ayudar, su mal es la
porquería, es la manteca de cerdo que impregna el
tejido, A lo mejor con alcohol consigo quitarle lo
más gordo, pensó don José. Después buscó un cuarto de baño, y tuvo suerte, no necesitó andar mucho para encontrar uno que, a juzgar por el arreglo
y la limpieza, sería el que utilizaban los profesores.
La ventana, que daba también a la parte trasera de
la escuela, además de los cristales opacos, obviamente más necesarios aquí que en el trastero por
donde había entrado, tenía contraventanas de ma-

dera, gracias a las cuales don José pudo por fin encender la luz y lavarse mirando lo que hacía. Después, robustecidas las fuerzas y más o menos aseado, se procuró un sitio para dormir. Aunque en sus tiempos de estudiante no pasó por un colegio así, con este aparato y estas dimensiones, sabía que todas las escuelas tienen su director, que todos los directores tienen su despacho, que todos los despachos tienen su sofá, precisamente aquello que el cuerpo le pedía. Continuó pues abriendo y cerrando puertas, miró dentro de las aulas, a las que la difusa luz exterior confería un aire fantasmagórico, donde los pupitres de los alumnos parecían túmulos alineados, donde la mesa del profesor era como un sombrío espacio de sacrificio, y la pizarra negra el lugar donde se llevaban las cuentas de todos. Vio suspendidos de las paredes, como si fuesen las manchas confusas que el tiempo va dejando tras de sí en la piel de los seres y de las cosas, los mapas del cielo, del mundo y de los países, las cartas hidrográficas y orográficas del ser humano, la canalización de la sangre, el tránsito digestivo, la ordenación de los músculos, la comunicación de los nervios, el armazón de los huesos, el fuelle de los pulmones, el laberinto del cerebro, el corte del ojo, el enredo de los sexos. Las aulas se sucedían unas a otras a lo largo de los pasillos que daban la vuelta al colegio, se respiraba por todas partes el olor de la tiza, casi tan antiguo como el de los cuerpos, hay quien dice que Dios antes de amasar el barro con que después fabricó al hombre y la mujer, comenzó dibujándolos con una tiza en la superficie de la primera noche, de ahí nos vino la única certeza que tenemos, la de que fuimos, somos y seremos polvo, y que en una noche tan profunda como aquélla nos perderemos. En algunos sitios la oscuridad era espesa, completa, como si la hubiesen envuelto en paños negros, pero en otros flotaba una reverberación oscilante de acuario, una fosforescencia, una luminosidad azulada que no podía venir de la luz de las farolas de la calle o, si de ellas venía, al atravesar los cristales se transfiguraba. Acordándose de la pálida luz eternamente suspendida sobre la mesa del conservador, que las tinieblas rodeaban y parecían estar a punto de devorar, don José murmuró, La Conservaduría General es diferente, después añadió, como si necesitase responderse a sí mismo, Probablemente, cuanto mayor es la diferencia, mayor será la igualdad, y cuanto mayor es la igualdad, mayor la diferencia será, en aquel momento todavía no sabía hasta qué punto la razón le asistía.

En este piso sólo había aulas, el despacho del director estaría seguramente en el de arriba, apartado de las voces, de los ruidos incómodos, del tumulto de la entrada y salida de las clases. La escalera de acceso tenía en lo alto una claraboya, al subir se ascendía progresivamente de la oscuridad a la luz, lo que, en estas circunstancias, no tiene otro significado que prosaicamente alcanzar a ver dónde ponemos los pies. Quiso la casualidad de la nueva búsqueda que antes de encontrar el despacho del director, don José entrase en la secretaría del colegio, una sala con tres ventanas que daban a la calle. El mobiliario era el habitual en lugares de esta naturaleza, había unas cuantas mesas, un número igual de sillas, armarios, archivos, ficheros, el corazón de don José se sobresaltó al verlos, era esto lo que buscaba, fichas, boletines, registros, asentamientos, notas, la historia de la mujer desconocida en la época en que había sido niña y adolescente, suponiendo que después de éste no hubiera otros colegios en su vida. Don José abrió un cajón del fichero al azar, pero la luz que llegaba de la calle no era bastante para que percibiese qué tipo de registro contenían las fichas. Tengo mucho tiempo, pensó don José, ahora lo que necesito es dormir. Salió de la secretaría y dos puertas adelante dio finalmente con el despacho del director. Comparado con la austeridad de la Conservaduría General, aquí no sería exagerado hablar de lujo. El suelo estaba enmoquetado, la ventana tenía unas cortinas de tela gruesa, ahora corridas, la mesa, de estilo anticuado, era amplia, el sillón de piel negra, moderno, todo esto lo supo don José porque al abrir la puerta y encontrarse con una oscuridad total, no tuvo dudas en encender primero la linterna, y, a continuación, la lámpara del techo. Una vez que, estando dentro, no veía luz de fuera, alguien que estuviera fuera tampoco vería luz dentro. El sillón del director era cómodo, podría dormir allí, pero mucho mejor sería el largo y profundo sofá de tres plazas que parecía abrirle cariñosamente los brazos, para acogerlo en ellos y reconfortar el fatigado cuerpo. Don José miró el reloj, faltaban pocos minutos para las tres. Viendo lo tarde que era, no se había dado cuenta del paso del tiempo, se sintió repentinamente muy cansado, No aguanto más, pensó, y sin poderse contener, de pura extenuación nerviosa, comenzó a sollozar, luego fue un llanto desatado, casi convulsivo, allí, de pie, como si hubiese vuelto a ser, en otra escuela, el muchachito de las primeras clases que cometió una travesura y fue llamado por el director para recibir el merecido castigo. Tiró la gabardina mojada al suelo, se sacó el pañuelo del bolsillo de los pantalones y se lo llevó a los ojos, pero el pañuelo estaba tan mojado como el resto, toda su persona, desde la cabeza hasta los pies, se daba cuenta ahora, era como si estuviese rezumando agua, como si todo él no fuese más que una bayeta retorcida, sucio el cuerpo, dolorido el espíritu, y ambos infelices, Qué hago aquí, se preguntó, pero no quiso responder, tuvo miedo de que el motivo que lo había traído a este lugar, puesto así al descubierto, le pareciese absurdo, disparatado, cosa de loco. Un estremecimiento lo sacudió repentinamente, A que me he constipado, dijo en voz alta, tras estornudar dos veces, y después, mientras se sonaba, se encontró recordando, por los caminos caprichosos de un pensamiento que va a donde quiere sin dar explicaciones, aquellos actores de cine que siempre están cayéndose al agua vestidos o aparecen chorreando por el diluvio, y nunca pillan una neumonía, ni un simple resfriado, como en la vida real acontece todos los días, lo que hacen, como mucho, es envolverse en una manta sobre la ropa mojada, idea que sería del todo estúpida si no supiésemos que la filmación se interrumpirá para que el actor se recoja en el camerino, tome un baño caliente y vista el albornoz con monograma. Don José comenzó descalzándose los zapatos, después se quitó la chaqueta y la camisa, se sacó los pantalones, que colgó en una percha de pie que se encontraba en un rincón, ahora sólo faltaba que se pudiese tapar con la manta de la película, accesorio difícil de encontrar en el despacho de un director de colegio, salvo si el director fuera una persona de edad, de esas a quienes se les enfrían los pies cuando están mucho tiempo sentadas. El espíritu deductivo de don José lo condujo, una vez más, a la conclusión cierta, la manta estaba cuidadosamente doblada sobre el respaldo del sillón. No era grande, no llegaba para cubrirlo por completo, pero sería mejor que tener que pasar toda la noche a cuerpo. Don José apagó la luz del techo, se guió con la linterna y, suspirando, se tendió en el sofá, para luego encogerse de modo que cupiera todo debajo de la manta. Seguía temblando, la ropa interior que había conservado en el cuerpo estaba húmeda, probablemente sería del sudor, del esfuerzo, la lluvia no podía haber penetrado tanto. Se sentó en el sofá, se despojó de la camiseta y de los calzoncillos, se quitó los calcetines, después se envolvió en la manta como si quisiera hacer de ella una segunda piel y, enrollándose como una cochinilla, se sumió en la oscuridad del despacho, esperando que un poco de misericordioso calor lo transportase a la misericordia del sueño. Tardó uno, tardó el otro, alejados por un pensamiento que no quería írsele de la cabeza, Y si viene alguien y me encuentra en este estado, quería decir desnudo, llamaría a la policía, le pondrían esposas, le preguntarían el nombre, la edad y la profesión, primero vendría el director del colegio, después aparecería el jefe de la Conservaduría General, y entre los dos mirándolo con severa condena, Qué hace aquí, preguntarían, y él no tendría voz para responder, no podría explicarles que anda buscando a una mujer desconocida, lo más seguro era que se partieran de risa, y después volverían a preguntar, Qué hace aquí, y no pararían de preguntar hasta que él confesase todo, la prueba está en que siguieron repitiéndola en el sueño cuando, finalmente, con la mañana llegando al mundo, don José pudo abandonar la extenuante vigilia, o ella lo abandonó a él.

Se despertó tarde, soñando que estaba otra vez en el alpende, con la lluvia cayéndole encima con un estruendo de catarata, y que la mujer desconocida, en pose de una actriz de cine de su colección, sentada en el pretil de la ventana y con la manta del director doblada en el regazo, esperaba que él acabase de subir, al mismo tiempo que le decía, Hubiera sido mejor que llamaras a la puerta principal, a lo que él, jadeando, respondía, No sabía que estabas aquí, y ella, Estoy siempre, nunca salgo, después parecía que iba a asomarse para ayudarlo a subir, pero de repente desapareció, el alpende desapareció con ella, sólo se quedó la lluvia, cayendo, cayendo sin parar sobre la silla del jefe de la Conservaduría General, donde don José se vio a sí mismo sentado. Le dolía un poco la cabeza pero no parecía que el enfriamiento se hubiese agravado. Por entre los paños de las cortinas se colaba una lámina finísima de luz grisácea, eso significaba que, al contrario de lo que creyera, no estaban completamente corridas. Nadie debe de haberse dado cuenta, pensó, y tenía razón, deslumbrante hasta más no poder es la luz de las estrellas, y no sólo la mayor parte se pierde en el espacio, sino que una simple neblina basta para tapar a nuestros ojos la luz que sobró. Un vecino del otro lado de la calle, aunque hubiese mirado por la ventana para ver cómo estaba el tiempo, pensaría que era un destello de la propia lluvia aquel hilo luminoso que ondulaba entre las gotas que se deslizaban por la cristalera. Envuelto en la manta, don José apartó levemente las cortinas, era su vez de saber cómo estaba el tiempo. En aquel momento no llovía, pero el cielo se mostraba tapado por una única nube oscura, tan baja que parecía tocar los tejados, como una inmensa losa. Mejor así, pensó, cuanto menos gente vaya por la calle, mejor. Fue a palpar la ropa que se había quitado para comprobar si estaba ya en condiciones de ser vestida. La camisa, la camiseta, los calzoncillos y los calcetines estaban aceptablemente secos, los pantalones bastante menos, pero la chaqueta y la gabardina, ésas todavía tenían para muchas horas. Se puso todo menos los pantalones, para evitar el roce del tejido tieso por la humedad en las rodillas desolladas, y se encaminó hacia la enfermería. Por lógica, debería estar instalada en la planta baja, cerca del gimnasio y de los accidentes que le son propios, al lado del patio del recreo, donde en los intervalos de las clases, en juegos de mayor o menor grado de violencia, los alumnos desahogan las energías y sobre todo el tedio y la ansiedad provocados por el estudio. Acertó. Después de lavar las heridas con agua oxigenada, se aplicó un desinfectante que olía a yodo y las vendó cuidadosamente con tal exageración de gasas y esparadrapos que parecía que llevaba unas rodilleras. A pesar de eso, podía flexionar las articulaciones lo suficiente para caminar, se calzó los pantalones y se sintió otro hombre, aunque no tanto que lo hiciera olvidar el malestar generalizado de su pobre cuerpo. Tiene que haber por aquí alguna cosa contra este enfriamiento y este dolor de cabeza, pensó, y poco después, habiendo encontrado lo que necesitaba, ya estaba con dos comprimidos en el estómago. No necesitó tomar precauciones para no ser visto desde fuera, ya que la ventana de la enfermería, como sería de esperar, tenía también los cristales opacos, pero a partir de ahora debería ser cauteloso en todos sus movimientos, nada de distracciones, evitar despegarse del fondo de las aulas, moverse a gatas en el caso de tener que acercarse a una ventana, comportarse, en fin, como si nunca hubiese hecho otra cosa en la vida que asaltar casas. Un ardor súbito en el estómago le recordó el error que había cometido al tomar los comprimidos sin la compañía de un poco de comida, aunque fuese una simple galleta, Muy bien, y dónde hay galletas aquí, se preguntó, percibiendo que tenía ahora un nuevo problema para resolver, el problema de la comida, tanto más que no podría salir del edificio antes de que fuera de noche, Y noche cerrada, precisó. Aunque, como sabemos, se trata de persona fácil de contentar en cuestiones de alimentación, con algo tendría que adormecer el apetito hasta regresar a casa, si bien don José respondió a la necesidad con estas palabras estoicas, Un día no son días, no se muere por pasar unas horas sin comer. Salió de la enfermería, y pese a que la secretaría, donde tendría que hacer sus pesquisas, estaba en el segundo piso, decidió, por mera curiosidad, dar una vuelta por las instalaciones de la planta baja. Encontró en seguida el gimnasio, con sus vestuarios, sus espalderas y otros aparatos, la barra, el plinto, las anillas, el potro, el trampolín, las colchonetas, en las escuelas de su tiempo no se veían estos perfeccionamientos atléticos, ni los habría deseado para sí, como había sido entonces y hoy continuaba, lo que generalmente se llama un enclenque. El ardor del estómago se acentuaba, le subió a la boca una ola ácida que le picó la garganta, si al menos sirviese para aliviarle el dolor de cabeza, Y el enfriamiento, probablemente tengo fiebre, pensó en el momento en que abría una puerta más. Era, bendito sea el espíritu de curiosidad, el refectorio. Entonces al pensamiento de don José le crecieron alas, se precipitó velocísimo tras la comida, Si hay refectorio, hay cocina, si hay cocina, no necesitó seguir pensando, la cocina estaba allí, con sus fuegos, sus cazos y sartenes, sus platos y vasos, sus armarios y su enorme frigorífico.

Hacia él se dirigió, lo abrió de par en par, los alimentos aparecieron iluminados por un resplandor, una vez más sea alabado el dios de los curiosos, y también el de los asaltantes, en algunos casos no menos merecedor. Un cuarto de hora después, don José era definitivamente otro hombre, recompuesto de cuerpo y alma, con la ropa casi seca, las rodillas curadas, el estómago trabajándole con algo más alimenticio y consistente que dos amargos comprimidos contra el enfriamiento. Para la hora del almuerzo volvería a esta cocina, a este humanitario frigorífico, ahora se trataba de investigar en los ficheros de la secretaría, avanzar un paso más, ya sabría si largo, si corto, en la averiguación de las circunstancias de la vida de la desconocida mujer que hace treinta años, cuando era apenas una niña de ojos serios y flequillo rozándole las cejas, se sentara en aquel banco para comer su merienda de pan con membrillo, tal vez triste por culpa del borrón que dejó caer en la copia, tal vez feliz porque la madrina le había prometido una muñeca.

El rótulo del cajón era explícito, Alumnos por Orden Alfabético, otros cajones presentaban diferentes letreros, Alumnos de Primero, Alumnos de Segundo, Alumnos de Tercero y así sucesivamente hasta el último año de escolaridad. El espíritu profesional de don José apreció con agrado el sistema de archivo, organizado de modo que facilitase el acceso a las fichas de los alumnos por dos vías convergentes y complementarias, una general, la otra particular. Un cajón aparte contenía las fichas de los profesores, según se podía leer en el rótulo que exhibía, Profesores. Al verlo se pusieron en movimiento, inmediatamente, en el espíritu de don José, los engranajes de su eficaz mecanismo deductivo, Si, como es lógicamente presumible, pensó, los profesores que están en el cajón son los que prestan actualmente servicio, entonces las fichas de los estudiantes, por simple coherencia archivística, se referirán a la población escolar actual, además, cualquier persona vería que las fichas de los alumnos de treinta años lectivos, esto haciendo las cuentas por lo bajo, nunca podrían caber en esta media docena de cajones, por muy fina que fuese la cartulina empleada. Sin ninguna esperanza, apenas para sosegar la conciencia, don José abrió el cajón donde, de acuerdo con el orden alfabético, debería encontrarse la ficha de la mujer desconocida. No estaba. Cerró el cajón, miró alrededor, Tiene que haber otro fichero con las indicaciones de los antiguos alumnos, pensó, es imposible que las destruyan cuando llegan al final de la escolaridad, sería un atentado contra las reglas más elementales de la archivística. Si tal fichero existía, no se encontraba allí, nervioso, y a pesar de adivinar que la búsqueda sería inútil, abrió los armarios y los cajones de las mesas. Nada. La cabeza, como si no hubiese podido soportar la decepción, comenzó a dolerle más. Y ahora, José, se preguntó. Ahora a buscar, respondió. Salió de la secretaría, miró a un lado y a otro del largo pasillo. Aquí no había clases, por tanto las divisiones de este piso, aparte del despacho del director, deberían tener otras aplicaciones, una de ellas, como vio en seguida, era una sala de profesores, otra servía de almacén de lo que parecía material escolar fuera de uso, y las dos restantes contenían, organizado en cajas en las grandes estanterías, algo que tenía todo el aspecto de ser el archivo histórico de la escuela. Exultó don José pero, ésa es la ventaja de quien tiene experiencia en su oficio o, desde el punto de vista de la esperanza acabada de perder, la penosa desventaja, pocos minutos bastaron para comprobar que tampoco allí se encontraba lo que deseaba, el archivo era meramente de tipo burocrático, estaban las cartas recibidas, estaban los duplicados de las cartas escritas, había estadísticas, mapas de frecuencia, gráficos de aprovechamiento, tomos de legislación. Rebuscó una vez, dos veces, inútilmente. Desesperado, salió al pasillo, Tanto esfuerzo para nada, dijo, y después, una vez más, obligándose a obedecer a la lógica, Es imposible, las malditas fichas tienen que estar en algún lugar, si esta gente no ha destruido la correspondencia de tantos años, una correspondencia que ya no sirve para nada, menos destruiría las fichas de los alumnos, son documentos importantísimos para las biografías, no me extrañaría nada que por este colegio hubieran pasado algunos de los que tengo en mi colección. En otras circunstancias, quizá don José hubiese pensado que, así como se le ocurriera la idea de enriquecer sus recortes con las copias de las partidas de nacimiento, también sería interesante añadirles la documentación referente al grado y al aprovechamiento escolar. De cualquier modo, nunca pasaría de un sueño de realización imposible. Una cosa era tener los papeles de nacimiento a un palmo de distancia, en la Conservaduría General, otra cosa sería andar por la ciudad asaltando escuelas sólo para saber si fulana tuvo un cinco o un ocho en matemáticas de cuarto y si fulano era tan indisciplinado como se complacía declarando en las entrevistas. Y si para entrar en cada una de esas escuelas iba a tener que sufrir tanto como había sufrido en ésta, mejor sería que se quedase en el remanso de su casa, resignado a conocer del mundo apenas aquello que las manos pueden alcanzar sin salir, palabras, imágenes, ilusiones.

Resuelto a acabar de una vez por todas, don José volvió a entrar en el archivo, Si la lógica todavía reina en este mundo las fichas tienen que estar aquí, dijo. Los estantes de la división primera, caja por caja, montón por montón, fueron pasados a peine fino, forma de expresar que debe de tener su origen en el tiempo en que las personas necesitaban peinarse con el susodicho objeto, también llamado lendrera, porque conseguía retener lo que el peine normal dejaba escapar, pero el intento resultó otra vez baldío, fichas no había. Esto es, las había, sí, metidas sin cuidado en una caja grande, pero sólo de los últimos cinco años. Convencido ahora de que las demás fichas, finalmente, habían sido destruidas, rasgadas, tiradas a la basura, si no quemadas, ya sin esperanza, con la indiferencia de quien se limita a cumplir una obligación inútil, don José entró en la división segunda. Sin embargo, sus ojos, si el verbo no es del todo impropio en esta oración, se apiadaron de él, por más que se

intente no se encontrará otra explicación al hecho
de ponerle delante, inmediatamente, aquella puerta
estrecha entre dos estanterías, como si supiesen,
desde el principio, que ella estaba allí. Creyó don
José que había llegado al término de sus trabajos, a la coronación de sus esfuerzos, reconózcase,
en verdad, que lo contrario sería una inadmisible
crueldad del destino, alguna razón tendrá el pue-
blo para persistir en la afirmación, a pesar de las
contrariedades de la vida, de que la mala suerte no
siempre está escondida tras la puerta, aquí detrás,
por lo menos, como en los antiguos cuentos, debe
de haber un tesoro, aunque para llegar a él sea necesario combatir al dragón. Éste no tiene las fau-
ces babeantes de furia, no lanza humo y fuego por
las narices, no despide rugidos como temblores de
tierra, es simplemente una oscuridad quieta a la
espera, espesa y silenciosa como el fondo del mar,
hay personas con fama de valientes que no tendrían el coraje de pasar de aquí, algunas incluso
huirían en seguida, despavoridas, con miedo de
que el inmundo bicho les lanzase las garras a la
garganta. No siendo persona que se pueda apuntar como ejemplo o modelo de bravura, don José,
después de los años de Conservaduría General
acumulados, adquirió un conocimiento de noche,
sombra, oscuro y tiniebla, que acabó compensan-
do su timidez natural y que ahora le permite, sin
excesivo temor, extender el brazo a través del cuerpo del dragón buscando el interruptor eléctrico.
Lo encontró, lo accionó, pero no se encendió ninguna luz. Arrastrando los pies para no tropezar,

avanzó un poco hasta que se golpeó el tobillo de la pierna derecha en una arista dura. Se agachó para palpar el obstáculo y, al mismo tiempo que percibió que se trataba de un escalón metálico, sintió en el bolsillo el volumen de la linterna, de la que en medio de tantas y tan contrarias emociones, se había olvidado. Tenía delante una escalera de caracol que subía en dirección a una tiniebla aún más espesa que la del umbral de la puerta y que engulló el foco de luz antes de que pudiese mostrar el camino de arriba. La escalera no tiene pasamanos, justamente lo que menos le conviene a alguien que padece tanto de vértigo, en el quinto escalón, si consigue llegar, don José perderá la noción de la altura real a que se encuentra, sentirá que va a caer desamparado, y caerá. No fue así. Don José está siendo ridículo, pero no le importa, sólo él sabe hasta qué punto es absurdo y disparatado lo que está haciendo, nadie lo podrá ver arrastrándose escalera arriba como un lagarto todavía sin espabilar de la hibernación. Agarrado ansiosamente a los escalones, uno tras otro, el cuerpo intentando acompañar la curva helicoidal que parece no acabar nunca, las rodillas otra vez martirizadas. Cuando las manos de don José, por fin, tocaron el suelo liso de la buhardilla, las fuerzas de su cuerpo hacía mucho que habían perdido la batalla contra el espíritu asustado, por eso no pudo levantarse en seguida, se quedó extendido, así, de bruces, la camisa y la cara posadas en el polvo que cubría el suelo, las piernas colgando en las escaleras, por cuántos sufrimientos tienen que pasar las personas que salen de la tranquilidad de sus hogares para meterse en locas aventuras.

Al cabo de unos minutos, todavía echado de bruces, porque no estaba tan falto de sensatez como para cometer la imprudencia de ponerse en pie en medio de la oscuridad, con el riesgo de dar un paso en falso y caer desmadejadamente al abismo de donde viniera, don José, con esfuerzo, torciendo el cuerpo, consiguió sacar otra vez la linterna que había guardado en el bolsillo trasero de los pantalones. La encendió y paseó la luz por el suelo que tenía delante. Había papeles esparcidos, cajas de cartón, algunas reventadas, todo cubierto de polvo. Unos metros más allá distinguió lo que le parecieron las patas de una silla. Subió ligeramente el foco, de hecho era una silla. Parecía en buen estado, el asiento, el respaldo, y sobre ella, pendiendo del bajo techo, había una bombilla sin pantalla, Como en la Conservaduría General, pensó don José. Dirigió el foco hacia las paredes de alrededor, le aparecieron bultos fugitivos de estantes que daban la vuelta a todo el compartimento. No eran altos, ni podían serlo debido a la inclinación del techo, y estaban sobrecargados de cajas y de montones informes de papeles. Dónde estará el interruptor de la luz, se preguntó don José, y la respuesta fue la que esperaba, Está abajo y no funciona, Sólo con esta linterna no creo que consiga encontrar las fichas, además presiento que la pila está en las últimas, Debías haber pensado en eso antes, Tal vez hayan colocado aquí otro interruptor, Aunque así fuera, ya vimos que la bombilla está fundida,

No lo sabemos, Se habría encendido si no estuviese fundida, La única cosa que sabemos es que accionamos el interruptor y la luz no se encendió, Ahí está, Puede significar otras cosas, Qué, Que abajo no haya bombilla, Entonces sigo teniendo razón, ésta de aquí está fundida, Nada nos dice que no existan dos interruptores y dos lámparas, una en la escalera y otra en la buhardilla, la de abajo está fundida, la de arriba todavía no lo sabemos, Puesto que has sido capaz de deducir eso, descubre el interruptor de ésta. Don José dejó la incómoda posición en que todavía se encontraba y se sentó en el suelo, Voy a salir de aquí con la ropa en un estado miserable, pensó, y apuntó el foco a la pared más próxima a la abertura de la escalera, Si existe, tiene que estar aquí. Lo descubrió en el preciso instante en que se aproximaba a la desalentadora conclusión de que el único interruptor era el de abajo. Al plantar casualmente la mano libre en el suelo para apoyarse mejor, la luz del techo se encendió, el interruptor, de ésos de botón, había sido instalado en el suelo de manera que quedara al alcance inmediato de quien subiese la escalera. La luz amarilla de la lámpara apenas alcanzaba la pared del fondo, en el pavimento no se veían señales de paso. Acordándose de las fichas que había visto en el piso de abajo, don José dijo en voz alta, Hace por lo menos seis años que nadie entra aquí. Cuando el eco de las palabras se desvaneció, don José percibió que se había creado en el desván un gran silencio, como si el silencio que había antes alojase un silencio mayor, serían los bichos de la madera que habían interrumpido su actividad excavadora. Del techo colgaban telarañas negras de polvo, las propietarias debieron de morir hace mucho tiempo por falta de comida, no hay aquí nada que pueda atraer a una mosca perdida, para colmo con la puerta de abajo cerrada, y las polillas del papel y los lepismas, tal como la carcoma en las vigas, no tenían ningún motivo para cambiar por el mundo exterior las galerías de celulosa donde vivían. Don José se levantó, inútilmente intentó sacudirse el polvo de los pantalones y de la camisa, la cara parecía la de un payaso extravagante, con una gran mancha en un solo lado. Se sentó en la silla, debajo de la lámpara, y comenzó a hablar consigo mismo, Razonemos, dijo, razonemos, si las fichas antiguas están aquí, y todo indica que sí, no es nada probable que las vaya a encontrar reunidas alumno por alumno, o sea, que las fichas de cada alumno estén todas juntas de modo que se pueda seguir de una pasada toda su trayectoria escolar, lo más seguro es que la secretaria, al finalizar cada año lectivo, hiciese un paquete con todas las fichas correspondientes a ese año y las arrumbase aquí, no creo que se molestasen siquiera en guardarlas en cajas, o tal vez sí, ya veremos, espero, si así fue, que al menos escribieran por fuera el año al que corresponden, de una manera u otra será sólo cuestión de tiempo y paciencia. La conclusión no había añadido gran cosa a las premisas, desde el principio de su vida don José sabe que sólo necesita tiempo para usar la paciencia, desde el principio espera que a la paciencia no le falte el tiempo.

Se levantó y, fiel a la regla de que en todas las operaciones de búsqueda lo mejor es comenzar siempre por una punta y avanzar con método y disciplina, atacó el trabajo por el extremo de una de las filas de estantes, resuelto a no dejar papel sobre papel sin verificar si, entre el de abajo y el de encima, otro papel estuviera escondido. Abrir una caja, desatar un mazo, cada movimiento que hacía levantaba una nube de polvo, hasta tal punto que, para no acabar asfixiado, tuvo que atarse el pañuelo sobre la nariz y la boca, un método preventivo que los escribientes debían seguir cada vez que iban al archivo de los muertos en la Conservaduría General. En pocos minutos se le pusieron las manos negras, el pañuelo perdió lo poco que le quedaba de blancura, don José se convirtió en un minero de carbón a la espera de encontrar en el fondo de la mina el carbono puro de un diamante.

La primera ficha apareció al cabo de media hora. La niña ya no usaba flequillo, pero los ojos, en esta fotografía sacada a los quince años, conservaban el mismo aire de gravedad dolorida. Cuidadosamente, don José la puso encima de la silla y continuó buscando. Trabajaba en una especie de sueño, minucioso, febril, bajo sus dedos se escapaban las polillas espantadas por la luz y, poco a poco, como si removiera los restos de un túmulo, el polvo se le agarraba a la piel tan fino que atravesaba la ropa. Al principio, cuando le aparecía un mazo de fichas iba inmediatamente a la que le interesaba, después comenzó a demorarse en nombres, en imágenes, por nada, sólo porque estaban

allí y nadie más volvería a entrar en esta buhardilla para apartar el polvo que las cubría, centenas, millares de rostros de muchachos y mucha-
chas, mirando de frente al objetivo, el otro lado
del mundo, a la espera no sabían de qué. En la
Conservaduría General no era así, en la Conservaduría General sólo existían palabras, en la Conservaduría General no se podía ver cómo habían
cambiado e iban cambiando las caras, cuando lo
más importante era precisamente eso, lo que el tiempo hace mudar, y no el nombre que nunca varía.
Cuando el estómago de don José hizo señales, estaban sobre la silla siete fichas, dos de ellas con retratos iguales, la madre debió de decirle, Lleva ésta
del año pasado, no necesitas ir al fotógrafo, y ella
llevó el retrato, con pena de no tener ese año una
fotografía nueva. Antes de bajar a la cocina, don
José entró en el cuarto de baño del director para
lavarse las manos, se quedó asombrado cuando se
vio en el espejo, no imaginaba que pudiera tener la
cara en aquel estado, sucísima, surcada de regue-
ros de sudor, No parezco yo, pensó, y probablemente nunca lo había sido tanto. Cuando acabó
de comer, subió a la buhardilla tan aprisa como las
rodillas le permitieron, se le ocurrió que si faltase
la luz, posibilidad a tener en cuenta con estas llu-
vias, no podría terminar la búsqueda. Suponiendo
que no hubiese repetido ningún curso, sólo le restaba encontrar cinco fichas, y si se quedase a oscuras, su esfuerzo, en parte, se habría perdido, ya que
no podría volver a entrar en la escuela. Absorto en
el trabajo se olvidó del dolor de cabeza, del enfria-

miento, y ahora notaba que estaba peor. Volvió a bajar para tomar otros dos comprimidos, subió sacando fuerzas de flaqueza, y retomó el trabajo. La tarde se aproximaba a su fin cuando encontró la última ficha. Apagó la luz de la buhardilla, cerró la puerta y, como un sonámbulo, se enfundó la chaqueta y la gabardina, limpió lo mejor que pudo las señales de su paso y se sentó a esperar la noche.

A la mañana siguiente, apenas la Conservaduría General había comenzado su actividad, ya sentados los funcionarios en sus lugares, don José entreabrió la puerta de comunicación e hizo pst pst para llamar la atención del colega escribiente que se encontraba más cerca. El hombre giró la cabeza y vio una cara congestionada, de ojos parpadeantes, Qué desea, preguntó en voz baja para no perturbar el quehacer, pero dejando asomar en las palabras un tono de recriminación irónica, como si el escándalo de la falta sólo viniese a dar la razón a quien el retraso ya había escandalizado, Estoy enfermo, dijo don José, no puedo ir a trabajar. El colega se levantó contrariado, dio tres pasos en dirección al oficial de su sección, y lo informó, Disculpe, señor, ahí está don José diciendo que se encuentra enfermo. A su vez, el oficial se levantó, dio cuatro pasos en dirección al subdirector respectivo y lo informó, Disculpe, señor, ahí está el escribiente don José diciendo que se encuentra enfermo. Antes de dar los cinco pasos que lo separaban de la mesa del conservador, el subdirector se acercó a averiguar la naturaleza de la enfermedad, Qué le aqueja, preguntó, Estoy constipado, respondió don José, Un constipado nunca ha sido motivo para faltar al trabajo, Tengo fiebre, Cómo sabe que tiene fiebre, Usé el termómetro, Algunas décimas por encima de la temperatura normal, No señor, estoy con treinta y nueve, Un simple resfriado nunca sube tanto, Entonces puedo tener gripe, O una neumonía, No sea agorero, Estoy sólo admitiendo una posibilidad, no agoro, Disculpe, era una manera de hablar, Y cómo ha llegado a ese estado, Creo que ha sido de la lluvia que me cayó encima, Las imprudencias se pagan, Tiene razón, Enfermedades contraídas por causas ajenas al servicio no deberían considerarse, De hecho no estaba de servicio, Voy a ponerlo en conocimiento del jefe, Sí señor, No cierre la puerta, puede ser que le quiera dar algunas instrucciones, Sí señor. El conservador no dio instrucciones, se limitó a mirar por encima de las cabezas inclinadas de los funcionarios y a hacer un gesto con la mano, un gesto breve, como si despreciase el asunto por insignificante o como si retrasase para más tarde la atención que pretendía darle, a aquella distancia don José no sería capaz de distinguir la diferencia, suponiendo que sus ojos llorosos e inflamados consiguiesen darle alcance. De todos modos, se supone que amedrentado por la mirada, don José, sin darse cuenta de lo que hacía, abrió un poco más la puerta, mostrándose de cuerpo entero a la Conservaduría General, con una bata vieja sobre el pijama, los pies enfundados en unas zapatillas, el aire marchito de quien padece un brutal constipado, o una gripe maligna, o una bronconeumonía de las mortales, nunca se sabe, han sido tantas las veces en la vida que una pequeña brisa acabó en huracán devastador. El subdirector volvió para decirle que hoy o mañana sería visitado por el médico oficial, pero a continuación, oh maravilla, pronunció unas palabras que ningún funcionario inferior de la Conservaduría General, él u otro cualquiera, tuvo la felicidad de escuchar alguna vez, El jefe le desea que se mejore, y el propio subdirector no parecía creerse lo que estaba diciendo. Estupefacto, don José todavía tuvo entereza suficiente para mirar en dirección al conservador, con el fin de agradecerle el inesperado voto, pero él tenía la cabeza baja, como si estuviese aplicado en el trabajo aunque, conociendo nosotros las costumbres laborales de esta Conservaduría General, es más que dudoso. Despacio, don José cerró la puerta y, temblando de emoción y de fiebre, se metió en la cama.

No había recibido sólo aquella lluvia que le cayó encima mientras, resbalando del alpende, forcejeaba por entrar en el colegio. Cuando, llegada la noche, salió finalmente por la ventana y alcanzó la calle, no podía imaginar, pobre de él, lo que le esperaba. Las más que penosas circunstancias de la escalada, pero sobre todo el polvo acumulado en los archivos de la buhardilla, lo habían dejado, desde la cabeza hasta los pies, en un estado de suciedad imposible de describir, con la cara y el pelo empastados de negro, las manos como cepillos renegridos, esto sin hablar de la ropa, la gabardina impregnada de manteca y hecha un harapo, los pantalones como si se hubiese restregado en alquitrán, la camisa que parecía haber servido para la limpieza de una chimenea con siglos de hollín, cualquier vagabundo, incluso viviendo en la más extrema de las penurias, habría salido con más dignidad a la calle. Cuando don José, dos manzanas más allá de la escuela, a esas alturas había dejado de llover, paró un taxi para regresar a casa, aconteció lo que tenía que acontecer, el conductor, viendo aquella figura negra surgida de repente de las entrañas de la noche, se asustó y aceleró, y ésta no fue la única vez, tres taxis a los que don José hizo después señal desaparecieron a la vuelta de la esquina como si los persiguiese el diablo. Se resignó don José a volver a casa andando, ni en un autobús se atrevería ahora a entrar, paciencia, será una fatiga más a unir a esta que apenas lo deja arrastrar los pies, pero lo peor fue que de ahí a poco la lluvia recomenzó y no paró durante todo el interminable camino, calles, plazas, avenidas, por una ciudad que era como si estuviera desierta, y aquel hombre solo, chorreando, sin ni siquiera un paraguas que lo proteja de la lluvia más recia, se comprende por qué, nadie va con un paraguas a un asalto, es como en la guerra, podría resguardarse en el vano de una puerta y esperar una pausa del cielo, pero no vale la pena, más mojado de lo que ya está no es posible. Cuando don José llegó a casa, la única parte aceptablemente seca de su ropa era un bolsillo de la chaqueta, el interior del lado izquierdo, donde había metido las fichas escolares de la niña desconocida, vino todo el tiempo con la mano derecha sobre ellas, defendiéndolas de la lluvia, quien así lo viese pensaría, sobre todo con la cara de sufrimiento que llevaba, que tenía algo malo en el corazón. Tiritando, se desnudó del todo, preguntándose confusamente cómo iría a resolver el problema de la limpieza de aquella ropa amontonada en el suelo, no estaba provisto de trajes, zapatos, calcetines y camisas hasta el punto de poder enviar al tinte, de una sola vez, como si fuese persona de posibles, un conjunto completo, seguro que le faltará alguna de estas piezas cuando mañana tenga que vestirse con lo que le resta. Resolvió dejar la preocupación para después, ahora se trata de quitarse esta porquería del cuerpo, lo malo es que el calentador funciona defectuosamente, el agua tanto salía hirviendo como fría de congelarse, con sólo pensarlo se estremeció entero, después, como quien desea convencerse a sí mismo, murmuró, Tal vez me haga bien al constipado, un chorro caliente, un chorro frío, eso dicen. Entró en el cubículo que le servía de cuarto de baño, se miró en el espejo y comprendió el susto de los taxistas, en su lugar habría hecho igual, huir de este fantasma de órbitas hundidas y boca de la que escurre por las comisuras una especie de baba negra. El calentador no se portó mal esta vez, le lanzó dos zurriagazos fríos al principio, el resto fue reconfortantemente tibio, una rápida escaldadura de vez en cuando hasta ayudó a disolver la suciedad. Al salir del baño, don José se sentía reanimado, como nuevo, pero en cuanto se metió en la cama le volvieron los temblores, en ese momento abrió el cajón de la mesilla donde guardaba el termómetro, poco después decía, Treinta y nueve, si mañana sigo así, no podré ir a trabajar. Sea por efecto de la fiebre o de la fatiga, o de ambas, este pensamiento no le inquietó, no le pareció extraña la irregular idea de faltar al servicio, en este momento don José no parecía ser don José, o eran dos los don Josés que se encontraban tumbados en la cama, con la manta subida hasta la nariz, un don José que perdiera el sentido de las responsabilidades, otro don José para quien esto se había vuelto totalmente indiferente. Con la luz encendida, estuvo amodorrado durante unos minutos y luego despertó sobresaltado al soñar que abandonaba las fichas encima de la silla de la buhardilla, que deliberadamente las abandonaba, como si en toda su aventura no hubiese habido otra meta que buscarlas y encontrarlas. Y también soñó que alguien entraba en la buhardilla después de que él hubiese salido, que veía el montoncito de las trece fichas y preguntaba, Qué misterio es éste. Medio atontado, se levantó y fue a buscarlas, las había puesto sobre la mesa cuando vació los bolsillos de la chaqueta, y volvió a la cama. Las fichas estaban sucias de huellas negras, algunas hasta mostraban con absoluta nitidez sus impresiones digitales, tendría que limpiarlas mañana para evitar cualquier intento de identificación, Qué estupidez, pensó, todo lo que tocamos se queda con las impresiones digitales, limpio éstas y dejo otras, la diferencia es que unas son visibles y otras no. Cerró los ojos y poco después volvió a entrar en estado de somnolencia, la mano, que apenas retenía las fichas, se aflojó sobre la colcha, algunas cayeron al suelo, allí estaban los retratos de una joven en diferentes edades, de niña a adolescente, abusivamente traídos hasta aquí, nadie tiene el derecho de apropiarse de retratos que no le pertenecen salvo si le son ofrecidos, llevar el retrato de una persona en el bolsillo es como llevar un poco de su alma. El sueño de don José, pero de éste no despertó, era ahora otro, se veía a sí mismo limpiando las impresiones digitales que había dejado en la escuela, las había por todas partes, en la ventana por donde entrara, en la enfermería, en secretaría, en el despacho del director, en el refectorio, en la cocina, en el archivo, de las de la buhardilla creyó que no valía la pena preocuparse, allí nadie entraría para después preguntar, Qué misterio es éste, lo malo es que las manos que limpiaban el rastro visible iban dejando tras ellas un rastro invisible, si el director del colegio denuncia el asalto a la policía y se abre una investigación en serio, don José irá a la cárcel, tan cierto como dos y dos son cuatro, hay que imaginarse el descrédito y la vergüenza que para siempre mancharán la reputación de la Conservaduría General del Registro Civil. A media noche don José se despertó ardiendo en fiebre, parecía que deliraba, y decía, No robé nada, no robé nada, y era verdad que, hablando propiamente, nada había robado, por más que el director busque e indague, por más verificaciones, recuentos y cotejos que se realicen, en inventario detallado, describiendo un ítem tras otro, la conclusión acabará siendo la misma, Robo, lo que se puede llamar robo, no hubo, sin duda la encargada de la cocina aparecerá diciendo que falta comida en el frigorífico, pero, suponiendo que ése haya sido el único delito cometido, robar para comer, según la opinión más o menos generalizada, no es robo, en eso hasta el director está de acuerdo, la policía es la que cultiva por principio una opinión diferente, aunque ahora no le queda otro remedio que irse fuera refunfuñando, Ahí hay un misterio, nadie asalta una casa sólo para desayunar. En todo caso, con la declaración formal del director, puesta por escrito, de que nada de valor o sin él faltaba en la escuela, los agentes decidieron no levantar las impresiones digitales, como mandaba la rutina, Ya tenemos trabajo de sobra, dijo el que mandaba el grupo investigador. No obstante estas palabras tranquilizadoras, don José no consiguió dormir durante el resto de la noche, con miedo a que el sueño se repitiese y la policía volviese con las lupas y los polvillos.

No hay nada en casa para atajar esta fiebre y el médico sólo vendrá por la tarde, es posible que ni siquiera venga hoy, y no traerá remedios, se limitará a escribir la receta de costumbre para casos de enfriamiento y gripe. La ropa sucia aún está amontonada en medio de la casa, y don José la mira desde la cama con aire perplejo, como si aquello no le perteneciese, sólo un ápice de sentido común le impide preguntar, Quién vino aquí a desnudarse, y fue el mismo sentido común el que le forzó a pensar, por fin, en las complicaciones, tanto de naturaleza personal como profesional, que se derivarían de la entrada de un colega puertas adentro para informarse de su estado, por mandato del jefe o por propia iniciativa, y se encuentra de frente con aquella porquería. Cuando se puso de pie sintió como si bruscamente le hubiesen empujado hacia lo alto de la escalera, pero este mareo no era igual que los otros, provenía de la fiebre, y algo también de la debilidad, pues lo que comiera en el colegio, pareciendo suficiente cada vez, le sirvió más para engañar los nervios que para alimentar la carne. Con dificultad, amparándose en la pared, consiguió alcanzar una silla y sentarse. Esperó a que la cabeza volviese a su estado normal para pensar dónde convendría esconder la ropa sucia, en el cuarto de baño no, los médicos siempre se lavan las manos a la salida, debajo de la cama imposible, era de aquellas armazones antiguas de pata alta, cualquier persona, incluso sin agacharse, vería los trapos, en el armario de gente famosa no cabría ni sería propio, la triste verdad es que la cabeza de don José continuaba funcionado mal a pesar de que había dejado de dar vueltas, el único sitio donde evidentemente la ropa sucia estaría a salvo de las indiscreciones era donde se colocaba cuando estaba limpia, o sea, detrás de la cortina que tapaba el trastero utilizado como guardarropa, sería necesario que el colega o el médico fuesen muy maleducados para ir allí a meter la nariz. Satisfecho consigo mismo por haber concluido, después de tan demorada ponderación, lo que en otras circunstancias sería más que obvio, don José empujó con el pie la ropa hacia la cortina para no ensuciar el pijama. En el suelo quedó una gran mancha de humedad que necesitaría algunas horas para evaporarse por completo, si alguien entrase antes e hiciese preguntas explicaría que se le derramó agua en un descuido o que había una mancha en el suelo y la intentó limpiar. El estómago de don José, desde que se levantó, estaba implorándole la misericordia de una taza de café con leche, de una galleta, de una rebanada de pan con mantequilla, cualquier cosa que le apaciguase el apetito repentinamente despierto, ahora que las preocupaciones con el destino inmediato de la ropa han desaparecido. El pan estaba duro y seco, la mantequilla era mínima, no quedaba leche, sólo café, y de mediocre calidad, ya se sabe que un hombre a quien una mujer no quiso tanto que aceptase vivir en este tugurio, un hombre de ésos, salvo poquísimas excepciones sin lugar en esta historia, nunca pasará de un pobre diablo, es curioso que se diga siempre pobre diablo y nunca se diga pobre dios, sobre todo cuando se ha tenido la mala suerte de salir tan desaliñado como éste, atención, era del hombre de quien hablábamos, no de cualquier dios. A pesar de la poca y desconsoladora comida, a don José todavía le sobró ánimo para afeitarse, operación de la que creyó salir con mejor cara, tanto que al final dijo al espejo, Parece que tengo menos fiebre. Esta reflexión le indujo a pensar que no sería mala política presentarse voluntario al trabajo, en media docena de pasos estaría dentro, El servicio de la Conservaduría ante todo, serían sus palabras, el conservador, ciertamente, teniendo en cuenta el frío que hacía fuera, le perdonaría que no hubiera dado la vuelta por la calle como estaba obligado e, incluso, quizá registrase en el expediente de don José una prueba tan clara de espíritu corporativo y de dedicación al trabajo. Lo pensó pero no lo hizo. Le dolía todo el cuerpo, como si le hubiesen arrastrado, golpeado y zarandeado, le dolían los músculos, le dolían las articulaciones, y no era por culpa de los muchos esfuerzos que tuvo que hacer como escalador y revienta puertas, cualquier persona sería capaz de percibir que se trata de dolores diferentes, Lo que yo tengo es gripe, concluyó.

Acababa de meterse en la cama cuando oyó llamar a la puerta de comunicación con la Conservaduría, sería algún colega caritativo que tomaba en serio el precepto cristiano de visitar a los enfermos y a los presos, no, un colega no podía ser, el intervalo del almuerzo todavía estaba lejos, obras de misericordia sólo fuera de las horas de servicio, Entre, dijo, no está cerrada con llave, la puerta se abrió y en el umbral apareció el subdirector a quien le había notificado su enfermedad, El jefe quiere saber si está tomando algún remedio mientras viene el médico, No señor, no dispongo de nada apropiado en casa, Entonces aquí tiene unas pastillas, Muchas gracias, si no le importa, para no tenerme que levantar, le pago después, cuánto le debo, Fue una orden del jefe, al jefe no se le pregunta cuánto se le debe, Ya lo sé, disculpe, Sería conveniente que tomase ya un comprimido, y el subdirector entró sin esperar respuesta, Pues sí, muchas gracias, es muy amable de su parte, don José no podía cerrarle el paso, decir Alto, usted aquí no entra, esto es una casa particular, en primer lugar porque no se habla en esos términos a un superior, en segundo lugar porque no había memoria en la tradición oral, ni registro escrito en los anales de la Conservaduría de que alguna vez un jefe se hubiera interesado por la salud de un escribiente hasta el punto de mandarle un propio con pastillas. El mismo subdirector estaba perplejo con la novedad, por iniciativa personal nunca lo hubiera hecho, en todo caso no perdió el norte, como quien sabe perfectamente a lo que viene y conoce los rincones de la casa, no es de extrañar, antes de las alteraciones urbanísticas del barrio, vivió en una casa como ésta. La primera cosa que notó fue la gran mancha húmeda en el suelo, Esto qué es, alguna infiltración, preguntó, don José estuvo tentado de responderle que sí para no tener que darle otras explicaciones, pero prefirió hablar de un descuido suyo, como pensó primero, sólo faltaría que viniera un fontanero a casa y después hiciese un informe al jefe declarando que las cañerías, a pesar de antiguas, no tenían ninguna responsabilidad en la aparición de la mancha de humedad. El subdirector venía ya con el vaso de agua y el comprimido, la misión de enfermero designado le dulcificaba la habitual expresión autoritaria de la cara, que le volvió súbitamente, acentuada por algo que podría clasificarse como de sorpresa ofendida, cuando, al aproximarse a la cama, descubrió las fichas escolares de la niña desconocida encima de la mesilla de noche. Don José se dio cuenta de la extrañeza del otro en el instante en que se producía y fue como si el mundo entero se desplomase. El cerebro despachó instantáneamente una orden a los músculos del brazo de ese lado, Quita eso de ahí, so estúpido, pero luego, con la misma rapidez, impulso eléctrico tras impulso eléctrico, enmendó la plana, por decirlo de alguna manera, como quien acaba de reconocer su propia estupidez, Por favor, no las toques, disimula, disimula. Por eso, con una presteza totalmente inesperada en quien se encuentra en el estado de depresión física y mental que es la primera consecuencia conocida de la gripe, don José se sentó en la cama fingiendo querer facilitar la caridad del subdirector, extendió un brazo para recibir el comprimido, que se llevó a la boca, y el agua para que pasara por la oprimida y angustiada garganta, al mismo tiempo que, aprovechando el hecho de que el colchón donde yacía se encontraba a la altura de la mesilla, tapaba las fichas con el codo del otro brazo, dejando después caer hacia delante el antebrazo, con la palma de la mano abierta, imperativa, como si ordenase al subdirector Alto ahí. Lo que le salvó fue la fotografía pegada en la ficha, es la diferencia más notable entre los certificados escolares y los de nacimiento y vida, lo que le faltaba a la Conservaduría General es recibir todos los años un retrato de los vivientes inscritos, y quien dice todos los años diría todos los meses, o todas las semanas, o todos los días, o una fotografía por hora, Dios mío, cómo pasa el tiempo, y el trabajo que daría, cuántos escribientes sería necesario reclutar, una fotografía cada minuto, cada segundo, la cantidad de pegamento, el gasto en tijeras, el cuidado en la selección del personal, de modo que quedaran excluidos los soñadores capaces de quedarse eternamente mirando un retrato, fantaseando como idiotas al paso de una nube. La cara del subdirector mostraba la expresión de sus peores días, cuando los papeles se acumulaban en todas las mesas y el jefe lo llamaba para preguntarle si realmente tenía la certeza de que estaba cumpliendo con su obligación. Gracias al retrato, no pensó que las fichas que estaban sobre la mesilla de noche del subordinado perteneciesen a la Conservaduría General, pero la premura con que don José las había tapado, sobre todo procediendo como si lo hiciera por casualidad o distraídamente, le pareció sospechosa, ya la mancha de humedad en el suelo le suscitó recelos, ahora eran unas fichas de modelo desconocido con retrato pegado, de niña, como aún podía ver. No lograba contar las fichas, dispuestas unas sobre otras, pero, por el volumen, no serían menos de diez, Diez fichas con retratos de jóvenes, qué cosa tan rara, qué hará esto aquí, pensó intrigado, y mucho más intrigado se quedaría si pudiera saber que las fichas pertenecían todas a la misma persona y que los retratos de las dos últimas ya eran de una adolescente, de cara seria aunque simpática. El subdirector dejó la caja de los comprimidos encima de la mesilla y se retiró. Cuando iba a salir, miró hacia atrás y vio al subordinado todavía con el codo tapando las fichas, Tengo que contárselo al jefe, se dijo a sí mismo. Apenas la puerta se cerró, don José con un movimiento brusco, como si tuviese miedo a ser sorprendido en falta, metió las fichas debajo del colchón. No había nadie allí para decirle que era demasiado tarde, y él no quería pensar en eso.

Es gripe, dijo el médico, tres días de baja para comenzar. Mareado, inseguro de piernas, don José se había levantado para abrir la puerta, Perdone que lo haya hecho esperar, señor doctor, es el resultado de vivir solo, el médico entró refunfuñando, Vaya tiempo infame, cerró el paraguas que goteaba, lo dejó a la entrada, Dígame de qué se queja, preguntó cuando don José, tiritando, acabó de meterse entre las sábanas, y, sin esperar a que le respondiese, dijo, Es gripe. Le tomó el pulso, le mandó abrir la boca, le aplicó velozmente el estetoscopio en el pecho y en la espalda, Es gripe, repitió, y está de suerte, podía ser neumonía, pero es gripe, tres días de baja para comenzar, luego ya veremos. Se acababa de sentar a la mesa para escribir la receta cuando la puerta de comunicación con la Conservaduría se abrió, estaba cerrada sólo con el picaporte, y el jefe apareció, Buenas tardes, doctor, Más exacto sería decir malas tardes, conservador, si fueran buenas tardes, yo estaría sentado confortablemente en el consultorio, en vez de andar por esas calles con el desgraciado tiempo que hace, Cómo va nuestro enfermo, preguntó el conservador, y el médico respondió, Le he dado tres días de baja, es sólo una gripe. En aquel momento no era sólo una gripe. Tapado hasta la nariz, don José temblaba como si tuviese un ataque de paludismo, hasta el punto de hacer vibrar la cama de hierro donde yacía, aunque el temblor, irreprimible, no le venía de la fiebre, sino de una especie de pánico, de una total desorientación del espíritu, El jefe, aquí, pensaba, el jefe en mi casa, el jefe que le preguntaba, Cómo se siente, Mejor, señor, Tomó los comprimidos que le mandé, Sí señor, Le hicieron efecto, Sí señor, Ahora dejará de tomar ésos y tomará los remedios que el doctor le haya recetado, Sí señor, A no ser que sean los mismos, déjeme ver, pues sí, son los mismos, aparte de unas inyecciones, yo me ocupo de esto. Don José no daba crédito a lo que tenía ante sus ojos, que la persona que doblaba la receta y la guardaba cuidadosamente en el bolsillo fuera realmente el jefe de la Conservaduría General. El jefe que a duras penas aprendiera a conocer nunca se comportaría de esa manera, no vendría en persona a interesarse por su estado de salud, y la posibilidad de que él mismo quisiera encargarse de la compra de los medicamentos de un escribiente sería simplemente absurda. Después necesitará un enfermero que le ponga las inyecciones, recordó el médico dejando la dificultad para quien estuviera dispuesto y fuese capaz de resolverla, no el pobre diablo griposo, esmirriado de delgado, con la barba canosa asomándole, como si no fuera suficiente la manifiesta incomodidad de la casa, aquella mancha de humedad en el suelo con todo el aspecto de haber sido causada por canalizaciones deficientes, cuántas tristezas de la vida podría con-

tar un médico, si no fuese por el secreto profesional, Pero le prohíbo que salga a la calle en este estado, remató, Yo me ocupo de todo, doctor, dijo
el conservador, telefoneo al enfermero de la Conservaduría, él compra los medicamentos y viene
aquí a poner las inyecciones, Ya no se encuentran
muchos jefes como usted, dijo el médico. Don José asintió ligeramente con la cabeza, era lo máximo que conseguía hacer, obediente y cumplidor,
sí, siempre lo había sido, y con cierto paradójico
orgullo de serlo, pero no rastrero ni servil, nunca
diría, por ejemplo, lisonjas imbéciles del tipo, Es
el mejor jefe de la Conservaduría, No hay en el
mundo otro igual, Se rompió el molde después de
que lo hicieran, Por él, a pesar de mis mareos, hasta subo aquella maldita escalera. Don José tiene
ahora otra preocupación, otra ansiedad, que el jefe
se vaya, que se retire antes que el médico, tiembla
imaginándose a solas con él, a merced de las preguntas fatales, Qué significa la mancha de humedad, Qué fichas eran esas que había sobre su mesilla
de noche, De dónde las sacó, Dónde las escondió,
De quién es el retrato. Cerró los ojos, dio al rostro
una expresión de insoportable sufrimiento, Dé-
jenme en paz en mi lecho de dolor, parecía supli-
car, pero los abrió de pronto, amedrentado, el médico había dicho, Sigo con la ronda, llámenme si
empeora, en cualquier caso podemos estar razonablemente tranquilos, de neumonía no se trata, Le
mantendremos al corriente, doctor, dijo el conservador, mientras acompañaba al médico. Don José
volvió a cerrar los ojos, oyó cerrarse la puerta, Es

ahora, pensó. Los pasos firmes del jefe se aproximaban, venían hacia la cama, se detuvieron, Ahora me está mirando, don José no sabía qué hacer, podría fingir que se había adormilado, levemente adormilado como se duerme un enfermo cansado, pero el temblor de los párpados denuncia la falsedad, también podría, mejor o peor, fabricar en la garganta un gemido lastimoso, de esos de romper el corazón, pero una gripe común no da para tanto, sólo un tonto se dejaría engañar, no este conservador, que conoce los reinos de lo visible y de lo invisible de carrerilla y salteado. Abrió los ojos y él estaba allí, a dos pasos de la cama, sin ninguna expresión en el rostro, simplemente observándolo. Entonces don José creyó haber tenido una idea salvadora, debía agradecer los cuidados de la Conservaduría General, agradecer con elocuencia, con efusión, tal vez de esa manera consiguiese evitar las preguntas, pero en el justo momento en que iba a abrir la boca para pronunciar la frase consabida, No sé cómo he de agradecerle, el jefe se volvió de espaldas, al mismo tiempo que pronunciaba una palabra, una simple palabra, Cuídese, fue lo que dijo en un tono que tenía tanto de condescendiente como de imperativo, sólo los mejores jefes son capaces de unir de forma armoniosa sentimientos tan contrarios, por eso cuentan con la veneración de los subordinados. Don José intentó, al menos, decir Muchas gracias, señor, pero el jefe ya había salido, cerrando delicadamente la puerta tras de sí, como en un cuarto de enfermo se debe hacer. Don José tiene dolor de cabeza, pero su dolor es casi nada si lo comparamos con el tumulto que lleva dentro. Don José se encuentra en un estado de confusión tal que su primer movimiento después de que el conservador saliera fue meter la mano debajo del colchón para verificar que las fichas todavía estaban allí. Más ofensivo para el sentido común fue su segundo movimiento, que le hizo levantarse de la cama y dar dos vueltas a la llave de la puerta de comunicación con la Conservaduría, como quien desesperadamente pone trancas después de que le hayan robado la casa. Acostarse de nuevo fue apenas el cuarto movimiento, el tercero había sido volverse atrás pensando, Y si al jefe se le ocurre reaparecer, en ese caso lo más prudente, para evitar sospechas, sería dejar la puerta cerrada sólo con el pestillo. Decididamente, a don José, si de un lado le sopla, del otro le hace viento.

Cuando el enfermero apareció ya era de noche. Cumpliendo la orden que había recibido del conservador, traía consigo los comprimidos y las ampollas recetadas por el médico, mas, para sorpresa de don José, traía igualmente un paquete que colocó con todo el cuidado encima de la mesa mientras decía, Todavía está caliente, espero no haber derramado nada, lo que significaba que contenía comida, como las palabras siguientes confirmaron, Sírvase antes de que se enfríe, pero primero vamos a nuestra inyección. A don José no le gustaban las inyecciones, mucho menos en la vena del brazo, de donde siempre tenía que apartar la vista, por eso se quedó tan satisfecho cuando el enfermero le dijo que el pinchazo iba a ser en el glúteo, este enfermero es una persona educada, de otro tiempo, acostumbra a usar el término glúteos en vez de nalgas para no chocar los escrúpulos de las señoras, y casi acabó por olvidar la designación corriente, pronunciaba glúteo incluso cuando trataba con enfermos para los que nalga no pasaba de un ridículo preciosismo de lenguaje y preferían la variante grosera de culo. La inesperada aparición de la comida y el alivio de no ser pinchado en el brazo desarmaron las defensas de don José, o simplemente no se acordó, o más simplemente aún no había notado que tenía los pantalones del pijama manchados de sangre a la altura de las rodillas, consecuencia de sus proezas nocturnas de escalador de colegios. El enfermero, ya con la jeringuilla preparada en el aire, en vez de decir Vuélvase, preguntó, Qué es eso, y don José, convertido por esta lección de la vida a la bondad definitiva de las inyecciones en el brazo, respondió instintivamente, Me caí, Hombre, vaya mala suerte que tiene, primero se cae, después coge una gripe, menos mal que tiene el jefe que tiene, gírese, después le echo una ojeada a esas rodillas. Debilitado de cuerpo, alma y voluntad, crispado hasta el último nervio, poco le faltó a don José para romper a llorar como un niño cuando sintió el pinchazo de la aguja y la lenta y dolorosa entrada del líquido en el músculo, Estoy hecho un trapo, pensó, y era verdad, un pobre animal humano febril, acostado en una pobre cama de una pobre casa, con la ropa sucia del delito escondida y una mancha de humedad en el suelo que nunca acaba de secarse. Póngase boca arriba, vamos a ver esas heridas, dijo el enfermero, y don José, suspirando, tosiendo, obedeció, volvió trabajosamente el cuerpo, y ahora, inclinando la cabeza hacia delante, pudo ver cómo el enfermero le remangaba las perneras de los pantalones, enrollándolas por encima de las rodillas, cómo le retiraba los esparadrapos sucios, vertiendo agua oxigenada sobre ellos y despegándolos poco a poco con mucho cuidado, felizmente es un profesional de primera, la cartera que transporta es un perfecto botiquín de primeros auxilios, tiene remedios para casi todo. Con las heridas a la vista, puso cara de no creer la explicación que don José le había dado, aquélla de la caída, su experiencia de desolladuras y contusiones hizo que comentara con inconsciente perspicacia, Pero hombre, parece que usted anduvo restregando las rodillas contra una pared, Ya le he dicho que me caí, Dio conocimiento de eso al jefe, No es asunto de trabajo, una persona puede tropezar sin tener que comunicárselo a los superiores, Excepto si el enfermero llamado para poner una inyección tiene que hacer una cura suplementaria, Que yo no le pedí, Sí señor, de hecho no me la pidió, pero si mañana tuviera una infección grave causada por estas heridas, quien carga con la culpa, por comportamiento negligente y falta de profesionalidad, soy yo, además, al jefe le gusta saberlo todo, es la manera que tiene de aparentar que no le da importancia a nada, Se lo diré mañana, Le aconsejo vivamente que lo haga, así el informe quedará corroborado, Qué informe, El mío, No veo qué importancia pueden tener unas simples heridas para mencionarlas en un informe, Incluso la herida más simple tiene importancia, Las mías, después de curadas, van a dejar unas cicatrices insignificantes, que con el tiempo desaparecerán, Sí, en el cuerpo las heridas cicatrizan, pero en el informe permanecen siempre abiertas, no se cierran ni desaparecen, No lo entiendo, Cuánto tiempo hace que usted trabaja en la Conservaduría General, Pronto hará veintiséis años, Cuántos jefes ha conocido hasta ahora, Contando con éste, tres, Por lo visto, nunca notó nada, Notar, qué, Por lo visto, nunca se percató de nada, No comprendo adónde quiere llegar, Es o no es verdad que los conservadores tienen poco trabajo, Es verdad, todo el mundo habla de eso, Pues sepa que la ocupación principal que tienen, en las muchas horas libres de que gozan, mientras el personal está trabajando, es colegir informaciones sobre los subordinados, toda especie de informaciones, lo hacen desde que la Conservaduría General existe, uno tras otro, desde siempre. El estremecimiento de don José no pasó desapercibido al enfermero, Tuvo un escalofrío, preguntó, Sí, tuve un escalofrío, Para que se quede con una idea más clara de lo que le estoy diciendo, hasta ese escalofrío debería constar en mi informe, Pero no constará, No, no constará, Supongo por qué, Dígamelo, Porque entonces debería escribir que el estremecimiento se produjo cuando me contaba que los jefes coleccionan informaciones sobre los funcionarios de la Conservaduría General, y el jefe querría saber a propósito de qué surgió esta conversación conmigo, y también cómo un enfermero consigue tener conocimiento de un asunto reservado, tan reservado que en veinticinco años de servicio en la Conservaduría General nunca había oído hablar de eso, Hay mucho de confidente en los enfermeros, aunque bastante menos que en los médicos, Pretende insinuar que el jefe suele hacerle confidencias, Ni él me las hace, ni yo insinúo que me las haga, simplemente recibo órdenes, Entonces sólo tiene que cumplirlas, Se equivoca, tengo que hacer algo más que cumplirlas, tengo que interpretarlas, Por qué, Porque entre lo que él manda y lo que él quiere hay generalmente una diferencia, Si le mandó venir aquí fue para que me pusiera una inyección, Ésa es la apariencia, Qué ha visto en este caso, además de la apariencia que tiene, Usted no es capaz de imaginar la cantidad de cosas que se descubren mirando unas heridas, Ver éstas ha sido pura casualidad, Hay que contar siempre con las puras casualidades, ayudan mucho, Qué cosas ha descubierto en mis heridas, Que anduvo restregando las rodillas contra una pared, Me caí, Ya me lo había dicho, Una información como ésa, suponiendo que fuera exacta, no iba a ser de gran provecho para el jefe, Que la aproveche o no la aproveche no es de mi incumbencia, yo me limito a rellenar los informes, De la gripe ya está informado, Pero no de las heridas de las rodillas, De aquella mancha de humedad en el suelo, tampoco, Pero no del escalofrío, Si no le queda nada más que hacer aquí, le ruego que se vaya, estoy cansado, necesito dormir, Tendrá que comer antes, no se olvide, ojalá que su cena, con la conversación, no se haya enfriado del todo, Cuerpo tendido aguanta mucha hambre, Pero no puede aguantarla toda, Fue el jefe quien le mandó traerme la comida, Conoce alguna persona más que lo hubiera podido hacer, Sí, si supiese dónde vivo, Quién es esa persona, Una mujer mayor que vive en un entresuelo, Heridas en las rodillas, un súbito e inexplicable estremecimiento, una vieja de un entresuelo, Derecha, Éste sería el informe más importante de mi vida si lo escribiese, No va a escribirlo, Sí, voy a escribirlo, pero sólo informando de que le puse una inyección en el glúteo izquierdo, Gracias por tratarme las heridas, De lo mucho que me enseñaron, fue lo que mejor aprendí. Después de que el enfermero hubiera salido, don José permaneció acostado todavía unos minutos, sin moverse, recuperando la serenidad y las fuerzas. El diálogo fue difícil, con trampas y puertas falsas surgiendo a cada paso, el más pequeño desliz podría haberlo arrastrado a una confesión completa, si no fuese porque su espíritu estaba atento a los múltiples sentidos de las palabras que cautelosamente iba pronunciando, sobre todo aquellas que parecen tener un único sentido, con ellas es necesario tener mucho cuidado. Al contrario de lo que se cree, sentido y significado nunca han sido lo mismo, el significado se queda aquí, es directo, literal, explícito, cerrado en sí mismo, unívoco, podríamos decir, mientras que el sentido no es capaz de permanecer quieto, hierve de segundos sentidos, terceros y cuartos, de direcciones radiales que se van dividiendo y subdividiendo en ramas y ramajes hasta que se pierden de vista, el sentido de cada palabra se parece a una estrella cuando se pone a proyectar mareas vivas por el espacio, vientos cósmicos, perturbaciones magnéticas, aflicciones.

En fin, don José salió de la cama, calzó los pies con unas zapatillas, se puso la bata que le servía también de manta supletoria en las noches frías. A pesar de que el hambre apretaba, abrió la puerta para mirar la Conservaduría. Percibía dentro de sí un desgarro extraño, una impresión de ausencia, como si hubiesen transcurrido muchos días desde la última vez que estuviera allí. Sin embargo, nada había mudado, veía el largo mostrador donde se atendía a los requirentes e impetrantes, debajo, los cajones que guardaban las fichas de los vivos, después las ocho mesas de los escribientes, las cuatro de los oficiales, las dos de los subdirectores, la gran mesa del jefe con la luz encendida suspendida en lo alto, las enormes estanterías subiendo hasta el techo, la oscuridad petrificada del lado de los muertos. A pesar de que no había nadie en la Conservaduría General, don José cerró la puerta con llave, no había nadie en la Conservaduría General, pero él cerró la puerta con llave. Gracias a las vendas nuevas que el enfermero le aplicó en las rodillas, podía andar mejor, no sentía tirantez en las heridas. Se sentó a la mesa, deshizo el paquete, había dos cazos sobrepuestos, el de encima con sopa, el de abajo con patatas y carne, todavía todo templado. Tomó la sopa con avidez, después, sin prisa, acabó la carne y las patatas. Lo que me salva es que el jefe sea como es, murmuró, recordando las palabras del enfermero, si no fuese por él, estaría ahora muriendo de hambre y de abandono, igual que un perro perdido. Sí, es lo que me salva, repitió como si necesitase convencerse de lo que acababa de decir. Ya reconfortado, tras pasar por el cubículo que servía de cuarto de baño, se metió en la cama. Estaba listo para rendirse al sueño cuando se acordó del cuaderno de apuntes en que había narrado los primeros pasos de su búsqueda. Escribo mañana, dijo, pero esta nueva urgencia era casi tan apremiante como la de comer, por eso fue a buscar el cuaderno. Luego, sentado en la cama, con la bata puesta, la chaqueta del pijama abotonada hasta el cuello, al abrigo de las mantas, continuó el relato a partir del punto donde se había quedado. El jefe dijo, Si no está enfermo, cómo explica entonces el mal trabajo que está haciendo en los últimos días, No sé, señor, tal vez sea porque estoy durmiendo mal. Con la ayuda de la fiebre, continuó escribiendo hasta bien entrada la madrugada.

No tres días, sino una semana, fue lo que necesitó don José para que le remitiera la fiebre y se le mitigara la tos. El enfermero acudió todos los días para ponerle la inyección y traerle comida, el médico un día sí, otro no, mas esta asiduidad extraordinaria, nos referimos a la del médico, no deberá inducirnos a juicios apresurados sobre una supuesta eficacia habitual de los servicios oficiales de salud y asistencia domiciliaria, ya que era consecuencia, simplemente, de la clarísima orden del jefe de la Conservaduría General, Doctor, tráteme a ese hombre como si me estuviera tratando a mí, es importante. El médico no atinaba con las razones del obvio trato de favor que le estaba siendo recomendado y mucho menos con la falta de objetividad de la opinión valorativa expresada, conocía de alguna visita profesional la casa del conservador, su manera confortable y civilizada de vivir, un mundo interior sin ninguna semejanza con el tugurio tosco de este don José permanentemente mal afeitado, y que parecía no tener sábanas para mudar. Sí, sábanas tenía don José, no era pobre hasta tal punto, pero, por motivos que sólo él conocía, rechazó secamente la propuesta del enfermero cuando éste se ofreció para mullir el colchón y sustituir las sábanas, que olían a sudor y a fiebre, En menos de cinco minutos le dejo la cama fresca, Estoy bien así, no se moleste, No es molestia, forma parte de mi trabajo, Ya le he dicho que estoy bien así. Don José no podía descubrir ante los ojos de nadie que escondía entre el colchón y el somier las fichas escolares de una mujer desconocida y un cuaderno de apuntes con el relato de su asaito al colegio donde ella había estudiado en el tiempo de niña y moza. Guardarlos en otro sitio, entre las carpetas de los recortes de gente famosa, por ejemplo, resolvería de inmediato la dificultad, pero la impresión de estar defendiendo un secreto con su propio cuerpo era demasiado fuerte, incluso exultante, para que don José se dispusiera a renunciar a ella. Para no tener que discutir otra vez el asunto con el enfermero, o con el médico, que, aunque sin hacer ningún comentario, ya había lanzado una mirada represora a las arrugadas sábanas y fruncido ostensiblemente la nariz ante el olor que desprendían, don José se levantó una de esas noches y, sacando fuerza de flaqueza, cambió él mismo las sábanas. Y para que ni el médico ni el enfermero pudiesen encontrar el menor pretexto para insistir en el asunto y, quién·sabe, dar parte al conservador del incorregible desaliño del escribiente, entró en el cuarto de baño, se afeitó, se lavó lo mejor que pudo, después sacó de un cajón un pijama viejo, pero limpio, y volvió a meterse en la cama. Tan satisfecho y repuesto se sentía que, como quien juega consigo mismo, decidió describir en el cuaderno de notas, explícitamente, todos los pormenores, los higiénicos arreglos y cuidados por los que acababa de pasar. Era la salud que ya quería volver, como el médico no tardó en anunciar al conservador, El hombre está curado, con dos días más podrá volver al trabajo sin peligro de recaída. El conservador sólo dijo, Muy bien, pero con aire distraído, como si estuviese pensando en otra cosa.

Curado estaba don José, pero había perdido mucho peso, no obstante el pan y el condumio que el enfermero le traía regularmente, es cierto que sólo una vez al día, aunque en cantidad más que suficiente para la manutención de un cuerpo adulto no sujeto a esfuerzos. Hay que tener en consideración, sin embargo, el efecto consuntivo de la fiebre y de los sudores sobre los tejidos adiposos, en particular cuando no abundaban antes, como era el caso. No estaban bien vistas en la Conservaduría General del Registro Civil las observaciones de carácter personal, principalmente las que tuviesen que ver con el estado de salud, por eso la delgadez y el aspecto lastimoso de don José no fueron objeto de comentario alguno por parte de los colegas y superiores, comentario oral, se quiere decir, ya que las miradas de todos ellos fueron bastante elocuentes en la común expresión de una especie de conmiseración desdeñosa, que otras personas, desconocedoras de las costumbres del lugar, habrían interpretado erróneamente como una discreta y silenciosa reserva. Para que se notase cómo le preocupaba haber estado ausente del servicio durante tantos días, don José fue el primero en colocarse por la mañana ante la puerta de la Conser vaduría, esperando la llegada del subdirector más reciente en el cargo, que era quien estaba encargado de abrirla, como encargado estaba de dejarla cerrada al final de la tarde. La llave original, obra de arte de un antiguo cincelador barroco y símbolo material de autoridad, de la que la llave del subdirector era apenas una copia austera y subalterna, se encontraba en posesión del conservador, que aparentemente nunca la usaba, sea por causa del peso y de la complejidad de los adornos, que la tornaban incómoda de transportar, sea porque, según un protocolo jerárquico no escrito y en vigor desde tiempos remotos, era obligatorio que él fuese el último en entrar en el edificio. Uno de los muchos misterios de la vida de la Conservaduría General, que realmente valdría la pena averiguar si el caso de don José y de la desconocida mujer no hubiese absorbido en exclusiva nuestras atenciones, es cómo se las arreglaban los funcionarios para, a pesar de los embotellamientos del tráfico que atormentan la ciudad, llegar al trabajo siempre por el mismo orden, primero los escribientes, sin distinción de antigüedad, después el subdirector que abre la puerta, a continuación los oficiales, manteniendo la precedencia, luego el subdirector más antiguo, y finalmente el conservador, que llega cuando tiene que llegar y no da satisfacciones a nadie. De todos modos, queda registrado el hecho.

El sentimiento de desdeñosa conmiseración que, como ha sido dicho, recibió el regreso de don José al trabajo duró hasta la entrada del conservador, media hora después de la apertura de los servicios, fue, acto continuo, sustituido por un sentimiento de envidia, comprensible a fin de cuentas, pero felizmente no manifestado con palabras o actos. Siendo el alma humana lo que sabemos, y no podemos jactarnos de saberlo todo, era de esperar. Ya en estos días corría en la Conservaduría la noticia, introducida por puertas laterales y rumoreada por las esquinas, de que el jefe se preocupaba de una manera inusual por la gripe de don José, llegando al extremo de mandarle comida con el enfermero, además de ir a verlo a casa por lo menos una vez, y ésa dentro de las horas de servicio, delante de toda la gente, faltaba saber si no habría repetido la visita. De modo que es fácil de imaginar el escándalo sordo del personal, sin distinción de categorías, cuando el conservador, antes incluso de dirigirse a su lugar, se detuvo al lado de don José y le preguntó si ya se encontraba completamente restablecido de la enfermedad. Todavía mayor fue el escándalo porque ésta era la segunda vez que tal acontecía, todos tenían presente en la memoria aquella otra ocasión, no hace tanto tiempo, en que el jefe había preguntado a don José si estaba mejor del insomnio, como si el insomnio de don José fuese, para el funcionamiento regular de la Conservaduría General, una cuestión de vida o muerte. Casi no creyendo lo que oían, los funcionarios asistieron a una conversación de igual a igual, absurda desde todos los puntos de vista, con don José agradeciendo las bondades del jefe, habiendo llegado incluso a referirse abiertamente a la comida, lo que, en el ambiente estricto de la Conserva-

duría, tenía que sonar forzosamente como una grosería, como una obscenidad, y el jefe explicando
que no podía dejarlo abandonado a la suerte mohí-
na de los que viven solos, sin tener quién les traiga
al menos una taza de caldo y les componga el embozo de la sábana, La soledad, don José, declaró
con solemnidad el conservador, nunca ha sido buena compañía, las grandes tristezas, las grandes tentaciones y los grandes errores resultan casi siempre
de estar solo en la vida, sin un amigo prudente a
quien pedirle consejo cuando algo nos perturba
más que lo normal de todos los días, Yo, triste, lo
que se llama propiamente triste, señor, no creo
serlo, respondió don José, tal vez mi naturaleza sea
un poco melancólica, pero eso no es defecto, y en
cuanto a las tentaciones, bueno, hay que decir que
ni la edad ni la situación me inclinan hacia ellas,
quiero decir, ni yo las busco ni ellas me buscan a
mí, Y los errores, Se refiere, señor, a los errores del
servicio, Me refiero a los errores en general, los
errores de servicio, más tarde o más pronto, el servicio los hace, el servicio los resuelve, Nunca he
hecho mal a nadie, por lo menos conscientemente, es todo lo que le puedo decir, Y los errores contra sí mismo, Debo de haber cometido muchos, a
lo mejor por eso me encuentro solo, Para cometer
otros errores, Sólo los de la soledad, señor. Don
José, que, como era su obligación, se había levantado al aproximarse el jefe, sintió de pronto que le
flojeaban las piernas y una ola de sudor le inunda-
ba el cuerpo. Palideció, las manos buscaron ansiosas el amparo de la mesa, pero ese apoyo no fue

suficiente, don José tuvo que sentarse en la silla mientras murmuraba, Disculpe, señor, disculpe. El conservador lo miró con expresión impenetrable durante algunos segundos y se dirigió a su lugar. Llamó al subdirector responsable del ala de don José, le dio una orden en voz baja, añadiendo, de forma audible, Sin pasar por el oficial, lo que significaba que las instrucciones que el subdirector acababa de recibir, destinadas a un escribiente, debían, contra las reglas, la costumbre y la tradición, ser ejecutadas por él mismo. Ya antes, cuando el conservador envió a este mismo subdirector a llevar los comprimidos a don José, la cadena jerárquica había sido subvertida, pero esa infracción todavía podría justificarse por la desconfianza de que el oficial respectivo fuese incapaz de desempeñar satisfactoriamente la misión, que no consistía tanto en llevar pastillas contra la gripe a un enfermo como en echar una ojeada a la casa y contarlo después. Un oficial encontraría perfectamente admisible, esto es, explicada por sí misma y por el tiempo invernal que entonces hiciera, la mancha de humedad en el suelo, y, probablemente, no poniendo atención a las fichas depositadas sobre la mesilla de noche, regresaría a la Conservaduría con la satisfacción del deber cumplido para comunicar al jefe, Todo normal. Hay que decir, sin embargo, que los dos subdirectores, y éste en particular, implicado en el proceso por la participación activa a que fue llamado, percibían que el procedimiento del conservador estaba determinado por un objetivo, por una estrategia, por una idea central. No podían imaginar en qué consistía esa idea y cuál era su objetivo, pero la experiencia y el conocimiento de la persona del jefe les decía que todas sus palabras y todos sus actos en este lance tenían que apuntar fatalmente a un fin, y que don José, colocado, por sí mismo o por circunstancias de la casualidad, en el camino, una de dos, o no pasaba de un inconsciente instrumento útil, o era, él mismo, su inesperada y a todas luces sorprendente causa. Raciocinios tan opuestos, sentimientos tan contradictorios, hicieron que la orden, por el tono en que fue comunicada a don José, se pareciera mucho más a un favor que el conservador le pedía que a las claras y terminantes instrucciones que efectivamente había dado, Don José, dijo el subdirector, el jefe opina que el estado de su salud todavía no es bastante bueno para que haya venido a trabajar, visto el desmayo de hace poco, No fue un desmayo, no llegué a perder los sentidos, fue apenas un mareo momentáneo, Mareo o desmayo, momentáneo o para durar, lo que la Conservaduría General quiere es que usted se restablezca por completo, Trabajaré sentado lo más posible, en pocos días estaré como antes, El jefe piensa que lo mejor sería solicitar unos días de vacaciones, no los veinte de golpe, claro, pero quizás unos diez, diez días reposando, con buena alimentación, descanso, dando pequeños paseos por la ciudad, están ahí los jardines, los parques, el tiempo que se pone de rosas, una convalecencia en serio, en fin, cuando vuelva no lo vamos a reconocer. Don José miró asombrado al subdirector, verdaderamente no era conversación que se mantuviese con un escribiente, este discurso tenía algo de indecente. Obviamente, el jefe quería que él se marchara de vacaciones, lo que por sí mismo ya era intrigante, pero es que además mostraba una preocupación insólita y desproporcionada por su salud. Nada de esto correspondía a los patrones de comportamiento de la Conservaduría General, donde los planes de vacaciones eran siempre calculados al milímetro, de modo que se lograra, por la ponderación de múltiples factores, algunos sólo conocidos por el jefe, una distribución justa del tiempo reservado al ocio anual. Que, saltándose el programa de vacaciones ya elaborado para el año que corría, el jefe mandase sin más ni menos a un escribiente a casa era cosa que nunca se había visto. Don José estaba confundido, se le notaba en la cara. Sentía en la espalda las miradas perplejas de los colegas, notaba la impaciencia creciente del subdirector ante lo que debía de parecerle una indecisión sin fundamento, y estaba a punto de decir Sí señor como quien simplemente obedece una orden, cuando de súbito la cara se le iluminó toda, acababa de ver lo que podrían significar para él diez días de libertad, diez días para investigar sin estar atado a la servidumbre de las horas de servicio, al horario de trabajo, qué parques, qué jardines, qué convalecencia, en el cielo esté quien inventó las gripes, por tanto fue sonriendo como don José dijo, Sí señor, debía haber sido más discreto en la expresión, nunca se sabe lo que un subdirector es capaz de decirle al jefe, En mi opinión, reaccionó de un modo extraño, primero daba la idea de estar contrariado, o no había comprendido bien lo que le decía, luego fue como si le hubiera tocado el primer premio en la lotería, no parecía la misma persona, Sabe si él juega, Creo que no, era una manera de hablar, Entonces el motivo habrá sido otro. Don José estaba diciéndole al subdirector, Realmente esos días me vendrán muy bien, debo agradecérselo al señor conservador, Yo le transmito su agradecimiento, Quizá debiera hacerlo personalmente, Sabe muy bien que no es ésa la costumbre, A pesar de todo, considerando lo excepcional del caso, dichas estas palabras, burocráticamente de las más pertinentes, don José giró la cabeza hacia donde estaba el conservador, no esperaba que él estuviera mirándolo, y menos aún que se hubiera percatado de toda la conversación, que era lo que sin duda pretendía mostrar con aquel gesto seco de la mano, al mismo tiempo displicente e imperioso, Déjese de agradecimientos ridículos, haga la solicitud y váyase.

En casa los primeros cuidados de don José fueron para la ropa guardada en el desván que le servía de armario. Si antes estaba sucia, ahora se había transformado en una completa inmundicia, desprendiendo un olor agrio mezclado con el vaho del moho, hasta verdines se veían en las vueltas de los pantalones, imagínese, un fardo de ropa húmeda, chaqueta, camisa, pantalones, calcetines, ropa interior, todo envuelto en una gabardina que en aquel entonces chorreaba agua, cómo tendría que estar todo esto una semana después. Metió la ropa

a bulto en una bolsa grande de plástico, se cercio-
ró de que las fichas y el cuaderno de apuntes con-
tinuaran encajados entre el colchón y el somier, en
la cabecera el cuaderno, a los pies las fichas, comprobó que la puerta de comunicación con la Conservaduría estaba cerrada con llave y, finalmente,
fatigado pero con el espíritu tranquilo, salió para
ir a una lavandería próxima de la que era cliente,
aunque no de los más asiduos. La empleada no
pudo o no quiso evitar una expresión de reproche
cuando vació y diseminó el contenido de la bolsa
sobre el mostrador, Perdone, si esto no ha estado
de remojo en barro, lo parece, Casi acierta, don
José, puestos a mentir, decidió hacerlo respetando
la lógica de las posibilidades, Hace dos semanas,
cuando traía esta ropa para limpiarla, se me rompió la bolsa y cayó toda al suelo, precisamente en
un sitio que era un barrizal debido a las obras de
la calle, acuérdese de que llovió mucho en esos días,
Y por qué no trajo la ropa en seguida, Porque caí
en la cama con gripe, sería un riesgo salir de casa,
podía coger una neumonía, Esto le va a costar
bastante más caro, tendremos que meterlo dos veces en la máquina, y así y todo, Qué le vamos a
hacer, Y estos pantalones, mire en qué estado dejó
los pantalones, no sé si realmente quiere que los
limpie, fíjese en las rodilleras, parece que anduvo
restregándose por una pared. Don José no se había percatado de la penuria a que quedaron reducidos sus pobres pantalones tras la escalada, medio
pulidos por las rodillas, con un pequeño roto en
una de las perneras, un perjuicio serio para una

persona como él, tan mal provista de ropa. No tienen remedio, preguntó, Remedio tienen, será cuestión de mandarlos a una zurcidora, No conozco ninguna, Podemos ocuparnos nosotros, pero sepa que no le va a salir nada barato, las zurcidoras cobran lo suyo, Siempre será mejor que quedarme sin pantalones, O ponerles un remiendo, Remendados sólo podría usarlos en casa, nunca para ir al trabajo, Claro, Soy funcionario de la Conservaduría General del Registro Civil, Ah, usted es funcionario de la Conservaduría, dijo la empleada de la lavandería con una modulación nueva de respeto en la voz, que don José creyó mejor pasar por alto, arrepentido de haber claudicado diciendo por primera vez dónde trabajaba, un profesional de asaltos nocturnos en serio no andaría por ahí sembrando pistas, imaginemos que esta empleada de lavandería está casada con el empleado de la ferretería donde don José compró el corta vidrios o con el de la carnicería donde compró la manteca, y que luego a la noche, en una de esas conversaciones banales con que los maridos y las mujeres entretienen la velada, salen a relucir estos pequeños episodios del cotidiano comercial, por mucho menos han ido otros criminales a la cárcel cuando se creían a salvo de cualquier sospecha. En todo caso, no parece que haya peligro aquí, salvo si se oculta una intención de abyecta delación en lo que la empleada está diciendo, con una sonrisa simpática, que por esta vez hará un precio excepcional, haciéndose cargo la lavandería del importe de la zurcidora, Es una atención especial que tenemos con usted, por ser funcionario de la Conservaduría, precisó. Don José agradeció educadamente, pero sin efusión, y salió. Iba descontento. Andaba dejando demasiados rastros por la ciudad, hablando con demasiadas personas, no era éste el tipo de investigación que había imaginado, a decir verdad no había imaginado nada, la idea se le ocurre ahora, la idea de buscar y encontrar a la mujer desconocida sin que nadie pueda percatarse de sus actividades, como si se tratase de una invisibilidad en busca de otra. En vez de ese secreto cerrado, de ese misterio absoluto, dos personas ya, la mujer del marido celoso y la señora del entresuelo derecha, tenían conocimiento de lo que estaba haciendo y eso, por sí solo, era un peligro, por ejemplo, vamos a suponer que cualquiera de ellas, con el laudable propósito de ayudar en las búsquedas, como corresponde a buenos ciudadanos, se presenta en la Conservaduría en su ausencia, Deseo hablar con don José, Don José no se encuentra de servicio, está de vacaciones, Ah, qué pena, le traía una información importante acerca de la persona que busca, Qué información, qué persona, don José no quería ni imaginar lo que vendría después, el resto de la conversación entre la mujer del marido celoso y el oficial, Encontré debajo de una tabla suelta de mi dormitorio un diario, Un periódico, No señor, un diario, de esos que a ciertas personas les gusta escribir, yo también tenía un diario antes de casarme, Y qué tenemos que ver nosotros con ese asunto, en la Conservaduría sólo nos interesa saber que las personas nacen y mueren, Tal vez el diario sea de algún pariente de la persona que don José investiga, No tengo información de que don José esté investigando a alguien, de cualquier modo no es cuestión que incumba a la Conservaduría General, la Conservaduría General no se mete en la vida particular de sus funcionarios, No es particular, don José me dijo que iba en representación de la Conservaduría, Espere un momento, que voy a llamar al subdirector, pero cuando el subdirector se aproximó al mostrador ya la señora mayor del entresuelo derecha hacía ademanes de retirarse, la vida le había enseñado que la mejor manera de defender los secretos propios es respetando los secretos ajenos, Cuando don José vuelva de las vacaciones, haga el favor de decirle que estuvo aquí la vieja del entresuelo derecha, No quiere dejar su nombre, No es preciso, él sabe de quién se trata. Don José podía respirar aliviado, la señora del entresuelo derecha era la discreción en persona, nunca diría al subdirector que acababa de recibir una carta de su ahijada, La gripe me ha trastornado la cabeza, pensó, son fantasías que no pueden suceder, no hay diarios escondidos bajo el entarimado, y no será ahora, después de un silencio de tantos años, cuando ella va a tener la ocurrencia de escribir una carta a la madrina, y menos mal que la vieja tuvo el sentido común de no decir cómo se llamaba, a la Conservaduría General le bastaría tirar de esa punta del hilo para descubrirlo todo en poco tiempo, la copia de las fichas, la falsificación de la credencial, para ellos sería tan simple como juntar piezas sueltas con un dibujo delante. Don

José se dirigió a casa, en este primer día no quiso seguir los consejos que el subdirector le había dado, los de pasear, ir al jardín a recibir el buen sol en su pálida cara de convaleciente, en una palabra, recuperar las fuerzas que la fiebre había consumido. Necesitaba decidir qué pasos le convendría dar a partir de ahora, pero necesitaba sobre todo sosegar una inquietud. Dejará su pequeña casa a merced de la Conservaduría, pegada a la ciclópea pared como si estuviese a punto de ser engullida por ella. Algún resto de fiebre debía de quedar aún en su desvaída cabeza para, de pronto, pensar que fue eso lo acontecido a las otras casas de los funcionarios, todas devoradas por la Conservaduría para que engordaran sus muros. Don José aceleró el paso, si al llegar la casa hubiera desaparecido, si hubiesen desaparecido con ella las fichas y el cuaderno de apuntes, no quería ni imaginar tal desgracia, reducidos a nada los esfuerzos de semanas, inútiles los peligros por los que había pasado. Se habrían congregado personas curiosas que le preguntarían si había perdido alguna cosa de valor en el desastre, y él respondería que sí, Unos papeles, y ellas volverían a preguntar, Acciones, Obligaciones, Títulos de crédito, es sólo en lo que piensa la gente común y sin horizontes de espíritu, sus pensamientos se centran en los intereses y ganancias materiales, y él volvería a decir que sí, pero dando mentalmente significados diferentes a esas palabras, serían las acciones que cometiera, las obligaciones que asumiera, los títulos de crédito que ganara.

La casa estaba allí, pero parecía mucho
más pequeña, o era la Conservaduría la que había
aumentado de tamaño en las últimas horas. Don
José entró bajando la cabeza, aunque no necesitaba inclinarse, el dintel de la puerta que daba a la
calle estaba a la altura de siempre, y a él no lo habían hecho crecer que se viese, físicamente, ni las
acciones ni las obligaciones ni los créditos. Fue a
escuchar junto a la puerta de comunicación, no
porque esperase oír del otro lado algún sonido de
voces, la costumbre en la Conservaduría era trabajar en silencio, sino para aquietar los sentimientos
de confusa sospecha que lo ocupaban desde que el
jefe le había mandado solicitar vacaciones. Después levantó el colchón de la cama, tomó las fichas
y las dispuso por orden de fechas sobre la mesa, de
más antigua a más reciente, trece pequeños rec-
tángulos de cartulina, una sucesión de rostros pasando de niña pequeña a niña mayor, del comienzo de una adolescencia a casi una mujer. Durante
aquellos años la familia se había mudado tres veces de casa, pero nunca tan lejos que fuese necesario cambiar de colegio. No valía la pena ponerse a
elaborar complicados planes de acción, la única cosa
que don José podía hacer ahora era ir a la dirección que constaba en la última ficha.

Fue al día siguiente por la mañana, pero decidió no subir a preguntar a los actuales ocupantes de la casa y a los otros inquilinos del edificio si conocían a la niña del retrato. Seguramente responderían que no la conocían, que vivían allí desde hacía poco tiempo o que no se acordaban, Comprenda, las personas van y vienen, realmente no recuerdo nada de esa familia, no vale la pena que le dé vueltas a la cabeza, y si alguien dijera que sí, que le parecía tener una idea vaga, añadiría a continuación que sus relaciones apenas habían sido las naturales entre personas de buena educación, No volvió a verlos, insistiría aún don José, Nunca más, después de que se mudaran nunca más los vi, Qué pena, Le he dicho todo lo que sabía, lamento no haberle sido más útil a la Conservaduría General. La fortuna de encontrar justo al principio a una señora del entresuelo derecha tan bien informada, tan próxima a las fuentes originales del caso, no podría acontecer dos veces, pero sólo mucho más tarde, cuando nada de lo que aquí se está relatando tenga ya importancia, don José descubrirá que la misma dichosa fortuna, en este episodio, había estado de un prodigioso modo a su favor, ahorrándole las consecuencias más desastrosas. No sabía él que uno de los habitantes del edificio era precisamente, por diabólica casualidad, uno de los subdirectores de la Conservaduría, puede adivinarse con facilidad la escena terrible, nuestro confiado don José llamando a la puerta, mostrando la ficha, quizá la falsa credencial, y la mujer que lo atiende diciéndole pérfidamente, Vuelva más tarde, cuando mi marido esté en casa, esos asuntos son de su incumbencia, y don José regresaría, con el corazón lleno de esperanzas, y se toparía con un airado subdirector que daría inmediata orden de prisión, en sentido propio se dice, no en el figurado, los reglamentos de la Conservaduría General del Registro Civil no admiten liviandades ni improvisaciones, y lo peor es que no los conocemos todos. Al haber resuelto, esta vez, como si el ángel de la guarda se lo hubiese recomendado con insistencia al oído, orientar sus averiguaciones hacia los comercios de las cercanías, don José se salvó, sin saberlo, del mayor desaire de su larga carrera de funcionario. Se contentó pues con mirar las ventanas de la casa donde la mujer desconocida vivió de pequeña y, para entrar bien en su piel de investigador auténtico, imaginó verla salir con la cartera de los libros para ir al colegio, caminar hasta la parada del autobús y ahí esperar, no merece la pena seguirla pisándole los talones, don José sabía perfectamente adónde se dirigía, tenía la pruebas competentes guardadas entre el colchón y el somier. Un cuarto de hora después salió el padre, toma la dirección contraria, por eso no acompaña a la hija cuando va al colegio, salvo si simplemente a este padre y a esta hija no les gusta andar juntos y ponen este pretexto, o ni siquiera lo ponen, habrá habido una especie de arreglo tácito entre los dos, para evitar que los vecinos noten la mutua indiferencia. Ahora sólo falta que don José tenga un poco más de paciencia, esperar que la madre salga para realizar las compras, como es costumbre en las familias, así sabrá hacia dónde le conviene dirigir sus pesquisas, el establecimiento comercial más próximo, pasados tres edificios, es aquella farmacia, pero don José duda, nada más entrar, que de aquí se pueda llevar alguna información útil, el empleado es un hombre joven y nuevo en la casa, él mismo lo dice, No la conozco, sólo llevo aquí dos años. Por tan poco don José no se va a desanimar, tiene lecturas de diarios y de revistas más que suficientes, además de la experiencia que la vida le viene dando, para comprender que estas investigaciones, hechas a la antigua usanza, cuestan mucho trabajo, y él es andar y andar, es recorrer calles y caminos, es subir escaleras, es llamar a las puertas, es bajar las escaleras, la misma pregunta mil veces hecha, las respuestas idénticas, casi siempre en tono reservado, No la conozco, Nunca he oído hablar de esa persona, sólo raramente sucede que venga de dentro un farmacéutico de más edad que oyó la conversación y es hombre de gran curiosidad, Qué desea, preguntó, Busco a una persona, respondió don José, al mismo tiempo que se llevaba la mano al bolsillo interior de la chaqueta para exhibir la credencial. No llegó a completar el movimiento, lo retuvo una súbita inquietud, esta vez no fue obra de ningún ángel de la guarda, lo que le hizo retirar la mano lentamente fue la mirada del farmacéutico, una mirada que más parecía un estilete, una broca perforadora, nadie lo diría, con aquella cara arrugada y aquellas canas, el resultado de mirar con tales ojos es poner en seguida en guardia a la más ingenua de las criaturas, probablemente por esta causa la curiosidad del farmacéutico nunca se da por satisfecha, cuanto más quiere saber, menos le cuentan. Así sucedió con don José. Ni presentó la credencial falsa ni dijo que venía de parte de la Conservaduría General, se limitó a sacarse de otro bolsillo la última ficha escolar de la muchacha, que en feliz hora se le ocurrió traer, Nuestro colegio necesita encontrar a esta señora debido a un diploma que no llegó a recoger en secretaría, don José asistía con placer, casi con entusiasmo, al ejercicio de capacidades inventivas que nunca imaginara tener, tan seguro de sí que no se dejó atrapar por la pregunta del farmacéutico, Y la están buscando tantos años después, Puede ser que no le interese, respondió, pero es obligación de la escuela hacer todo lo posible para que el diploma sea entregado, Y estuvieron esperando que ella apareciese todo este tiempo, A decir verdad, los servicios no se percataron del hecho, fue una lamentable falta de atención nuestra, un error burocrático, por decirlo de alguna manera, pero nunca es tarde para remediar un lapsus, Si la señora hubiera muerto, será demasiado tarde, Tenemos razones para pensar que ella vive, Por qué, Comenzamos consultando el registro, don José tuvo el cuidado de no pronunciar las palabras Conservaduría General, gracias a eso evitó, por lo menos en aquel momento, que el farmacéutico recordara que un subdirector de dicha Conservaduría General era su cliente y vivía tres portales más allá. Por segunda vez don José había escapado a la ejecución capital. Es cierto que el subdirector sólo de tarde en tarde entraba en la farmacia, esas compras, como todas las otras, con excepción de los preservativos, que el subdirector tenía el escrúpulo moral de adquirirlos en otro barrio, era la mujer quien las hacía, por eso no es fácil imaginar una conversación entre el farmacéutico y él, si bien no debe excluirse la posibilidad de otro diálogo, el farmacéutico diciéndole a la mujer del subdirector, Estuvo aquí un funcionario escolar que venía buscando a una persona que, tiempo atrás, vivió en la casa donde ustedes viven ahora, en cierto momento me habló de que había consultado el registro, pero, después de que se hubiera ido, encontré extraño que dijera registro en vez de Conservaduría General, parecía que ocultaba algo, hasta hubo un momento en que echó mano al bolsillo interior de la chaqueta como si se dispusiese a mostrarme alguna cosa, pero se arrepintió y corrigió, sacó de otro bolsillo una ficha de matrícula del colegio, le estoy dando vueltas a la cabeza para imaginar qué podría ser aquello, creo que debería hablar a su marido, nunca se sabe, con la maldad que anda por este mundo, A lo mejor es el mismo hombre que anteayer estuvo parado en la acera, mirando nuestras ventanas, Un tipo de mediana edad, un poco más joven que yo, con cara de haber estado enfermo hace poco, Ese mismo, Es lo que yo le digo, mi olfato nunca me ha engañado, está por nacer todavía quien me venda gato por liebre, Qué pena que no hubiera llamado a mi puerta, le diría que volviera al final de la tarde, cuando mi marido estuviese en casa, ahora sabríamos quién era el fulano y lo que pretendía, Voy a estar alerta por si acaso aparece de nuevo por aquí, Y yo no me olvidaré de contarle la historia a mi marido. Efectivamente no se olvidó, pero no la contó completa, sin querer omitió del relato un pormenor importante, quizá el más importante de todos, no dijo que el hombre que rondaba la casa tenía cara de haber estado enfermo hace poco tiempo. Habituado a relacionar las causas y los efectos, que en eso consiste, esencialmente, el sistema de fuerzas que rige desde el principio de los tiempos la Conservaduría General, allí donde todo estuvo, está y continuará estando para siempre ligado a todo, aquello que todavía está vivo con aquello que ya está muerto, aquello que va muriendo con aquello que viene naciendo, todos los seres a todos los seres, todas las cosas a todas las cosas, incluso cuando no parece que las una, a ello y ellas, más que aquello que a la vista los separa, el sagaz subdirector no habría dejado de recordar a don José, aquel escribiente que en los últimos tiempos, ante la inexplicable benevolencia del jefe, se ha comportado de un modo tan extraño. De ahí hasta desenredar la punta de la madeja y luego la madeja completa, habría un paso. Tal no acontecerá, sin embargo, a don José no volverán a verlo por estos sitios. De las diez tiendas de diferentes ramos a las que entró para hacer preguntas, contando con la farmacia, sólo en tres encontró a alguien que tuviese memoria de la muchacha y de los padres, el retrato de la ficha ayuda a la memoria, claro está, si es que simplemente no toma su lugar, es probable que las personas interrogadas apenas hubieran querido ser simpáticas, no decepcionar al hombre con cara de gripe mal curada que les hablaba de un diploma escolar de hace veinte años que no había sido entregado. Cuando don José llegó a casa, iba exhausto y desanimado, el primer intento de su nueva fase de investigación no le había apuntado ningún camino por donde continuar, bien al contrario, parecía colocarle frente a una pared intransitable. Se lanzó sobre la cama el pobre hombre preguntándose a sí mismo por qué no hacía lo que el farmacéutico le había dicho con mal disimulado sarcasmo, Yo, si estuviese en su lugar, ya habría resuelto el problema, Cómo, interrogó don José, Mirando en la guía de teléfonos, en los tiempos modernos es la manera más fácil de encontrar a alguien, Gracias por la sugerencia, pero eso ya lo hicimos, el nombre de esta señora no consta, respondió don José, creyendo que tapaba la boca al farmacéutico, pero éste volvió a la carga, Si es así, vaya a la Hacienda Pública, en Hacienda lo saben todo acerca de todo el mundo. Don José se quedó mirando al aguafiestas, intentó disimular el desconcierto, esto no se le había ocurrido a la señora del entresuelo derecha, al fin consiguió murmurar, Es una buena idea, voy a comunicársela al director. Salió de la farmacia furioso consigo mismo, como si en el último momento le hubiese faltado presencia de espíritu para responder a una ofensa, dispuesto a volver a casa sin más preguntas, pero después pensó resignado, El vino está servido, es necesario beberlo, no dijo como el otro, Quítenme de aquí este cáliz, vosotros lo que queréis es matarme. El segundo comercio fue una droguería, el tercero una carnicería, el cuarto una papelería, el quinto una tienda de artículos eléctricos, el sexto una de ultramarinos, la conocida rutina de los barrios, hasta el décimo establecimiento, felizmente tuvo suerte, después del farmacéutico nadie más le habló de hacienda o de guía telefónica. Ahora, acostado boca arriba, con las manos cruzadas bajo la cabeza, don José mira al techo y le pregunta, Qué podré hacer a partir de aquí, y el techo le responde, Nada, haber conocido su última dirección, quiero decir, la última dirección del tiempo que asistió al colegio, no te ha dado ninguna pista para continuar la búsqueda, claro que todavía puedes recurrir a las direcciones anteriores, pero sería una pérdida de tiempo, si los comerciantes de esa calle, que son los más recientes, no te ayudaron, cómo te ayudarían los otros, Entonces crees que debo desistir, Probablemente no tendrás otra salida, salvo que te decidas a preguntar en Hacienda, no debe de ser difícil, con esa credencial que tienes, además son funcionarios como tú, La credencial es falsa, De hecho, será mejor que no la uses, no me gustaría estar en tu piel si un día de éstos te sorprenden en flagrante, No puedes estar en mi piel, no eres más que un techo de estuco, Sí, aunque lo que estás viendo de mí también es una piel, además, la piel es todo cuanto queremos que los otros vean, debajo de ella ni nosotros mismos conseguimos saber quiénes somos, Esconderé la credencial, En tu caso, la rasgaba o la quemaba, La guardaré con los papeles del obispo, donde la tenía, Tú sabrás, No me gusta el tono con que lo dices, me suena a mal augurio, La sabiduría de los techos es infinita, Si eres un techo sabio, dame una idea, Sigue mirándome, a veces da resultado.

La idea que el techo dio a don José fue que interrumpiera las vacaciones y volviera al trabajo, Le dices al jefe que ya estás con fuerzas suficientes y le pides que te reserve el resto de los días para otra ocasión, esto en el caso de que todavía encuentres manera de salir del agujero en que te has metido, con todas las puertas cerradas y sin una pista que te oriente, El jefe va a encontrar extraño que un funcionario se presente al trabajo sin tener obligación y sin haber sido llamado, Cosas mucho más extrañas has estado tú haciendo en los últimos tiempos, Vivía en paz antes de esta obsesión absurda, andar buscando a una mujer que ni sabe que existo, Pero tú sí sabes que ella existe, el problema es ése, Mejor sería desistir de una vez, Puede ser, puede ser, en todo caso acuérdate de que no sólo la sabiduría de los techos es infinita, las sorpresas de la vida también lo son, Qué quieres decir con esa sentencia tan rancia, Que los días se suceden y no se repiten, Esa es más rancia aún, no me digas que en esos lugares comunes consiste la sabiduría de los techos, comentó desdeñoso don Jo-

sé, No sabes nada de la vida si crees que hay alguna cosa más que saber, respondió el techo, y se
calló. Don José se levantó de la cama, escondió la
credencial en el armario, entre los papeles del obispo, después buscó el cuaderno de apuntes y se puso a narrar los frustrantes sucesos de la mañana,
acentuando en particular los modos antipáticos
del farmacéutico y su afilada mirada. Al final del
relato, escribió, como si la idea hubiera sido suya,
Creo que lo mejor es volver al trabajo. Cuando estaba guardando el cuaderno debajo del colchón se
acordó de que no había almorzado, se lo dijo la
cabeza, no el estómago, con el tiempo y el descuido de comer las personas acaban por dejar de oír
el reloj del apetito. De continuar don José las vacaciones, no le importaría nada meterse en la cama el resto del día, quedarse sin comer, no cenar,
dormir toda la noche pudiendo ser, o refugiarse
en el sopor voluntario de quien ha decidido dar la
espalda a los hechos desagradables de la vida. Pero
tenía que alimentar el cuerpo para trabajar al día
siguiente, detestaba que la debilidad lo pusiese otra
vez a sudar frío y con ridículos mareos ante la conmiseración fingida de los colegas y la impaciencia
de los superiores. Batió dos huevos, les añadió unas
cuantas rodajas de chorizo, una buena pizca de sal
gruesa, puso aceite en una sartén, esperó que se
calentara hasta el punto justo, éste era su único ta-
lento culinario, el resto se resumía en abrir latas.
Se comió la tortilla despacio, en pedacitos geomé-
tricamente cortados, haciéndola rendir lo más posible, apenas para ocupar el tiempo, no por deleite

gastronómico. Sobre todo, no quería pensar. El imaginario y metafísico diálogo con el techo le sirvió para encubrir la total desorientación de su espíritu, la sensación de pánico que le producía la idea de que ya no tendría nada más que hacer en la vida si, como tenía razones para recelar, la búsqueda de la mujer desconocida había terminado. Sentía un nudo duro en la garganta, como cuando le reñían de pequeño y querían que llorase, y él resistía, resistía, hasta que por fin las lágrimas se le saltaban, como también comenzaban a saltársele ahora, por fin. Apartó el plato, dejó caer la cabeza sobre los brazos cruzados y lloró sin vergüenza, al menos esta vez no había nadie para reírse de él. Éste es uno de aquellos casos en que los techos nada pueden hacer para ayudar a las personas afligidas, tienen que limitarse a esperar allá arriba a que la tormenta pase, que el alma se desahogue, que el cuerpo se canse. Así le ocurrió a don José. Al cabo de unos minutos ya se sentía mejor, se enjugó bruscamente las lágrimas con la manga de la camisa y se fue a lavar el plato y el cubierto. Tenía la tarde entera ante él y nada que hacer. Pensó en visitar a la señora del entresuelo derecha, contarle más o menos lo que aconteciera, pero después consideró que no merecía la pena, ella le había dicho todo lo que sabía, y tal vez acabase preguntándole por qué demonios la Conservaduría General se esforzaba tanto a causa de una simple persona, de una mujer sin importancia, sería indecente falsedad responderle, además de estupidez rematada, que para la Conservaduría General del Registro Civil somos todos iguales, tal como el sol lo es para todos cuando nace, hay cosas que conviene no decir delante de un viejo si no queremos que él se nos ría en la cara. Don José recogió de un rincón de la casa un brazado de revistas y de periódicos antiguos, de los que ya había recortado noticias y fotografías, podía ser que algo interesante le hubiese pasado inadvertido, o que en ellos se comenzara a hablar de alguien que se presentaba como una aceptable promesa en los difíciles caminos de la fama. Don José volvía a sus colecciones.

De todos, el menos sorprendido fue el conservador. Habiendo, como de costumbre, entrado cuando todo el personal ya estaba en sus lugares y trabajando, paró durante tres segundos al lado de la mesa de don José, pero no pronunció palabra. Don José esperaba ser sometido a un interrogatorio directo sobre los motivos de su regreso anticipado al trabajo, pero el jefe se limitó a oír las explicaciones inmediatamente presentadas por el subdirector de la sección, a quien después despidió con un movimiento seco de la mano derecha, unidos y tensos los dedos índice y corazón, medio recogidos los restantes, lo que, según el código gestual de la Conservaduría, significaba que no estaba dispuesto a oír una palabra más del asunto. Confundido entre la primera expectativa de ser interrogado y el alivio de que lo hubieran dejado en paz, don José procuraba aclarar las ideas, concentrar los sentidos en el trabajo que el oficial le había puesto encima de la mesa, dos decenas de declaraciones de nacimiento cuyos datos deberían ser transcritos en las fichas y éstas archivadas en los ficheros del mostrador, en el competente orden alfabético. Era un trabajo simple, pero de responsabilidad, que, para don José, todavía débil de piernas y de cabeza, al menos tenía la ventaja de que se podía hacer sentado. Los errores de los copistas son los que menos disculpa tienen, no resuelve nada que nos digan, Me distraje, por el contrario, reconocer una distracción es confesar que se pensaba en otra cosa, en vez de tener la atención puesta en nombres y en fechas cuya suprema importancia les viene de ser ellos, en el caso presente, quienes dan existencia legal a la realidad de la existencia. Sobre todo el nombre de la persona que nació. Un simple error de transcripción, el cambio de la letra inicial de un apellido, por ejemplo, haría que la ficha se colocara fuera de su lugar, incluso muy lejos de donde debería estar, como inevitablemente tendría que acontecer en esta Conservaduría General del Registro Civil, donde los nombre son muchos, por no decir que son todos. Si el escribiente que, en tiempos pasados, copió en una ficha el nombre de don José hubiese escrito Xosé, equivocado mentalmente por una semejanza de pronunciación que casi alcanza la coincidencia, sería el colmo de los trabajos dar con la desorientada ficha para inscribir en ella cualquiera de los tres registros corrientes y comunes, el de matrimonio, el de divorcio, el de muerte, dos más o menos evitables, el otro nunca. Por eso don José va copiando con prudentísimo cuidado, letra a letra, las comprobaciones de vida de los nuevos seres que le fue-

ron confiados, ya lleva transcritas dieciséis declaraciones de nacimiento, ahora atrae hacia sí la de-
cimoséptima, prepara la ficha, y la mano de pronto le tiembla, los ojos vacilan, la piel de la frente se
cubre de sudor. El nombre que tiene frente a él, de
un individuo de sexo femenino, es, en casi todo,
idéntico al de la mujer desconocida, sólo en el último apellido existe una diferencia, y, aun así, la
primera letra es la misma. Se dan, por tanto, todas
las probabilidades de que esta ficha, llevando el
nombre que lleva, tenga que ser archivada a continuación de la otra, por eso don José, como quien ya
no puede dominar más la impaciencia al aproximarse el momento de un encuentro muy deseado,
se levantó de la silla apenas acabó de hacer el registro, corrió al cajón respectivo del fichero, fue
pasando los dedos nerviosos por encima de las fichas, buscó, encontró el lugar. La ficha de la mujer desconocida no estaba allí. La palabra fatal re-
lampagueó inmediatamente dentro de la cabeza
de don José, la fulminante palabra, Murió. Porque
don José tiene la obligación de saber que la ausencia de una ficha del archivo significa irremisible-
mente la muerte de su titular, son incontables las
fichas que él mismo, en veinticinco años de funcionario, retiró de aquí y transportó al archivo de
los muertos, pero ahora se niega a aceptar la evidencia, que sea ése el motivo de la desaparición,
algún descuidado e incompetente colega cambió
la ficha de lugar, tal vez esté un poco más delante, un poco más atrás, don José, por desesperación, quiere engañarse a sí mismo, nunca, en tantos

y tantos siglos de Conservaduría General, una ficha de este archivo estuvo colocada fuera de su sitio, sólo hay una posibilidad, una sola, de que la mujer aún esté viva, es que su ficha se encuentre temporalmente en poder de uno de los otros escribientes para cualquier asentamiento nuevo, Tal vez se haya vuelto a casar, pensó don José, y, durante un instante, la inesperada contrariedad que le causó la idea le mitigó la perturbación. Después, casi sin darse cuenta de lo que hacía, puso la ficha que había copiado de la declaración de nacimiento en el lugar de la que desapareciera y, con las piernas trémulas, volvió a su mesa. No podía preguntar a los colegas si tendrían, por casualidad, la ficha de la señora, no podía andar alrededor de sus mesas mirando de soslayo los papeles en los que trabajaban, no podía hacer nada aparte de vigilar el cajón del fichero, para ver si alguien iba a reintegrar en su sitio el pequeño rectángulo de cartulina distraído de allí por equivocación o por un motivo menos rutinario que la muerte. Las horas fueron pasando, la mañana dio lugar a la tarde, lo que don José consiguió digerir del almuerzo fue casi nada, alguna cosa tendrá en la garganta para que tan fácilmente le surjan estos nudos, estas estrecheces, estas angustias. En todo el día ningún colega abrió aquel cajón del fichero, ninguna ficha desencaminada encontró el camino de regreso, la mujer desconocida estaba muerta.

Esa noche don José volvió a la Conservaduría. Llevaba consigo la linterna de bolsillo y un rollo de cien metros de cuerda resistente. La linterna contenía una pila nueva, para varias horas de duración de uso continuo, pero don José, más que escarmentado por las dificultades que se vio obligado a enfrentar durante su peligrosa aventura de escalada y robo en el colegio, había aprendido que en la vida todas las precauciones son pocas, principalmente cuando se abandonan las vías rectas del proceder honesto para encaminarse por los atajos tortuosos del crimen. Imagínese que la minúscula lámpara se funde, imagínese que la lente que la protege y que intensifica la luz se suelta del encaje, imagínese que la linterna, con pila, lente y lámpara intactas, se cae en un agujero al que no llega ni con el brazo ni con un gancho, entonces, a falta del auténtico hilo de Ariadna, que no se atreve a usar a pesar de que nunca se cierra con llave el cajón de la mesa del jefe donde, con una linterna potente, se encuentra guardado para las ocasiones, don José utilizará un rústico y vulgar rollo de cuerda comprado en la droguería que le hará las veces y que reconducirá al mundo de los vivos a aquel que, en este momento, se prepara para entrar en el reino de los muertos. Como funcionario de la Conservaduría General, don José dispone de toda la legitimidad para acceder a cualquier documento de registro civil, que es, no sería necesario repetirlo, la propia sustancia de su trabajo, por tanto alguien podrá extrañarse de que, al notar la falta de la ficha, no hubiese dicho al oficial de quien depende, Voy adentro a buscar la ficha de una mujer que ha muerto. La cuestión es que no bastaría anunciarlo, tendría que dar una razón administrativamente fundada y burocráticamente lógica, el oficial no dejaría de preguntar, Para qué la quiere, y don José no podría responderle, Para tener la certeza de que está muerta, adónde iría a parar la Conservaduría General si comenzase a satisfacer estas y otras curiosidades, no sólo morbosas sino también improductivas. Lo peor que podrá resultar de la expedición nocturna de don José será que no consiga encontrar los papeles de la mujer desconocida en el caos que es el archivo de los muertos. Claro que, en principio, tratándose de un óbito reciente, los papeles deberán estar en lo que vulgarmente se designa entrada, pero aquí el problema comienza en la imposibilidad de saber, exactamente, dónde está la entrada del archivo de los muertos. Será demasiado simple decir, como insisten optimistas recalcitrantes, que el espacio de los muertos empieza necesariamente donde acaba el espacio de los vivos y viceversa, tal vez en el mundo exterior las cosas, de alguna manera, pasen así, dado que, salvo acontecimientos excepcionales, aunque no tan excepcionales cuanto nos gustaría, como son las catástrofes naturales o los conflictos bélicos, no es habitual que se vea en las calles a los muertos mezclados con los vivos. Ahora bien, por razones estructurales, y no sólo, en la Conservaduría General esto puede acontecer. Puede acontecer, y acontece. Ya habíamos explicado antes que, de tiempo en tiempo, cuando la congestión causada por la acumulación continua e irresistible de los muertos comienza a impedir el paso de los funcionarios por los corredores y, en consecuencia, a dificultar cualquier investigación documental, no hay más remedio que echar abajo la pared del fondo y volver a levantarla unos cuantos metros atrás. Sin embargo, por un involuntario olvido nuestro, no se mencionaron entonces los dos efectos perversos de esa congestión. En primer lugar, durante el tiempo en que la pared está siendo construida, es inevitable que las fichas y los expedientes de los muertos recientes, por falta de espacio propio en el fondo del edificio, se vayan aproximando peligrosamente y rocen, del lado de acá, los expedientes de los vivos que se encuentran ordenados en la parte extrema interior de las respectivas estanterías, dando origen a una franja de delicadas situaciones de confusión entre los que aún están vivos y los que ya están muertos. En segundo lugar, cuando la pared se encuentra levantada y el techo prolongado, y ya el archivo de los muertos puede volver a la normalidad, esa misma confusión, fronteriza, por decirlo así, tornará imposible, o por lo menos pernicioso en alto grado, el transporte, para la tiniebla del fondo, de la totalidad de los muertos intrusos, con perdón de la impropia palabra. Se añade aún a estos no pequeños inconvenientes la circunstancia de que los dos escribientes más jóvenes, sin que el jefe o los colegas lo sospechen, no tienen reparos, de vez en cuando, sea por deficiencia de su formación profesional, sea por graves carencias en su ética personal, en soltar en cualquier parte un muerto, sin darse el trabajo de ir allá adentro para ver si habría o no un espacio libre. Si esta vez la suerte no estuviera del lado de don José, si no le favoreciera el azar, la aventura del asalto a la escuela, comparada con la que aquí le espera, a pesar de lo arriesgada que fue, habría sido un paseo.

Podría preguntarse para qué le servirá a don José una cuerda tan larga, de cien metros, si la extensión de la Conservaduría General, a pesar de las sucesivas ampliaciones, todavía no pasa de los ochenta. Es una duda propia de quien imagina que todo en la vida se puede hacer siguiendo cuidadosamente una línea recta, que es siempre posible ir de un lugar a otro por el camino más corto, tal vez algunas personas, en el mundo exterior, juzguen haberlo conseguido, pero aquí, donde los vivos y los muertos comparten el mismo espacio, a veces hay que dar muchas vueltas para encontrar a uno de éstos, hay que rodear montañas de legajos, columnas de procesos, pilas de fichas, macizos de restos antiguos, avanzar por desfiladeros tenebrosos, entre paredes de papel sucio que se tocan allá en lo alto, son metros y metros de cordel los que tendrán que ser extendidos, dejados atrás, como un rastro sinuoso y sutil trazado en el polvo, no hay otra manera de saber por dónde queda que pasar, no hay otra manera de encontrar el camino de regreso. Don José anudó una punta de la cuerda a una pata de la mesa del jefe, no lo hizo por falta de respeto, sino para ganar unos cuantos metros, se ató la otra punta al tobillo y, soltando tras de sí, en el suelo, el rollo que a cada paso se va desliando, avanzó por uno de los corredores centrales del archivo de los vivos. Su plan es comenzar la búsqueda por el espacio del fondo, allí donde deberán estar el expediente y la ficha de la mujer desconocida, aunque, por las razones ya expuestas, sea poco probable que el depósito haya sido efectuado de forma correcta. Como funcionario de otro tiempo, educado según los métodos y las disciplinas de antaño, al carácter estricto de don José le repugnaría pactar con la irresponsabilidad de las nuevas generaciones, comenzando la busca en el lugar donde sólo por una deliberada y escandalosa infracción de las reglas archivísticas básicas un muerto podría haber sido depuesto. Sabe que la mayor dificultad con la que tendrá que luchar es la falta de luz. Quitando la mesa del jefe, sobre la cual continúa brillando tenuemente la lámpara de siempre, la Conservaduría está, toda ella, a oscuras, sumergida en densas tinieblas. Encender otras lámparas a lo largo del edificio, incluso siendo desmayadas como son, sería demasiado arriesgado, un policía cuidadoso al hacer la ronda del barrio, o un buen ciudadano, de esos que se preocupan por la seguridad de la comunidad, podrían advertir a través de las altas ventanas la difusa claridad y darían la alarma inmediatamente. Don José no tendrá por tanto más luz que le valga que el débil círculo luminoso que, al ritmo de los pasos, pero también por el temblor de la mano que sostiene la linterna, oscila ante él. Es que hay una gran diferencia entre venir al archivo de los muertos durante las horas normales de trabajo, con la presencia, detrás, de los colegas que, a pesar de poco solidarios, como se ha visto, siempre acudirían en caso de peligro real o de irresistible crisis nerviosa, sobre todo mandándolo el jefe, Vaya a ver lo que le pasa a aquél, y aventurarse solo, en medio de una negra noche, por estas catacumbas de la humanidad, cercado de nombres, oyendo el susurrar de los papeles, o un murmullo de voces, quién los podrá distinguir.

Don José alcanzó el final de los estantes de los vivos, busca ahora un paso para alcanzar el fondo de la Conservaduría General, en principio, y según como fue proyectada la ocupación del espacio, éste tendría que desarrollarse a lo largo de la bisectriz longitudinal de la planta, aquella que imaginariamente divide el trazado rectangular del edificio en dos partes iguales, pero los desmoronamientos de expedientes, que siempre están sucediendo por más que se empujen las masas de papeles, convertirán algo que estaba destinado a ser acceso directo y rápido en una red compleja de caminos y veredas, donde a cada momento surgen los obstáculos y los callejones sin salida. Durante el día, y con todas las luces encendidas, aún es relativamente fácil que el investigador se mantenga en la dirección correcta, basta ir atento, vigilante,

tener el cuidado de seguir por los senderos donde
se vea menos polvo, que ésa es la señal de que por
allí se pasa con frecuencia, hasta hoy, a pesar de algunos sustos y de algunas preocupantes demoras,
no se ha dado ni un solo caso de que un funcionario no haya regresado de la expedición. Pero la luz
de la linterna de bolsillo no merece confianza, parece que va creando sombras por su propia cuenta,
don José, ya que no osa servirse de la linterna del
conservador, debía haberse comprado una de esas
modernas, potentísimas, que son capaces de iluminar hasta el fin del mundo. Es cierto que el
miedo de perderse no lo amilana demasiado, hasta
cierto punto la tensión constante de la cuerda atada al tobillo lo tranquiliza, pero, si se pone a dar
vueltas por aquí, a andar en círculos, a envolverse
en el capullo, acabará por no poder dar un paso
más, tendrá que volver para atrás, comenzar de nuevo. Y ya algunas veces lo tuvo que hacer por otro
motivo, cuando la cuerda, demasiado fina, se introdujo entre las montañas de papeles y se quedó
atascada en las esquinas, y ahí ni para atrás ni para
adelante. Por todos estos problemas y enredos, se
comprende que el avance tenga que ser lento, que de
poco le sirva a don José el conocimiento que tiene
de la topografía de los sitios, tanto más que ahora
mismo se desmorona una enorme rima de expedientes que obstruía hasta la altura de un hombre
lo que tenía todo el aspecto de ser el camino seguro, levantando una densa nube de polvo, en medio
de la cual revolotean espantadas las polillas, casi
transparentes por el foco de la linterna. Don José de-

testa estos bichos, que a primera vista se diría que han sido puestos en el mundo de adorno, de la misma manera que detesta los lepismas que también proliferan por aquí, son ellos, todos, los voraces culpables de tantas memorias destruidas, de tanto hijo sin padres, de tanta herencia caída en las ávidas manos del estado debido a falta de habilitación legal, por más que se jure que el documento comprobatorio fue comido, manchado, roído, devorado por la fauna que infesta la Conservaduría General, y que por una simple cuestión de humanidad eso debería ser tenido en cuenta, desgraciadamente no hay quien convenza al procurador de las viudas y de los huérfanos, que debería estar a favor de ellas y de ellos, pero que no está, O el papel aparece o no hay herencia. En cuanto a las ratas, no vale la pena hablar de su capacidad destructora. En todo caso, a pesar de los numerosos estragos que causan, también tienen estos roedores su lado positivo, si ellos no existiesen la Conservaduría General ya habría reventado por las costuras, o tendría el doble de longitud. A un observador desprevenido podrá sorprender cómo aquí no se multiplican las colonias de ratones hasta la aniquilación total de los archivos, sobre todo considerando la imposibilidad más que patente de una desinfección cien por cien eficaz. La explicación, aunque haya quien alimente algunas dudas sobre su total pertinencia, estaría en la falta de agua o de una suficiente humedad ambiental, estaría en la dieta seca a que los bichos se encuentran sujetos por el medio en que escogieron vivir o donde la mala suerte los trajo, de lo que habría resultado una atrofia notoria de la musculatura genital con consecuencias muy negativas en el ejercicio de la cópula. Contrariando esta tentativa de explicación, hay quien insiste en afirmar que los músculos no tienen nada que ver con el asunto, lo que significa que la polémica continúa abierta.

Entre tanto, cubierto de polvo, con pesados harapos de telas de araña pegados al pelo y a los hombros, don José alcanzó por fin el espacio libre existente entre los últimos papeles archivados y la pared del fondo, separados todavía por unos tres metros y formando un corredor irregular, más estrecho cada día que pasa, que une las dos paredes laterales. La oscuridad, en este lugar, es absoluta. La débil claridad exterior que aún logra atravesar la capa de suciedad que cubre por dentro y por fuera los tragaluces laterales, en particular los últimos de cada lado, que son los más próximos, no consigue llegar hasta aquí debido a la acumulación vertical de los atados de documentos, que casi alcanza el techo. En cuanto a la pared del fondo, toda ella, es inexplicablemente ciega, es decir, no tiene siquiera un simple ojo de buey que ahora venga en ayuda de la escasa luz de la linterna. Nunca nadie pudo entender la tozudez de la corporación de arquitectos que, amparándose en una poco convincente justificación estética, se opuso a modificar el proyecto histórico y autorizar la apertura de ventanas en la pared cuando es necesario desplazarla, a pesar de que un lego en la materia sería capaz de percibir que simplemente se trata de satisfacer una necesidad funcional. Ellos deberían estar aquí ahora, refunfuñó don José, así sabrían lo que cuesta. Las rimas de papeles dispuestas a un lado y a otro del paso central tienen alturas diferentes, la ficha y el expediente de la mujer desconocida podrán estar en cualquiera de ellas, en todo caso con mayores probabilidades de ser encontrados en una de las rimas más bajas, si la ley del mínimo esfuerzo fuera preferida por el escribiente encargado del depósito. Desgraciadamente no faltan en esta nuestra desorientada humanidad espíritus tan retorcidos que no sería de extrañar que al funcionario que archivó el expediente y la ficha de la mujer desconocida, si es que efectivamente los trajo aquí, se le ocurriese la idea maliciosa, sólo por gratuita ojeriza, de apoyar precisamente en la rima de papeles más alta la enorme escalera de mano usada en este servicio y colocarlos encima, en el tope de todo, así son las cosas de este mundo.

Con método, sin precipitaciones, hasta pareciendo recordar los gestos y los movimientos de la noche que pasó en la buhardilla del colegio, cuando la mujer desconocida probablemente aún estaba viva, don José comenzó la búsqueda. Había por aquí mucho menos polvo cubriendo los papeles, lo que es fácil de comprender si se tiene en cuenta que no pasa ni un solo día sin que sean traídos expedientes y fichas de personas fallecidas, lo que, en lenguaje imaginativo, pero de un mal gusto evidente, sería lo mismo que decir que en el fondo de la Conservaduría General del Registro Civil los muertos están siempre limpios. Sólo allá en lo alto, donde los papeles, como ya ha sido dicho, casi alcanzan el techo, el polvo cribado por el tiempo se va tranquilamente asentando sobre el polvo que el tiempo cribó, hasta el punto de que es necesario desempolvar, sacudir con fuerza las carpetas de los expedientes que se encuentran arriba, si queremos saber de quiénes tratan. De no descubrir en los niveles inferiores lo que busca, don José tendrá que sacrificarse nuevamente a subir una escalera de mano, pero esta vez no necesitará estar encaramado más que un minuto, no tendrá tiempo de marearse, de un vistazo el foco de la linterna le mostrará si algún expediente ha sido colocado allí en los últimos días. Situándose el fallecimiento de la mujer desconocida, con alta probabilidad, en un lapso de tiempo asaz corto, correspondiente, día más, día menos, según cree don José, a uno de los periodos en que estuvo ausente del trabajo, primero la semana de gripe, después las brevísimas vacaciones, la verificación de los documentos en cada una de las pilas puede ser efectuada con bastante rapidez, y aunque la muerte de la mujer hubiese ocurrido antes, inmediatamente después del día memorable en que la ficha fue a parar a las manos de don José, incluso así el tiempo transcurrido no es tanto que los documentos se encuentren ahora archivados debajo de un número excesivo de otros expedientes. Este reiterado examen de las situaciones que vienen surgiendo, estas continuas reflexiones, estas ponderaciones minuciosas sobre lo claro y lo oscuro, sobre lo directo y lo laberíntico, sobre lo limpio y lo sucio, pasan, todas ellas, tal cual se relata, en la cabeza de don José. El tiempo empleado en explicarlas o, hablando con más rigor, en reproducirlas, aparentemente exagerado, es la consecuencia inevitable, no sólo de la complejidad, tanto de fondo como de forma, de los factores mencionados, sino también de la naturaleza muy especial de los circuitos mentales de nuestro escribiente. Que va a pasar ahora por una dura prueba. Paso a paso, avanzando a lo largo del estrecho corredor formado, como se dijo, por las rimas de documentos y por la pared del fondo, don José se ha aproximado a una de las paredes laterales. En principio, abstractamente, a nadie se le ocurriría considerar estrecho un corredor como éste, con su confortable anchura de casi tres metros, pero si esta dimensión se piensa en relación con la largura del corredor, el cual, se repite una vez más, va de pared lateral a pared lateral, entonces tendremos que preguntarnos cómo es posible que don José, al que sabemos propenso a serias perturbaciones de índole psicológica, como es el caso de los vértigos y de los insomnios, no haya sufrido hasta ahora, en este cerrado y sofocante espacio, un violento ataque claustrofóbico. La explicación quizá se encuentre, precisamente, en el hecho de que la oscuridad no le deja percatarse de los límites de ese espacio, que tanto pueden estar aquí como allí, teniendo visible apenas, frente a él, la familiar y tranquilizadora masa de papeles. Don José nunca estuvo aquí tanto tiempo, lo normal es llegar, colocar los documentos de una vida terminada y luego volver a la seguridad de la mesa de trabajo, y si es cierto que, en esta ocasión, desde que entró en el archivo de los muertos, no puede sustraerse a una impresión inquietante, como de una presencia que lo rodea, lo atribuye a ese difuso temor de lo oculto e ignoto a que tienen humanísimo derecho hasta las más valerosas de las personas. Miedo, lo que se llama miedo, don José no lo tuvo hasta el momento en que llegó al final del corredor y se encontró con la pared. Se agachó para examinar unos papeles caídos en el suelo, que bien podían ser los de la mujer desconocida, tirados a boleo por el funcionario indiferente, y, de pronto, antes incluso de tener tiempo para examinarlos, dejó de ser don José escribiente de la Conservaduría General del Registro Civil, dejó de tener cincuenta años, ahora es un pequeño José que comienza a ir a la escuela, es el niño que no quería dormirse porque todas las noches tenía una pesadilla, obsesivamente la misma, este canto de pared, este muro cerrado, esta prisión, y más allá, en el otro extremo del corredor, oculta por la tiniebla, nada más que una pequeña y simple piedra, una pequeña piedra que crecía lentamente, que él no podía ver ahora con sus ojos, pero que la memoria de los sueños soñados le decía que estaba allí, una piedra que engordaba y se movía como si estuviese viva, una piedra que rebosaba por los lados y por arriba, que subía por las paredes y que avanzaba hacia él arrastrándose, enrollada sobre sí misma, como si no fuese piedra sino barro, como si no fuese barro sino sangre espesa. El niño salía de la pesadilla gritando cuando

la masa inmunda le tocaba los pies, cuando el ga-
rrote de la angustia estaba a punto de estrangular-
lo, pero don José, pobre de él, no puede despertar
de un sueño que ya no es suyo. Encogido contra la
pared como un perro asustado, apunta con la mano trémula el foco de la linterna hacia la otra punta del corredor, sin embargo la luz no va tan lejos,
se queda a medio camino, más o menos donde se
encuentra el paso al archivo de los vivos. Piensa
que si diera una carrera rápida podría escapar de la
piedra que avanza, pero el miedo le dice, Ten cuidado, cómo sabes tú que no está parada allí, es-
perándote, vas a caer en la boca del lobo. En el
sueño, el avance de la piedra iba acompañado por
una música extraña que parecía nacida del aire,
pero aquí el silencio es absoluto, total, tan espeso
que engulle la respiración de don José, de la misma
manera que la tiniebla engulle la luz de la linterna.
Que la engulló por completo ahora mismo. Fue
como si la oscuridad, bruscamente, hubiese avanzado para pegarse como una ventosa en la cara de
don José. La pesadilla del niño, sin embargo, había terminado. Para él, entienda quien pueda el
alma humana, el hecho de no ver las paredes de la
cárcel, las próximas y las distantes, era lo mismo
que si no estuvieran, era como si el espacio se hubiese ensanchado, libre, hasta el infinito, como si
las piedras no fuesen más que el mineral inerte de
que están hechas, como si el agua fuese simplemente la razón del barro, como si la sangre corriese
sólo dentro de sus venas y no fuera de ellas. Ahora no es una pesadilla de la infancia lo que asusta

a don José, lo que le paraliza de miedo es otra vez el
pensamiento de que podrá quedarse muerto en
este canto, como cuando, hace tanto tiempo, imaginó que se podría caer de otra escalera, muerto
aquí sin papeles en medio de los papeles de los
muertos, aplastado por la tiniebla, por la avalan-
cha que no tardará en precipitarse desde lo alto, y
que mañana lo descubrirán, Don José faltó al servicio, dónde estará, Ha de aparecer, y cuando un
colega venga a trasladar otros expedientes y otras
fichas, allí lo encontrará, expuesto a la luz de una
linterna mejor que esta que tan mal le sirvió cuando más necesitaba de ella. Pasaron los minutos
que tenían que pasar para que don José, poco a poco, comenzase a percibir dentro de sí una voz que
decía, Hombre, hasta ahora, quitando el miedo,
no te ha sucedido nada malo, estás ahí sentado, intacto, es cierto que la linterna se te ha apagado,
pero tú para qué necesitas una linterna, tienes la
cuerda atada al tobillo, presa por la otra punta a
la pata de la mesa del jefe, estás seguro, igual que
un nascituro ligado por el cordón umbilical al útero
de la madre, no es que el jefe sea tu madre ni tu
padre, pero en fin, las relaciones entre las personas,
aquí, son complicadas, lo que debes pensar es que
las pesadillas de la infancia nunca se realizan, mucho menos se realizan los sueños, aquello de la
piedra era realmente horrible, pero es indudable
que tiene una explicación científica, como cuando
soñabas que volabas sobre los huertos, subiendo,
bajando, flotando con los brazos abiertos, acuérdate, era una señal de que estabas creciendo, la pie-

dra también tuvo su función, si hay que vivir la experiencia del terror entonces que sea pronto mejor que tarde, además de eso tienes la obligación de saber que estos muertos no son en serio, es una exageración macabra llamar a esto su archivo, si los papeles que tienes en la mano son los de la mujer desconocida, son papeles y no huesos, son papeles y no carne putrefacta, ése fue el prodigio obrado por tu Conservaduría General, transformar en meros papeles la vida y la muerte, es cierto que quisiste encontrar a esa mujer pero no llegaste a tiempo, ni siquiera eso fuiste capaz de conseguir, o quizá querías y no querías, dudabas entre el deseo y el temor como le sucede a tanta gente, bastaba con que hubieses ido a Hacienda, no faltó quien te lo aconsejase, se acabó, lo mejor es dejarla estar, ya no hay más tiempo para ella y el fin del tuyo está por llegar.

Rozando la inestable pared formada por los expedientes, con mucho cuidado para que no se le vengan encima, don José, lentamente, se levanta. La voz que le hiciera aquel discurso le decía ahora cosas como éstas, Hombre, no tengas miedo, la oscuridad en que estás metido aquí no es mayor que la que existe dentro de tu cuerpo, son dos oscuridades separadas por una piel, apuesto que nunca habías pensado en ello, transportas todo el tiempo de un lado para otro una oscuridad, y eso no te asusta, hace un instante poco faltó para que te pusieses a dar gritos sólo porque imaginaste unos peligros, sólo porque te acordaste de la pesadilla de cuando eras pequeño, querido amigo, tienes que aprender a vivir con la oscuridad de fuera como aprendiste a vivir con la oscuridad de dentro, ahora levántate de una vez, por favor, guarda la linterna en el bolsillo, que no te sirve de nada, guarda los papeles, ya que insistes en llevártelos, entre la chaqueta y la camisa, o entre la camisa y la piel que es más seguro, agarra la cuerda con firmeza, enróllala a medida que vayas avanzando para que no se te enrede en los pies, y ahora hala, no seas cobarde, que es lo peor de todo. Rozando levemente todavía la pared de papel con el hombro, don José aventuró dos pasos tímidos. Las tinieblas se abrieron como un agua negra, cerrándose tras él, otro paso, otro más, cinco metros de cuerda ya han sido levantados del suelo y enrollados, a don José le vendría bien poder disponer de una tercera mano que fuese palpando el aire por delante, pero el remedio es simple, bastará que suba a la altura de la cara las dos manos que tiene, una que irá enrollando, otra que irá siendo enrollada, es el principio de la devanadora.

Don José casi está saliendo del corredor, unos pasos más y estará a salvo de un nuevo asalto de la piedra de la pesadilla, la cuerda ahora se resiste un poco pero es buena señal, significa que está presa, junto al suelo en la esquina del paso que lleva al archivo de los vivos. Durante todo el camino hasta llegar, extrañamente, como si alguien los estuviese lanzando desde arriba, fueron cayendo papeles y papeles sobre la cabeza de don José, despacio, uno, otro, otro, como una despedida. Y cuando, por fin, llegó a la mesa del jefe, cuando, antes incluso de desatar la cuerda, se sacó de debajo de la camisa el expediente que recogiera del suelo, cuando lo abrió y vio que era el de la mujer desconocida, su conmoción fue tan fuerte que no le dejó oír el ruido de la puerta de la Conservaduría, como si alguien acabase de salir.

Que el tiempo psicológico no corresponde al tiempo matemático lo había aprendido don José de la misma manera que adquirió en su vida algunos otros conocimientos de diferente utilidad, en primer lugar, naturalmente, gracias a sus propias vivencias, que no es él persona, a pesar de que nunca haya pasado de escribiente, de andar por este mundo sólo viendo andar a los otros, sino también por el influjo formativo de unos cuantos libros y revistas de divulgación científica dignos de confianza, o de fe, según el sentimiento de la ocasión, e incluso, digámoslo, de una u otra ficción de género introspectivo popular, donde, con diferentes métodos y añadidos de imaginación, igualmente se abordaba el asunto. En ninguna de las ocasiones anteriores, sin embargo, había experimentado la impresión real, objetiva, tan física como una súbita contracción muscular, de la efectiva imposibilidad de medir ese tiempo que podríamos llamar del alma, como en el momento en que, ya en casa, mirando una vez más la fecha del fallecimiento de la mujer desconocida, quiso, vagamente, situarla en el tiempo transcurrido desde que iniciara la búsqueda. A la pregunta, Qué estaba usted haciendo ese día, podría dar él una respuesta prácticamente inmediata, le bastaría consultar el calendario, pensar sólo como don José, el funcionario de la Conservaduría que estuvo ausente del trabajo por enfermedad, Ese día me encontraba en cama, con gripe, no fui al trabajo, diría él, pero si a continuación le preguntasen, Relaciónelo ahora con su actividad de investigador y dígame cuándo fue eso, entonces ya tendría que consultar el cuaderno de apuntes que guardaba bajo el colchón, Fue dos días después de mi asalto al colegio, respondería. De hecho, tomando como buena la fecha de óbito inscrita en la ficha que lleva su nombre, la mujer desconocida había muerto dos días después del deplorable episodio que transformó en delincuente al hasta ahí honesto don José, pero estas confirmaciones cruzadas, la del escribiente por la del investigador, y la del investigador por la del escribiente, en apariencia más que suficientes para hacer coincidir el tiempo psicológico de uno con el tiempo matemático del otro, no los aliviaban, a éste y a aquél, de una impresión de vertiginosa desorientación. Don José no se encuentra en los últimos peldaños de una escalera altísima, mirando hacia abajo y observando cómo éstos se van tornando cada vez más estrechos hasta reducirse a un punto al tocar el suelo, pero es como si su cuerpo, en lugar de reconocerse uno y entero en la sucesión de los instantes, se encontrase repartido a lo largo de la duración de estos últimos días, de la duración psicológica o subjetiva, no de la matemática o real, y con ella se contrajera y dilatara. Soy definitivamente absurdo, se reprendía don José, el día ya tenía veinticuatro horas cuando se decidió que las tuviera, la hora tiene y siempre tuvo sesenta minutos, los sesenta segundos del minuto vienen desde la eternidad, si un reloj comienza a retrasarse o a adelantarse no es por defecto del tiempo, sino de la máquina, por tanto yo debo tener la cuerda averiada. La idea lo hizo sonreír blandamente, No siendo el desajuste por lo que sé, en la máquina del tiempo real, sino en la mecánica psicológica que lo mide, lo que tendría que hacer es procurarme un psicólogo que me reparase la ruedecilla. Sonrió otra vez, después se puso serio, El caso tiene una fácil solución, es más, ha quedado solucionado por naturaleza, la mujer está muerta, no se puede hacer otra cosa, guardaré el expediente y la ficha si me quiero quedar con un recuerdo palpable de esta aventura, para la Conservaduría General será como si la persona no hubiese llegado a nacer, probablemente nadie necesitará estos papeles, también puedo dejarlos en cualquier parte del archivo de los muertos, a la entrada, junto con los más antiguos, aquí o allí da lo mismo, la historia es igual para todos, nació, murió, a quién va a interesarle ahora quién haya sido, los padres, si la querían, la llorarán durante un tiempo, después llorarán menos, después dejarán de llorar, es lo acostumbrado, al hombre del que se divorció tanto le dará, es cierto que ella podría tener actualmente una relación sentimental, vivir con alguien, o estar a punto de casarse otra vez, pero eso sería la historia de un futuro que ya no podrá ser vivido, no hay nadie en el mundo

a quien le interese el extraño caso de la mujer desconocida. Tenía delante el expediente y la ficha,
tenía también las trece fichas de la escuela, el mismo nombre repetido trece veces, doce imágenes
diferentes de la misma cara, una de ellas repetida,
mas todas ellas muertas en el pasado, ya muertas
antes de haber muerto la mujer en que después se
convertirán, las viejas fotografías engañan mucho,
nos dan la ilusión de que estamos vivos en ellas, y
no es cierto, la persona a quien estamos mirando
ya no existe, y ella, si pudiese vernos, no se reco-
nocería en nosotros, Quién será este que me está
mirando con cara de pena, diría. Entonces, de
pronto, don José se acordó de que había otro retrato, el que la señora del entresuelo derecha le
había dado. Sin esperarlo, acababa de encontrar
la respuesta a la pregunta de a quién podría inte-
resar el extraño caso de la mujer desconocida.

Don José no esperó al sábado. Al día siguiente, cerrada la Conservaduría General, fue a la
lavandería para recoger la ropa que había mandado
limpiar. Oyó distraído a la concienzuda empleada,
que le decía, Fíjese bien en este trabajo de zurcido,
fíjese, pase los dedos por encima y dígame si nota
alguna diferencia, es como si no hubiese ocurrido
nada, así suelen hablar las personas que se contentan con las apariencias. Don José pagó, se puso el
paquete debajo del brazo y se fue a casa a mudar-
se de ropa. Iba a visitar a la señora del entresuelo
derecha y quería estar limpio y presentable, aprovechar no sólo el trabajo perfecto de la zurcidora,
realmente merecedor de alabanzas, sino también la

raya rigurosa de los pantalones, el reluciente plan-
chado de la camisa, la recuperación milagrosa de la
corbata. Se disponía a salir cuando un morboso
pensamiento le pasó por la cabeza, que es, hasta
donde se sabe, el único órgano pensante al servicio
del cuerpo, Y si la señora del entresuelo derecha
también ha muerto, verdaderamente no parecía
vender salud, además, para morir basta estar vivo,
y con esa edad, se imaginó tocando el timbre, una
vez, otra vez, y al cabo de mucha insistencia oír
abrirse la puerta de entresuelo izquierda y aparecer
una mujer diciendo, enfadada con el ruido, No se
canse, no hay nadie, Está fuera, Está muerta, Muerta, Exactamente, Y cuándo ha sido eso, Hace unos
quince días, usted quién es, Soy de la Conservaduría General del Registro Civil, Pues no parece que
su servicio funcione muy bien, es de la Conservaduría y no sabe que ella ha muerto. Don José se
llamó a sí mismo obsesivo pero prefirió resolver el
asunto allí mismo, en vez de tener que soportar la
mala educación de la mujer del entresuelo izquierda. Entraría en la Conservaduría y en menos de un
minuto verificaría en el fichero, a estas horas las
dos empleadas de la limpieza ya habrían terminado el trabajo, tampoco necesitan mucho tiempo,
se limitan a vaciar los cestos de los papeles, barren
y enjuagan ligeramente el suelo hasta los estantes
de detrás de la mesa del jefe, es imposible conven-
cerlas, por las buenas o por las malas, de que vayan
más allá, tienen miedo, dicen que ni muertas, también éstas son de las que se contentan con las apariencias, qué se le va a hacer. Después de haber ido

a la ficha de la mujer para recordar el nombre de la señora del entresuelo derecha, su madrina de bautismo, don José entreabrió la puerta con todo cuidado y acechó, como previera, las empleadas de la limpieza ya no estaban, entró, fue rápidamente al fichero y buscó el nombre, Aquí está, dijo, y respiró aliviado. Volvió a casa, acabó de arreglarse y salió. Para utilizar el autobús que le llevaría hasta cerca de la casa de la señora del entresuelo derecha, tenía que ir a la plaza de enfrente de la Conservaduría, la parada estaba allí. A pesar de lo avanzado del atardecer, flotaba aún sobre la ciudad mucha de la luz del día que quedaba en el cielo, antes de veinte minutos, por lo menos, no comenzarían a encenderse las farolas de la iluminación pública. Don José esperaba el autobús con algunas otras personas, lo más probable era que no pudiese ir en el primero que pasase. Efectivamente, así aconteció. Mas un segundo autobús apareció en seguida y éste no venía lleno. Don José entró a tiempo de conseguir lugar al lado de una ventanilla. Miró afuera, notando cómo la difusión de la luz en la atmósfera, por un efecto óptico nada común, iluminaba de un tono rojizo las fachadas de los edificios, como si para cada una de ellas el sol estuviese naciendo en ese instante. Allí estaba la Conservaduría General, con su puerta antiquísima, y los tres escalones de piedra negra que le daban acceso, las cinco ventanas alargadas de la delantera, toda la finca con un aire de ruina inmovilizada en el tiempo, como si la hubiesen momificado en vez de restaurarla cuando la degradación de los materiales lo reclamaba. Alguna dificultad del tráfico impedía al autobús ponerse en marcha. Don José se sentía nervioso, no quería llegar demasiado tarde a casa de la señora del entresuelo derecha. A pesar de la conversación que habían tenido, tan plena, tan franca, a pesar de ciertas confidencias intercambiadas, algunas inesperadas en personas que acababan de conocerse, no quedaron tan íntimos como para llamar a la puerta a horas impropias. Don José miró otra vez la plaza, la luz había mudado, la fachada de la Conservaduría General de pronto se volvió gris, pero de un gris todavía luminoso que parecía vibrar, estremecer, y entonces fue cuando, al mismo tiempo que el autobús finalmente arrancaba, desviándose despacio hacia el carril de circulación, un hombre alto, corpulento, subió los escalones de la Conservaduría, abrió la puerta y entró. El jefe, murmuró don José, qué hará en la Conservaduría a estas horas. Impelido por un súbito e inexplicable pánico, se levantó bruscamente del asiento, hizo un movimiento para salir, provocando un gesto de sorpresa e irritación en el pasajero de al lado, después volvió a sentarse, desconcertado consigo mismo. Sabía que el impulso era correr a casa, como si tuviera que protegerla de un peligro, lo que evidentemente sería un absurdo lógico. Un ladrón, imaginando, ya puestos, otro absurdo, que el jefe lo fuese, no entraría por la puerta de la Conservaduría para llegar a la suya. Pero también rozaba el absurdo que el jefe, después de acabada la jornada, hubiese vuelto a la Conservaduría, donde, como en este relato quedó a su debido tiempo aclarado, no tendría ningún trabajo a la espera, don José pondría las manos en el fuego por eso. Suponer que el jefe de la Conservaduría fuera a hacer horas extraordinarias sería más o menos lo mismo que pretender imaginar un círculo cuadrado. El autobús ya abandonó la plaza, y don José continúa rebuscando los motivos profundos que lo habían impelido a proceder de aquella desorientada manera. Acabó decidiendo que la razón radicaría en el hecho de haberse habituado, desde hace unos cuantos años, a ser el único residente nocturno del conjunto de edificios formado por la Conservaduría General y su casa, si es que ésta era merecedora de que le diesen el nombre de edificio, sin duda adecuado desde un punto de vista lingüístico riguroso, pues edificio es todo cuanto fue edificado, pero obviamente impropio en comparación con esa especie de dignidad arquitectónica que de la palabra parece emanar, sobre todo cuando la pronunciamos. Haber visto entrar al jefe en la Conservaduría lo impresionaba del mismo modo que se impresionaría, pensó, si cuando volviera a casa, lo encontrase sentado en su sillón. La relativa tranquilidad que esta idea aportó a don José, esto es, sin contar con pertinentes y moralmente embarazosas consideraciones, la imposibilidad física y material de que el jefe penetrara en la intimidad de los aposentos de su subordinado hasta el punto de usar su sillón, se deshizo de repente cuando se acordó de las fichas escolares de la mujer desconocida y se preguntó si las había guardado bajo el colchón o, por descuido, las dejara expuestas sobre la mesa. Aunque su casa fuese tan segura como la caja fuerte de un banco, con cerraduras cifradas y blindaje reforzado en el suelo, techo y paredes, las fichas jamás de los jamases deberían haberse quedado a la vista. El hecho de que no hubiera allí nadie para verlas no sirve de disculpa a la gravísima imprudencia cometida, qué sabemos nosotros, ignorantes como somos, hasta dónde pueden alcanzar ya los avances de la ciencia, de la misma manera que las ondas, que nadie ve, consiguen llevar los sonidos y las imágenes por aires y vientos, saltando las montañas y los ríos, atravesando los océanos y los desiertos, tampoco será nada extraordinario que ya estén descubiertas o inventadas, o vengan a serlo mañana, unas ondas lectoras y unas ondas fotográficas capaces de atravesar las paredes y registrar y transmitir hacia el exterior casos, misterios y vergüenzas de nuestra vida que creíamos a salvo de indiscreciones. Esconderlos, los casos, los misterios y las vergüenzas bajo un colchón, todavía sigue siendo el proceso de ocultación más seguro, sobre todo si tenemos en consideración la dificultad cada vez mayor que las costumbres de hoy manifiestan cuando quieren entender las costumbres de ayer. Por muy expertas que fuesen esa onda lectora y esa onda fotográfica, meter la nariz entre un colchón y un somier es algo que nunca se les pasaría por la cabeza.

Es sabido cómo nuestros pensamientos, tanto los de inquietud como los de satisfacción, y otros que no son ni de esto ni de aquello, acaban, más tarde o más pronto, por cansarse y aburrirse de sí mismos, es sólo cuestión de dar tiempo al tiempo, es sólo dejarlos entregados al perezoso devaneo que les viene de naturaleza, no lanzar a la hoguera ninguna reflexión nueva, irritante o polémica, tener, sobre todo, el supremo cuidado de no intervenir cada vez que ante un pensamiento ya de por sí dispuesto a distraerse se presente una bifurcación atractiva, un ramal, una línea de desvío. O intervenir, sí, aunque sólo para impelirle con delicadeza por la espalda, principalmente si es de aquellos que incomodan, como si le aconsejáramos, Vete por ahí, que vas bien. Eso fue lo que hizo don José cuando le surgió aquella descabellada y providencial fantasía de la onda fotográfica y de la onda lectora, acto seguido se abandonó a la imaginación, la puso a mostrarle las ondas invasoras rebuscando en todo el cuarto tratando de hallar las fichas, que al final no se habían quedado sobre la mesa, perplejas y avergonzadas por no poder cumplir la orden que habían recibido, Ya saben, o encuentran las fichas y las leen y las fotografían, o regresamos al espionaje clásico. Don José todavía pensó en el jefe, pero se trató de un pensamiento residual, simplemente el que le era útil para encontrar una explicación aceptable al hecho de que hubiera vuelto a la Conservaduría fuera de las horas reglamentarias del servicio, Se olvidó de alguna cosa que le hacía falta, no puede haber otro motivo. Sin darse cuenta, repitió en voz alta la última parte de la frase, No puede haber otro motivo, provocando por segunda vez la desconfianza del pasajero que viajaba a su lado, cuyos pensamientos, a la luz del movimiento que lo hizo mudar de lugar, inmediatamente se tornaron claros y explícitos, Este tipo está loco, apostamos que con estas o semejantes palabras lo pensó. Don José no notó la retirada del vecino de asiento, pasó sin transición a ocuparse de la señora del entresuelo derecha, ya la tenía ante sí, en el umbral de la puerta, Se acuerda de mí, soy de la Conservaduría General, Me acuerdo muy bien, Vengo a causa del asunto del otro día, Encontró a mi ahijada, No, no la encontré, o mejor dicho, sí, esto es, no, quiero decir, me gustaría tener una conversación con usted, si no le importa, si tiene un momento disponible, Entre, yo también tengo alguna cosa que contarle. Con más o menos palabras, fueron éstas las frases que don José y la señora del entresuelo derecha pronunciaron en el momento en que ella abrió la puerta y vio a aquel hombre, Ah, es usted, exclamó, por tanto él no precisaba preguntar, Se acuerda de mí, soy de la Conservaduría General, pero a pesar de eso no se resistió a hacer la pregunta, hasta tal punto constante, hasta tal punto imperiosa, hasta tal punto exigente parece ser esta nuestra necesidad de ir por el mundo diciendo quién somos, incluso cuando acabamos de oír, Ah, es usted, como si por habernos reconocido nos conociesen y no hubiera nada más que saber de nosotros, o lo poco que todavía quedara no mereciese el trabajo de una pregunta nueva.

No se había modificado la pequeña sala, la silla donde don José se sentara la primera vez se encontraba en el mismo sitio, la distancia entre ella y la mesa era la misma, las cortinas pendían de la misma manera, hacían los mismos pliegues, era también idéntico el gesto de la mujer al descansar las manos en el regazo, la derecha sobre la izquierda, sólo la luz del techo parecía un poco más pálida, como si la lámpara estuviese llegando al fin. Don José preguntó, Cómo sigue desde mi visita, y luego se recriminó por la falta de sensibilidad, peor aún, por la rematada estupidez de la que estaba dando muestras, tenía la obligación de saber que las reglas de educación elemental no siempre deben seguirse al pie de la letra, hay que tener en cuenta las circunstancias, hay que ponderar cada caso, imaginemos que la mujer le responde ahora con una sonrisa abierta, Felizmente muy bien, de salud, lo mejor posible, de ánimo, excelente, hace mucho tiempo que no me sentía tan fuerte, y él le suelta sin contemplaciones, Pues entonces sepa que su ahijada ha muerto, a ver cómo lo lleva. Pero la mujer no respondió a la pregunta, se limitó a encoger los hombros con indiferencia, después dijo, Durante unos días estuve pensando telefonearle a la Conservaduría General, después abandoné la idea, calculando que más pronto que tarde vendría a visitarme, Menos mal que decidió no telefonearme, al conservador no le gusta que recibamos llamadas, dice que perjudica al trabajo, Comprendo, pero esto se hubiera resuelto con facilidad, bastaba que le comunicara, a él personalmente, la información que tenía que dar, no era necesario que le avisaran. La frente de don José se cubrió repentinamente de un sudor frío. Acababa

de conocer que, a lo largo de varias semanas, ignorante del peligro, inconsciente de la amenaza, estuvo bajo la inminencia del desastre absoluto que
hubiera sido la revelación pública de las irregularidades de su comportamiento profesional, del continuo y voluntario atentado que estaba cometiendo contra las venerandas leyes deontológicas de la
Conservaduría General del Registro Civil, cuyos
capítulos, artículos, párrafos y puntos, aunque complejos, sobre todo debido al arcaísmo del lenguaje, la experiencia de los siglos habían acabado
por reducir a siete palabras prácticas, No te metas
donde no te llaman. Durante un instante don José
odió con rabia a la mujer que tenía delante, la
insultó mentalmente, la llamó vieja caquéctica,
cretina, necia y, como quien no encuentra nada
mejor para vengarse de un susto violento e inesperado, estuvo en un tris de decirle, Ah, es eso, pues
entonces aguanta este viento, tu ahijadita, aquélla
del retrato, la palmó. La mujer le preguntó, Se siente mal, don José, quiere un vaso de agua, Estoy
bien, no se preocupe, respondió él, avergonzado
del malvado impulso, Le voy a preparar un té, No es
necesario, muchas gracias, no quiero molestarla,
en ese momento don José se sentía más rastrero
y humillado que el polvo de la calle, la señora
del entresuelo derecha había salido de la sala, oía
ruido de lozas en la cocina, pasaron algunos minutos, lo primero de todo es hervir el agua, don
José se acuerda de haber leído en alguna parte,
probablemente en una de las revistas de donde re-
cortaba retratos de personas célebres, que el té de-

be hacerse con agua que ha hervido pero ya no hierve, se habría contentado con el vaso de agua fresca, pero la infusión le caerá mucho mejor, todo el mundo sabe que para levantar el ánimo decaído no hay nada que se compare a una taza de té, lo dicen todos los manuales, tanto los de oriente como los de occidente. La dueña de la casa apareció con la bandeja, traía también un plato de pastas, además de la tetera, de las tazas y del azucarero, No le he preguntado si le gustaba el té, sólo pensé que en estos instantes sería preferible al café, dijo, Me gusta el té, sí señora, me gusta mucho, Quiere azúcar, Nunca le pongo, de repente se puso pálido, a sudar, creyó que debía justificarse, Deben de ser los restos de una gripe que he pasado, En ese caso, de haber telefoneado, tampoco le hubiera encontrado en la Conservaduría General, o sea, tendría que contarle a su jefe lo que me pasó. Esta vez el sudor apenas humedeció las palmas de las manos de don José, pero aun así fue una suerte que la taza estuviera sobre la mesa, de tenerla asida en aquel momento, la porcelana habría acabado en el suelo, o se le derramaría el té, escaldándole las piernas al afligido escribiente, con las consecuencias obvias, inmediatamente la quemadura, después el regreso de los pantalones a la lavandería. Don José tomó una pasta del plato, la mordisqueó con lentitud, sin gusto, y, disimulando con el movimiento de la masticación la dificultad que tenían las palabras en salirle, consiguió formular la pregunta que ya se hacía esperar, Y qué información era esa que iba a darme. La mujer

bebió un poco de té, extendió la mano dubitativa
hacia el plato de pastas, pero no concluyó el gesto.
Dijo, Se acuerda que le sugerí, al final de su visita,
cuando ya se retiraba, que buscase en la guía telefónica el nombre de mi ahijada, Me acuerdo, pero
preferí no seguir su consejo, Por qué, Es muy difícil de explicar, Pero tendrá sus razones, Dar razones para lo que se hace o se deja de hacer es de lo
más fácil, cuando reparamos en que no las tenemos o no tenemos las suficientes, tratamos de in-
ventarlas, en el caso de su ahijada, por ejemplo, yo
podría ahora declarar que consideré que era preferible seguir el camino más largo y más complicado, Y esa razón, pregunto, es de las verdaderas,
o de las inventadas, Convengamos en que tiene tanto de verdad como de mentira, Y cuál es la parte
de mentira, En estar aquí procediendo de modo que
la razón que le he dado sea tomada como verdad
entera, Y no lo es, No, porque omito la razón de
haber preferido aquel camino y no otro, directo,
Le aburre la rutina de su trabajo, Ésa podría ser
otra razón, En qué punto están sus investigaciones, Hábleme primero de lo que sucedió, haga-
mos cuenta de que yo estaba en la Conservaduría
General cuando pensó telefonearme y que al jefe
no le importa que llamen a sus funcionarios por
teléfono. La mujer se llevó otra vez la taza a los labios, la colocó en el plato sin hacer el menor ruido
y dijo, al mismo tiempo que las manos volvían a
posarse en el regazo, nuevamente la mano derecha
sobre la izquierda, Yo hice lo que le dije a usted
que hiciera, Le telefoneó, Sí, Habló con ella, Sí,

Eso cuándo fue, Algunos días después de que usted viniera, no me pude resistir a los recuerdos, ni siquiera conseguía dormir, Y qué pasó, Conversamos, Ella debió de sorprenderse, No me lo pareció, Pero sería lo natural después de tantos años de separación y de silencio, Se ve que sabe poco de mujeres, especialmente si son infelices, Ella era infeliz, Al poco tiempo comenzamos a llorar, las dos, como si estuviésemos atadas una a otra por un hilo de lágrimas, Le contó alguna cosa de su vida, Quién, Ella a usted, Casi nada, que se había casado pero que ahora estaba divorciada, Eso ya lo sabíamos, consta en la ficha, Entonces acordamos que vendría a visitarme en cuanto le fuera posible, Y vino, Hasta hoy, no, Qué quiere decir, Simplemente que no vino, Ni telefoneó, Ni telefoneó, Cuántos días hace de eso, Unas dos semanas, Para más o para menos, Para menos, creo, sí, para menos, Y usted qué hizo, Al principio pensé que había cambiado de idea, que finalmente no quería reanudar las antiguas relaciones, no quería intimidades entre nosotras, aquellas lágrimas fueron sólo un momento de debilidad y nada más, ocurre muchas veces, hay ocasiones en la vida en que nos dejamos ir, en que somos capaces de contar nuestros dolores al primer desconocido que se nos presenta, se acuerda, cuando estuvo aquí, Me acuerdo, y nunca le agradeceré bastante su confianza, No piense que se trató de confianza, fue sólo desesperación, Sea como sea, le prometo que no tendrá que arrepentirse, puede estar segura de mí, soy una persona discreta, Sí, tengo la certeza de que no me arrepentiré, Gracias, Pero es porque, en el fondo, todo se me ha vuelto indiferente, por eso tengo la certeza de que no voy a arrepentirme, Ah. Pasar de una interjección tan desconsolada como ésta a una interpelación directa, del género, Y después qué hizo, no era fácil, requería tiempo y tacto, por eso don José se quedó callado, a la espera de lo que viniese. Como si también lo supiese, la mujer preguntó, Quiere más té, él aceptó, Por favor, y acercó la taza. Después la mujer dijo, Hace unos días telefoneé a su casa, Y entonces, Nadie atendió, me respondió un contestador, Sólo telefoneó una vez, El primer día, sí, pero en los días sucesivos lo hice varias veces y a horas diferentes, le telefoneé por la mañana, le telefoneé por la tarde, le telefoneé después de la hora de cenar, llegué incluso a llamar a medianoche, Y nada, Nada, pensé que tal vez se hubiese ido fuera, Ella le dijo dónde trabajaba, No. La conversación ya no podía proseguir alrededor del pozo negro que escondía la verdad, se aproxima el momento en que don José diga Su ahijada murió, es más debía haberlo dicho así que entró, de eso la mujer lo acusará no tardando mucho, Por qué no me lo dijo en seguida, por qué hizo todas esas preguntas si ya sabía que ella estaba muerta, y él no podrá mentir alegando que se calló para no darle de golpe, sin preparación, sin respeto, la dolorosa noticia, verdaderamente la causa única de este largo y lento diálogo habían sido las palabras que ella dijo a la entrada, También tengo alguna cosa que contarle, en ese momento le faltó a don José la serenidad resignada que le habría hecho rechazar la tentación de tomar conocimiento de esa pequeña cosa inútil, fuese la que fuese, le faltó la resignación serena de decir No vale la pena, ella murió. Era como si aquello que la señora del entresuelo derecha tuviera que comunicarle pudiese aún, no sabe cómo, hacer correr el tiempo hacia atrás y, en el último de los instantes, robarle a la muerte la mujer desconocida. Cansado, sin otro deseo ahora que el de retardar durante unos segundos más lo inevitable, don José preguntó, No se le ocurrió ir a su casa, preguntar a los vecinos si la habían visto, Claro que llegué a pensar en eso, pero no lo hice, Por qué, Porque sería lo mismo que entrometerme, podría no gustarle, Pero telefoneó, Es diferente. Se hizo un silencio, después la expresión del rostro de la mujer comenzó a cambiar, se tornó interrogativa, y don José comprendió que ella le iba a preguntar, por fin, qué cuestiones relacionadas con el asunto lo habían conducido hoy a su casa, si habían llegado a encontrarse y cuándo, si el problema de la Conservaduría General se había resuelto y cómo, Querida señora, lamento tener que informarle de que su ahijada ha muerto, dijo don José rápidamente. La mujer abrió mucho los ojos, levantó las manos del regazo y se las llevó a la boca, Qué, Su ahijada, digo que su ahijada falleció, Cómo lo sabe, preguntó la mujer sin reflexionar, Para eso está la Conservaduría, dijo don José, y encogió levemente los hombros como añadiendo, La culpa no es mía, Cuándo murió, Traigo aquí la ficha, si quiere verla. La mujer extendió la mano, se aproximó el cartón a los ojos, después lo apartó mientras murmuraba, Mis gafas, pero no las buscó, sabía que no le iban a servir de nada, incluso queriendo no sería capaz de leer lo que allí estaba escrito, las lágrimas convertían las palabras en un borrón. Don José dijo, Lo siento mucho. La mujer salió de la sala, se demoró unos breves instantes, cuando regresó venía enjugándose los ojos con un pañuelo. Se sentó, se sirvió té de nuevo, después preguntó, Vino sólo para informarme del fallecimiento de mi ahijada, Sí, Fue una gran atención de su parte, Pensé, simplemente, que era mi obligación, Por qué, Porque me sentía en deuda con usted, Por qué, Por la manera simpática de recibirme y atenderme, por ayudarme, por responder a mis preguntas, Ahora que el trabajo que le encargaron llegó al final por la fuerza de las cosas, ya no tendrá que cansarse más buscando a mi pobre ahijada, De hecho, no, A lo mejor ya le han dado orden en la Conservaduría General para comenzar la búsqueda de otra persona, No, no, casos como éste son raros, Es lo que tiene de bueno la muerte, con ella se acaba todo, No siempre es así, en seguida comienzan las guerras entre los herederos, la ferocidad de las particiones, el impuesto de sucesión que es necesario pagar, Me refería a la persona que muere, En cuanto a ésa, sí, tiene razón, se acaba todo, Es curioso, nunca llegó a explicarme por qué motivo la Conservaduría General quería localizar a mi ahijada, las razones de un interés tan grande, Como acaba de decir la muerte resuelve todos los problemas, Entonces había un problema, Sí, Cuál,

No vale la pena hablar de eso, el asunto ha dejado de tener importancia, Qué asunto, Le pido que no insista, es confidencial, cortó don José desesperado. La mujer posó secamente la taza en el plato y dijo, mirando de frente al visitante, Hemos estado aquí, usted y yo, el otro día y hoy, uno desde el principio siempre diciendo la verdad, otro desde el principio siempre mintiendo, No mentí, ni estoy mintiendo, Reconozca que en todo momento le he hablado claro, franca y abiertamente, que nunca se le pudo pasar por la cabeza que hubiese una sola mentira en mis palabras, Lo reconozco, lo reconozco, Entonces, si hay en esta sala un mentiroso, y estoy segura de que lo hay, no seré yo, No soy mentiroso, Creo que no lo es por naturaleza, pero venía mintiendo cuando entró aquí por primera vez y desde entonces ha mentido siempre, Usted no puede comprenderlo, Comprendo lo suficiente para no creer que la Conservaduría lo haya mandado alguna vez a buscar a mi ahijada, Está equivocada, le aseguro que me mandó, Entonces, si no tiene nada más que decirme, si su última palabra es ésa, salga de mi casa ahora mismo, ya, ya, las dos últimas palabras fueron casi gritadas, y la mujer, después de decirlas, comenzó a llorar. Don José se levantó, dio un paso hacia la puerta, después volvió a sentarse, Perdóneme, dijo, no llore, voy a contarle todo.

Cuando acabé de hablar, me preguntó, Y ahora qué piensa hacer, Nada, dije yo, Piensa volver a sus colecciones de personas famosas, No lo sé, quizá, en alguna cosa tendré que ocupar mi tiempo, me callé un poco pensando y respondí, No, no creo, Por qué, Fijándose bien, la vida de esta gente es siempre igual, nunca varía, aparecen, hablan, se exhiben, les sonríen a los fotógrafos, están constantemente llegando o partiendo, Como cualquiera de nosotros, Yo no, Usted, y yo, y todos, también nos exhibimos por ahí, también hablamos, también salimos de casa y regresamos, a veces hasta sonreímos, la diferencia es que nadie nos hace caso, No podríamos ser todos famosos, Para alegría suya, imagine su colección del tamaño de la Conservaduría General, Tendría que ser mucho mayor, a la Conservaduría sólo le interesa saber cuándo nacemos, cuándo morimos y poco más, Si nos casamos, nos divorciamos, si enviudamos, si nos volvemos a casar, a la Conservaduría le es indiferente si en medio de todo eso somos felices o infelices, La felicidad o la infelicidad son como las personas famosas, tanto vienen como van, lo peor de la Conservaduría es que no quiere saber quiénes somos, para ella no pasamos de un papel con unos cuantos nombres y unas cuantas fechas, Como la ficha de mi ahijada, O como la suya, o la mía, Qué hubiera hecho de haberla encontrado, No sé, tal vez le hablase, tal vez no, nunca lo he pensado, Y pensó que, en ese momento, cuando al fin la tuviera enfrente, sabría tanto de ella como el día en que decidió buscarla, o sea, nada, que si pretendiese saber quién era ella realmente tendría que comenzar a buscarla otra vez, y que a partir de ahí podría ser mucho más difícil si, al contrario de las personas famosas, que les gusta exhibirse, ella no quisiera ser encontrada, Así es, Pero, estando muerta, podrá seguir buscándola, a ella no le importará ya, No la entiendo, Hasta ahora, a pesar de tantos esfuerzos, sólo ha conseguido averiguar que asistió a un colegio, por cierto, el mismo que yo le indiqué, Tengo fotografías, Las fotografías también son papeles, Podemos dividirlas, Y creeríamos que la estábamos dividiendo a ella, una parte para usted, una parte para mí, No se puede hacer nada más, esto fue lo que le dije en ese momento, creyendo que cerraba el asunto, pero ella me preguntó, Por qué no habla con los padres, con el antiguo marido, Para qué, Para saber alguna cosa más sobre ella, cómo vivía, qué hacía, El marido no querría esa conversación, las aguas pasadas no mueven molinos, Pero los padres, ciertamente, sí, los padres nunca se niegan a hablar de los hijos, incluso estando muertos, es lo que he observado, Si no fui antes, tampoco iré ahora, antes al menos podría decirles que iba enviado por la Conservaduría General, De qué murió mi ahija-

da, No lo sé, Cómo es posible, el motivo del fallecimiento tiene que estar registrado en su Conservaduría, En las fichas sólo apuntamos la fecha del
óbito, no la causa, Pero existe con seguridad una
declaración, los médicos están obligados por ley a
certificar la defunción, no se limitan a escribir Está muerta cuando ella murió, En los papeles que
encontré en los archivos de los muertos no constaba el certificado de defunción, Por qué, No sé,
debió de caerse por el camino cuando archivaron
el expediente, o se me cayó a mí, está perdido, sería lo mismo que buscar una aguja en un pajar,
usted no se puede imaginar lo que es aquello, Por
lo que me ha contado, lo imagino, No se lo puede
imaginar, es imposible, sólo estando allí, Siendo
así, tiene una buena razón para hablar con los padres, dígales que el certificado de defunción se ex-
travió lamentablemente en la Conservaduría, que
tiene que reconstituir el expediente si no el jefe lo
penaliza, muéstrese humilde y preocupado, pregunte quién fue el médico que la atendió, dónde
murió, de qué enfermedad, si fue en casa o en
el hospital, pregunte todo, aún tendrá consigo la
credencial, supongo, Sí, pero es falsa, no se olvide,
A mí me engañó, igual les engañará a ellos, si no
hay vida sin mentiras, también algún engaño podrá haber en esta muerte, Si usted fuera funciona-
ria de la Conservaduría General sabría que no es
posible engañar a la muerte. Ella debió de creer
que no merecía la pena responderme, y en eso tenía toda la razón, porque lo que yo dije no iba
más allá de una frase efectista, hueca, de esas que

parecen profundas y no tienen nada dentro. Estuvimos en silencio unos dos minutos, ella me miraba con cara reprensora, como si le hubiese hecho una promesa solemne y en el último momento le fallara. No sabía dónde meterme, mi voluntad era dar las buenas noches e irme de allí, pero hubiera sido una grosería estúpida, una indelicadeza que la pobre señora no merecía, son actitudes que realmente no forman parte de mi manera de ser, fui criado así, es verdad que no me acuerdo de haber tomado el té cuando era pequeño, pero el resultado acaba siendo el mismo. Cuando pensaba que lo mejor sería aceptar la idea, comenzar una nueva búsqueda en sentido contrario al de la primera, o sea, desde la muerte hacia la vida, ella dijo, No haga caso, son disparates de mi cabeza, cuando llegamos a viejos y nos damos cuenta de que el tiempo se acaba, nos ponemos a imaginar que tenemos en la mano el remedio para todos los males del mundo y nos desesperamos porque no nos prestan atención, Nunca he tenido esas ideas, Ya le tocará la vez, todavía es muy joven, Joven yo, estoy en los cincuenta y dos, Está en la flor de la edad, No juegue conmigo, Sólo a partir de los setenta llegará a sabio, pero entonces de nada le servirá, ni a usted ni a nadie. Como todavía me falta mucho para llegar a esa edad no supe si tenía que estar de acuerdo o no, por eso creí mejor callarme. Ahora ya podía despedirme, dije, No la molesto más, le agradezco su paciencia y su gentileza, y le pido que me disculpe, la causa de todo esto ha sido aquella locura que tuve, un absurdo como nunca se ha visto, usted estaba tranquila en su casa y vine aquí con artimañas, con historias engañosas, se me suben los colores de vergüenza al acordarme de ciertas preguntas que le hice, Al contrario de lo que acaba de decir, yo no estaba tranquila, estaba sola, contarle algunas de las cosas tristes de mi vida ha sido como quitarme un peso de encima, Menos mal que piensa así, Así pienso, y no querría que se fuese sin hacerle una petición, Dígame, haré todo lo que esté en mi mano para satisfacerla, No hay otra persona que lo pueda hacer mejor, lo que tengo que pedirle es simple, que me visite alguna que otra vez, cuando se acuerde y le apetezca, aunque no sea para hablar de mi ahijada, Vendré a visitarla con mucho gusto, Habrá siempre una taza de café o de té esperándolo, Ésa sería ya una buena razón para venir, pero no faltan otras, Muchas gracias, y mire, le vuelvo a decir que no haga caso de aquella idea mía, a fin de cuentas es tan loca como era la suya, Voy a pensarlo. Le besé la mano como la primera vez, pero entonces ocurrió algo que no esperaba, ella mantuvo mi mano agarrada y se la llevó a los labios. Jamás en mi vida una mujer me había hecho esto, lo sentí como un choque en el alma, un estremecimiento del corazón y aún ahora, de madrugada, tantas horas pasadas mientras escribo en el cuaderno los acontecimientos de este día, miro mi mano derecha y la encuentro diferente, aunque no sea capaz de decir en qué consiste la diferencia, debe de ser cosa de dentro, no de fuera. Don José paró de escribir, posó el lápiz, guardó cuidadosamente en el cuaderno las fichas

escolares de la mujer desconocida, que, finalmente, sí se habían quedado encima de la mesa, y los
metió entre el colchón y el somier, hasta el fondo.
Después calentó el guiso que sobrara del almuerzo
y se sentó a cenar. El silencio era casi absoluto,
apenas se notaba el ruido de los pocos coches que
aún circulaban en la ciudad. Lo que se oía mejor
era un sonido sofocado, que subía y bajaba como
un fuelle distante, pero a ése estaba habituado don
José, era la Conservaduría respirando. Don José se
metió en la cama pero no tenía sueño. Recordaba
los sucesos del día, la irritante sorpresa de ver al
jefe entrar en la Conservaduría a hora inhabitual,
la agitada conversación con la señora del entresuelo derecha, de la que había dejado constancia en el
cuaderno de notas, fiel en el sentido, no tanto en
la forma, lo que se comprende y disculpa ya que la
memoria, que es susceptible y no le gusta ser pilla-
da en falta, tiende a rellenar los olvidos con crea-
ciones de realidad propias, obviamente espurias,
pero más o menos contiguas a los hechos de cuyo
acontecer sólo le quedaba un recuerdo vago, como
lo que resta del paso de una sombra. Le parecía a
don José que todavía no había llegado a una conclusión lógica de lo que ocurriera, que aún debería
tomar una decisión o de lo contrario las últimas
palabras que le dijo a la señora del entresuelo, Lo
voy a pensar, no serían más que una promesa va-
na, de aquellas que siempre aparecen en las conversaciones y que nadie espera ver cumplidas. Se
desesperaba don José por entrar en el sueño cuando repentinamente le surgió, a saber de qué pro-

fundidades, como la punta de un nuevo hilo de Ariadna, la ansiada resolución, El sábado voy al cementerio, dijo en voz alta. La excitación le hizo sentarse bruscamente en la cama, pero la voz tranquila del sentido común acudió aconsejándole, Puesto que decidiste lo que vas a hacer, tiéndete y duerme, no seas niño, no querrás, a estas horas de la noche, ir al cementerio y saltar el muro, es una manera de hablar, claro. Obediente, don José se deslizó entre las sábanas, se tapó hasta la nariz, pero todavía se quedó un minuto con los ojos abiertos pensando, No voy a poder dormir. En el segundo minuto ya dormía.

Se despertó tarde, casi a la hora de abrir la Conservaduría, ni siquiera tuvo tiempo de afeitarse, se vistió atropelladamente y salió de casa en desatinada carrera, impropia de su edad y de su condición. Todos los funcionarios, desde los ocho escribientes hasta los dos subdirectores estaban sentados, con los ojos fijos en el reloj de la pared, esperando que el puntero de los minutos se sobrepusiese exactamente al número doce. Don José se dirigió al oficial de su sección, al que debía dar las primeras satisfacciones, y pidió disculpas por el retraso, He dormido mal, se justificó aunque sabía, por experiencia de muchos años, que una explicación como ésta no serviría de nada, Siéntese, fue la respuesta seca que oyó. Cuando, en seguida, el último desliz de la manecilla de los minutos transitó del tiempo de espera al tiempo de trabajo, don José, aturrullado por los cordones de los zapatos, que se olvidara de anudar, aún no había alcanzado su mesa, circunstancia fríamente observada por el oficial que anotó el hecho insólito en la agenda del día. Pasó más de una hora antes de que el conservador llegase. Entró con una expresión concentrada, casi sombría, que hizo que el ánimo de los funcionarios recelase, a primera vista se diría que también él había dormido mal, pero lo cierto es que venía arreglado según su costumbre, afeitado a conciencia, sin una arruga en el traje, ni un pelo fuera de su lugar. Paró un instante junto a la mesa de don José y lo miró con severidad, sin una palabra. Abrumado, don José inició un gesto que parece instintivo en los hombres, el de llevarse la mano a la cara y frotar la barba para ver si está crecida, pero el gesto se interrumpió a mitad de camino, como si de esta manera pudiese disimular lo que para todo el mundo era evidente, el imperdonable desaliño de su figura. La reprimenda, pensaron todos, está al caer. El conservador se dirigió a su mesa, se sentó y llamó a los dos subdirectores. La idea general fue que el asunto se presentaba realmente feo para don José, de no ser así el jefe no habría convocado a sus inmediatos conjuntamente, querría oír sus opiniones sobre la pesada sanción que pretendía aplicar, La paciencia se le agotó, pensaron con alegría los escribientes, últimamente escandalizados por el tratamiento de inmerecido favor del que don José estaba siendo objeto por parte del jefe, Ya era hora, sentenciaron in mente. Sin embargo, pronto percibieron que los tiros no iban por ahí. Mientras uno de los subdirectores ordenaba que todos, oficiales y escribientes, se volvieran hacia el conservador, el otro rodeaba el mostrador y cerraba la puerta de entrada, fijando antes en el lado de fuera un letrero que decía Cerrado temporalmente por necesidades del servicio. Qué será, qué no será, se preguntaban los funcionarios, incluidos los subdirectores, que sabían tanto como los otros, o un poco más, porque el jefe sólo les comunicó que iba a hablar. La primera palabra por él dicha fue Siéntense. La orden pasó de los subdirectores a los oficiales, de los oficiales a los escribientes, hubo el inevitable ruido producido por el cambio de posición de las sillas, colocadas de espaldas a las respectivas mesas, pero todo esto se hizo con rapidez, en menos de un minuto el silencio en la Conservaduría General era absoluto. No se oía una mosca, aunque se sabe que las hay, algunas posadas en lugares seguros, otras agonizando en las inmundas telarañas del techo. El conservador se levantó lentamente, con la misma lentitud paseó los ojos por los funcionarios, uno a uno, como si los viese por primera vez, o como si estuviera intentando reconocerlos después de una larga ausencia, extrañamente su expresión ya no era sombría, o lo era en otro sentido, como si lo atormentase un dolor moral. Después habló, Señores, en mi condición de jefe de esta Conservaduría General del Registro Civil, heredero último de un linaje de conservadores cuya actividad fue históricamente iniciada con el depósito del más vetusto de los documentos custodiados en nuestros archivos, haciendo también uso legítimo de las competencias que me fueron consignadas y siguiendo el ejemplo de mis predecesores, he cumplido y he hecho cumplir con el mayor de los escrúpulos las leyes escritas que regulan el funcionamiento de los servicios, sin ignorar la tradición, antes al contrario teniéndola invariablemente presente en cada momento. Soy consciente de la mudanza de los tiempos, de la necesidad de una continua actualización de medios y de maneras en la vida social, pero comprendo, como siempre tuvieron a bien entender quienes antes de mí ejercieron el gobierno de esta Conservaduría, que la preservación del espíritu, de un espíritu que llamaré de continuidad y de identidad orgánica, debe prevalecer sobre cualquier otra consideración posible, so pena, si así no nos condujéramos, de asistir al derrumbamiento del edificio moral que, en cuanto que primeros y postreros depositarios de la vida y de la muerte, seguimos representando aquí. No dejará de haber quien proteste por no encontrarse en esta Conservaduría General ni una sola máquina de escribir, para no hablar de la ausencia de cualesquiera otros aparatos más modernos, porque los armarios y las estanterías sigan siendo de madera natural, porque los funcionarios hayan de mojar sus plumas en tinteros y usar el papel secante, habrá quien nos considere ridículamente detenidos en la historia, quien reclame de la autoridad la rápida incorporación de tecnologías avanzadas en nuestros servicios, mas si es verdad que las leyes y los reglamentos son susceptibles de ser alterados y sustituidos en cada momento, no puede suceder del mismo modo con la tradición, que es, como tal, tanto en su conjunto como en su esencia, inmutable. Nadie podrá regresar al pasado para hacer mudanza de una tradición que nació en el tiempo y que por el tiempo fue alimentada y sostenida. Nadie podrá decirnos que cuanto existe no ha existido, nadie osará desear, como si de un niño se tratase, que lo que ha acontecido no hubiera acontecido. Y si lo hicieran, estarían dilapidando su propio tiempo. Éstos son los fundamentos de nuestra razón y de nuestra fuerza, éste es el muro tras el cual nos ha sido posible defender, hasta el día de hoy, ora nuestra identidad, ora nuestra autonomía. Así deberemos continuar. Y así continuaríamos si nuevas reflexiones no nos indicaran la necesidad de nuevos caminos.

Hasta aquí no había surgido ninguna novedad del discurso del jefe, si bien es cierto que ésta era la primera vez que se oía en la Conservaduría General algo parecido a una declaración solemne de principios. La mentalidad uniforme de los funcionarios se formaba sobre todo en la práctica del servicio, regulada en los primeros tiempos con rigor y precisión, mas, en las últimas generaciones, tal vez por fatiga histórica de la institución, se permitieron las graves y continuadas negligencias que conocemos, censurables incluso a la luz de los más benevolentes juicios. Tocados en su embotada conciencia, pensaron los funcionarios que éste sería el tema central de la inesperada disertación, pero no tardaron en desengañarse. Es más, si hubiesen atendido mejor a la expresión fisonómica del conservador, habrían comprendido en seguida que su objetivo no era de carácter disciplinario, no apuntaba a una represión general, en ese caso sus palabras sonarían como golpes secos y todo su rostro se cubriría de desdeñosa indiferencia. Sin embargo no se registraban estas señales en la actitud del jefe, apenas una disposición semejante a la de quien, habituado a vencer siempre, se encuentra, por primera vez en la vida, ante una fuerza mayor que la suya. Y unos pocos, en particular los subdirectores y algún oficial, que creyeron deducir de la última frase proferida el anuncio de la introducción inmediata de modernizaciones que eran moneda corriente fuera de los muros de la Conservaduría General, tampoco tardaron en reconocer, desconcertados, que se habían equivocado. El conservador seguía hablando, Nadie se llame a engaño, sin embargo, creyendo que las reflexiones que estoy exponiendo nos conducirían simplemente a abrir nuestras puertas a los inventos modernos, no sería menester reflexionar para eso, bastaría con hacer llamar a un técnico especializado en tales materias y en un periodo de veinticuatro horas tendríamos la casa a rebosar de máquinas de toda condición. Por mucho que me duela declararlo y por escandaloso que a ustedes les resulte, lo que mis reflexiones pretenden poner en cuestión, quién me lo iba a decir a mí, afecta a uno de los aspectos fundamentales de la tradición de la Conservaduría General, esto es, la distribución espacial de los vivos y de los muertos, su obligada separación, no sólo en archivos distintos sino también en diferentes áreas del edificio. Se oyó un levísimo susurro, como si el pensamiento común de los asombrados funcionarios se hubiese hecho audible, otra cosa no podría ser, ya que ninguno de ellos había osado pronunciar palabra. Me hago cargo de que esto les perturbe, prosiguió el conservador, porque yo mismo, al pensarlo, me he sentido como si fuera responsable de una herejía, peor aún, me he sentido culpable de una ofensa a la memoria de todos aquellos que, antes de mí, ocuparon esta posición de mando, y también de cuantos trabajaron en los lugares ahora ocupados por ustedes, pero el empuje incontenible de la evidencia me ha obligado a enfrentarme al peso de la tradición, de una tradición que, durante toda mi vida, había considerado inamovible. Llegar a esta conciencia de los hechos no es obra del azar ni obedece a una revelación instantánea. En dos ocasiones, desde que soy jefe de la Conservaduría, he sido objeto de avisos premonitorios, a los que, en aquellos momentos, no atribuí especial relevancia, salvo por haber reaccionado ante ellos de un modo que no tengo reparos en catalogar como primario, pero que, hoy lo comprendo, preparaban el camino para que, con espíritu abierto, acogiese un tercero y reciente aviso, del cual, por razones que a mi entender debo mantener secretas, evitaré hacer comentarios en esta ocasión. El primer caso, del que todos ustedes sin duda guardan memoria, tuvo lugar cuando uno de mis subdirectores, presente entre nosotros, propuso que la organización del archivo de los muertos se hiciese al contrario, es decir, más alejados los antiguos, más próximos los recientes. Debido a la suma de trabajo que implicaría una mudanza tal, y teniendo en cuenta la escasez de funcionarios que padecíamos, la sugerencia se mostraba irrealizable del todo, y así se lo hice saber al proponedor, aunque en términos que me gustaría olvidar, y sobre todo que él los pudiese olvidar. El subdirector aludido se ruborizó de satisfacción, volvió atrás la cara, mostrándose, y de nuevo mirando al superior asintió ligeramente con la cabeza, como si estuviera pensando, Si pusieses más atención a lo que te dicen. El conservador continuó, No me fue dado entonces percibir que, detrás de una idea en apariencia absurda, y que, en efecto, juzgada desde un ángulo operativo, de hecho lo era, latía una intuición de algo absolutamente revolucionario, una intuición involuntaria, inconsciente, sí, mas no por ese motivo menos efectiva. Bien es cierto que tampoco podría esperarse mucho más de la cabeza de un subdirector, pero el conservador que yo soy estaba obligado, tanto por los deberes connaturales del cargo cuanto por razones de experiencia, a comprender de inmediato lo que la futilidad aparente de la idea ocultaba. Esta vez el subdirector no miró hacia atrás, y si se ruborizó de despecho nadie lo notó porque tenía la cabeza baja. El conservador hizo una pausa para suspirar profundamente, y continuó, El segundo caso fue el que concierne a aquel investigador de materias heráldicas que desapareció en el archivo de los muertos y al que sólo una semana después conseguimos descubrir, a punto de expirar, cuando ya habíamos perdido todas las esperanzas de encontrarlo vivo. Tratándose de un episodio de características tan comunes, pues ciertamente no creo que haya nadie que, al menos una vez en la vida, no se haya perdido en el laberinto, me limité a tomar las providencias que se imponían, cursando una orden interna destinada a determinar el uso obligatorio del hilo de Ariadna, designación clásica y, si me permiten ustedes que así me exprese, irónica, de la cuerda que guardo en mi cajón. Que la medida fue acertada lo corrobora el hecho de que, desde entonces, no se haya verificado ningún caso semejante o siquiera parecido. Llegados a este punto, y según esta exposición, cabría preguntarse cuáles fueron las conclusiones que deduje del caso del heraldista perdido, y yo diré, con toda humildad, que si recientemente no hubiesen tenido lugar ciertos hechos y si esos hechos de referencia no hubiesen suscitado en mí ciertas reflexiones, jamás habría llegado a comprender el doble absurdo que representa separar a los muertos de los vivos. Es absurdo, en primer lugar desde el punto de vista archivístico, si se considera que la manera más fácil de encontrar a los muertos será buscándolos donde se encuentran los vivos, puesto que a éstos, por estar vivos, los tenemos permanentemente delante de los ojos, pero, en segundo lugar, representa también un absurdo desde el punto de vista de la memoria, ya que si los muertos no estuvieran en medio de los vivos más tarde o más temprano acabarían por ser olvidados, y después, con perdón por la vulgaridad de la expresión, es un engorro descubrirlos cuando los necesitamos, y ya se sabe que antes o después eso ocurrirá. Para todos los que me escuchan aquí, sin distinción de escalafones ni de circunstancias personales, debe quedar claro que estoy hablando, únicamente, de asuntos concernientes a esta Conservaduría General, y no del mundo exterior, donde, por razones que atañen a la higiene física y a la salud mental de los vivos, se usa enterrar a los muertos. Mas me atrevo a decir que es precisamente esa misma necesidad de higiene física y de sanidad mental la que debe determinar que nosotros, los de la Conservaduría General del Registro Civil, nosotros, los que escribimos y movemos los papeles de la vida y de la muerte, reunamos en un solo archivo, al que simplemente denominaremos histórico, a los muertos y los vivos, haciéndolos inseparables en este lugar, ya que, extramuros, la ley, la costumbre y el miedo no lo consienten. Firmaré, por tanto, una orden donde se especificará, primero, que a partir de la fecha del día de hoy, los muertos permanecerán en el mismo lugar del archivo que ocupaban en vida, segundo, que progresivamente, expediente a expediente, documento a documento, desde los más recientes a los más antiguos, se procederá a la reintegración de los muertos del pasado en el archivo que vendrá a ser el presente de todos. Soy consciente de que el segundo punto necesitará muchas decenas de años para hacerse efectivo, que ni a nosotros ni probablemente a la generación siguiente nos será dado asistir al momento en que los papeles del último muerto, hechos trizas, devorados por las polillas, oscurecidos por el polvo de los siglos, regresen al mundo de donde, por una última e innecesaria violencia, fueron retirados. Así como la muerte definitiva es el fruto último de la voluntad de olvido, así la voluntad de recuerdo podrá perpetuarnos la vida. Argumentarán tal vez, con supuesta argucia, si es que yo esperase opinión, que una perpetuidad como ésta de nada les valdría a los que murieron. Sería un argumento propio de quien no ve más allá de la punta de su nariz. En tal caso, y en el caso, también, de que yo creyera necesario responder, tendría que explicarles que sólo de vida he estado hablando aquí, y no de muerte, y si esto no lo han entendido antes, es porque nunca serán capaces de entender sea lo que sea.

La actitud reverencial con que la parte final del discurso había sido escuchada fue sacudida bruscamente por el sarcasmo de las últimas palabras. El conservador volvía a ser el jefe que conocían desde siempre, altanero e irónico, implacable en los juicios, riguroso en la disciplina, como a continuación dejó claro, Sólo en su interés, no en el mío, debo aún decirles que el peor error en que incurrirían a lo largo de sus vidas sería considerar una señal de flaqueza personal o de disminución de autoridad oficial el hecho de que les haya hablado con el corazón y con la mente abiertos. Si no me he limitado simplemente a ordenar, sin explicaciones, como sería mi derecho, la reintegración o unificación de los archivos, es sólo porque quiero hacerles comprender las razones profundas de mi decisión, es sólo porque deseo que el trabajo que les espera sea ejecutado con el espíritu de quien se siente edificando algo y no con el alejamiento burocrático de quien ha sido mandado a juntar papeles con papeles. La disciplina en esta Conservaduría seguirá siendo la que siempre fue, ninguna distracción, ningún devaneo, ninguna palabra que no esté directamente relacionada con el servicio, ninguna entrada fuera de horas, ninguna muestra de desaliño en el comportamiento personal, tanto en los modos como en la apariencia. Don José pensó, Esto va por mí, por no haberme afeitado, pero no se preocupó, probablemente la alusión se quedase en eso, en todo caso bajó la cabeza muy despacio, como un alumno que no ha estudiado la lección y quiere escapar de ser llamado a la pizarra. Parecía que el discurso había llegado a su fin, pero nadie se movía, tenían que esperar la orden de volver al trabajo, por eso se sobresaltaron todos cuando el conservador llamó en un tono fuerte y seco, Don José. El interpelado se levantó rápidamente, Qué querrá de mí, ya no pensaba que el motivo de la brusca llamada fuese la barba crecida, algo mucho más grave que una simple reprimenda estaba por llegar, era eso lo que la severa expresión del jefe le anunciaba, era eso lo que una angustia terrible comenzaba a gritarle dentro de la cabeza cuando lo vio avanzar en su dirección, detenerse frente a él, don José apenas puede respirar, espera la primera palabra como el condenado a muerte espera la caída de la cuchilla, el tirón de la cuerda o la descarga del pelotón de fusilamiento, entonces el jefe dijo, Esa barba. Después se volvió de espaldas, hizo una señal a los subdirectores para recomenzar el trabajo. Ahora se notaba en su cara una cierta placidez, un aire de extraño sosiego, como si también él hubiese llegado al final de una jornada. Nadie vendrá a comentar con don José estas impresiones, en primer lugar para que no se le llene la cabeza con más fantasías, en segundo lugar porque la orden es clara, Ninguna palabra que no esté directamente relacionada con el servicio.

Se entra en el cementerio por un edificio antiguo cuyo frontispicio es hermano gemelo de la fachada de la Conservaduría General del Registro Civil. Presenta los mismos tres escalones de piedra negra, la misma vieja puerta en el centro, las mismas cinco ventanas alargadas encima. Si no fuese por el gran portón de dos hojas contiguo a la delantera, la única diferencia visible sería la placa sobre la puerta de entrada, también con letras de esmalte, que dice Cementerio General. El portón está cerrado desde hace muchos años, cuando se hizo evidente que el acceso por allí se había vuelto impracticable, que dejara de satisfacer cabalmente el fin a que había sido destinado, esto es, dar paso cómodo no sólo a los difuntos y a sus acompañantes, sino también a las visitas que aquéllos viniesen a tener después. Del mismo modo que todos los cementerios de este o de cualquier otro mundo, comenzó siendo una cosita minúscula, una parcela breve de terreno en la periferia de lo que todavía era un embrión de ciudad, orientado hacia el aire libre de las campiñas, pero después, con el paso de los tiempos, como infelizmente tenía que ser, fue creciendo, creciendo, creciendo, hasta convertirse en la necrópolis inmensa que es hoy. Al principio estaba todo tapiado y, durante generaciones, cada vez que la apretura de dentro comenzaba a perjudicar tanto el alojamiento ordenado de los muertos como la circulación práctica de los vivos, se hacía lo mismo que en la Conservaduría General, se echaban abajo los muros y se levantaban un poco más atrás. Un día, va ya camino de cuatro siglos que esto aconteció, el entonces curador del cementerio tuvo la idea de abrirlo por todos los lados, excepto por la parte que daba a la calle, alegando que ésta era la única manera de reanimar la relación sentimental entre los de dentro y los de fuera, muy disminuida por entonces, como cualquier persona podría verificar si reparase en el abandono en que se encontraban las sepulturas, principalmente las más antiguas. Creía él que los muros, aunque sirviendo de forma positiva a la higiene y el decoro, acababan teniendo el efecto perverso de dar alas al olvido, lo que por otra parte no debería causar sorpresa a nadie, diciendo como decía la sabiduría popular, desde que el mundo es mundo, que el corazón no siente lo que los ojos no ven. Tenemos muchas razones para pensar que fueran sólo de raíz interna los motivos que llevaron al jefe de la Conservaduría a tomar la decisión de unificar, contra la tradición y la rutina, los archivos de los muertos y de los vivos, reintegrando de esta manera, en el área documental específica abarcada en sus atribuciones, la sociedad humana. Por eso nos es más difícil comprender por qué no fue aplicada luego la lección precursora de un humilde y primitivo curador de cementerio, de pocas luces, sin duda, como era natural en el oficio y propio de su tiempo, pero de revolucionarias intuiciones, y que para colmo, lo registramos con tristeza, no tiene en su sepultura, señalando el hecho a las generaciones venideras, una lápida digna. Por el contrario, desde hace cuatro siglos andan cayendo anatemas, insultos, calumnias y vejámenes sobre la memoria del infeliz innovador, considerado como el responsable histórico de la situación presente de la necrópolis, a la que llaman desastrosa y caótica, sobre todo porque el Cementerio General no sólo continúa sin tener muros alrededor sino que además es imposible que los vuelva a tener alguna vez. Expliquémonos mejor. Quedó dicho arriba que el cementerio creció, no, claro está, por obra y gracia de una virtud reproductora intrínseca suya, como fuera, permítaseme el macabro ejemplo, que los muertos imprudentemente hubieran generado muertos, sino porque la ciudad fue aumentando en población y por tanto también en superficie. Cuando todavía el Cementerio General estaba rodeado de muros, ocurrió, más de una vez, en épocas sucesivas, aquello que después, en lenguaje burocrático municipal, se denominaría brotes de expansión demográfica urbana. Poco a poco, los extensos campos de detrás del Cementerio comenzaron a ser poblados, surgieron pequeñas aglomeraciones, aldeas, caseríos, segundas residencias, que a su vez fueron creciendo aquí y allí, tocándose unas a otras, pero dejando aún entre medias amplios espacios vacíos, que eran campos de cultivo, o bosques, o pastos, o matorrales. Por ahí fue avanzando el Cementerio General cuando derribaron los muros. Como una riada que comienza inundando las cotas de nivel inferior, serpenteando por los valles, y después, paulatinamente, va subiendo por las laderas, así las sepulturas fueron ganando terreno, muchas veces con grave perjuicio para la agricultura, cuando los propietarios, forzados por el asedio, no tuvieron otro remedio que vender las huertas, y otras veces contorneando pomares, trigales, eras y corrales de ganado, siempre a la vista de las poblaciones, y muchas veces, por así decirlo, puerta con puerta. Observado desde el aire, el Cementerio General parece un árbol tumbado, enorme, con un tronco corto y grueso, constituido por el núcleo original de sepulturas, de donde arrancan cuatro poderosas ramas, contiguas en su nacimiento, pero que después, en bifurcaciones sucesivas, se extienden hasta perderse de vista, formando, según el decir de un poeta inspirado, una frondosa copa en la que la vida y la muerte se confunden, como se confunden en los árboles propiamente dichos, las avecillas y el follaje. Ésta es la causa por la que el portón del Cementerio General ha dejado de servir como paso de las comitivas fúnebres. Se abre sólo de tarde en tarde, cuando un investigador de piedras viejas, después de haber estudiado en el lugar algún monolito funerario de los primeros tiempos, pide autorización para sacar unos moldes, con el consiguiente manejo de materias brutas, como son el yeso, la estopa y los alambres, y en ocasiones complementariamente, fotografías delicadas y precisas, de aquellas que necesitan focos, reflectores, baterías, fotómetros, sombrillas y otros artefactos, que, unos y otros, para no perturbar el servicio administrativo, no se permite que pasen por la pequeña puerta que une por dentro el edificio con el Cementerio.

A pesar de esta exhaustiva acumulación de pormenores, quizá considerados insignificantes, en caso de que, por regresar a las comparaciones botánicas, el bosque impidiera ver los árboles, es bien posible que algún oyente de este relato, de los atentos y vigilantes, de los que no han perdido el sentido de una exigencia normativa heredada de procesos mentales determinados sobre todo por la lógica adquirida de los conocimientos, es bien posible que el tal oyente se declare radicalmente contrario a la existencia y todavía más a la generalización de cementerios tan desgobernados y delirantes como éste, que llega al punto de pasearse, casi hombro con hombro, por lugares que los vivos habían destinado para su exclusivo uso, o sea, las casas, las calles, las plazas, los jardines y otros lugares públicos, los teatros y los cines, los cafés y los restaurantes, los hospitales, los manicomios, las comisarías de policía, los parques infantiles, las zonas deportivas, las de ferias y exposiciones, los aparcamientos, los grandes almacenes, las tiendas pequeñas, las travesías, los callejones, las avenidas. Que, aunque percibiendo como irresistible la necesidad de crecimiento del Cementerio General, en armonía simbiótica con el desarrollo de la ciudad y el aumento de la población, consideran que el espacio destinado al reposo final debería seguir ciñéndose a límites estrictos y obedeciendo a reglas estrictas. Un cuadrilátero vulgar de muros altos, sin adornos ni excrecencias fantasiosas de arquitectura, sería más que suficiente, en vez de esta especie de pulpo desmesurado, realmente más pulpo que árbol, por mucho que duela a las imaginaciones poéticas, extendiendo por ahí fuera sus ocho, dieciséis, treinta y dos, sesenta y cuatro tentáculos, como si quisiese abarcar el mundo. Que en los países civilizados el uso correcto, con ventajas certificadas por la experiencia, es que los cuerpos permanezcan bajo tierra unos cuantos años, cinco en general, al final de los cuales, salvo milagro de incorrupción, se retirará lo poco que haya sobrado del trabajo corrosivo de la cal viva y de la digestión de los gusanos, para dar espacio a los nuevos ocupantes. En los países civilizados no existe esta práctica absurda de los lugares a perpetuidad, esta idea de considerar para siempre intocable cualquier sepultura, como si, no habiendo podido ser definitiva la vida, la muerte lo pudiese ser. Las consecuencias están a la vista, este portón condenado, la anarquía de la circulación interna, el rodeo cada vez mayor que los entierros tienen que dar por fuera del Cementerio General antes de llegar a su destino, en un extremo cualquiera de uno de los sesenta y cuatro tentáculos del pulpo, que nunca lograrían alcanzar si no llevasen delante un guía. De la misma manera que la Conservaduría del Registro Civil, aunque la correspondiente información, por deplorable olvido, no fuera dada en el momento adecuado, la divisa no escrita de este Cementerio General es Todos los Nombres, aunque deba reconocerse que, en realidad, es a la Conservaduría a la que estas tres palabras le sientan como un guante, por cuanto en ella todos los nombres efectivamente se encuentran, tanto los de los muertos como los de los vivos, mientras que el Cementerio, por su propia naturaleza de último destino y último depósito, tendrá que contentarse siempre con los nombres de los finados. Esta evidencia matemática, sin embargo, no es suficiente para reducir al silencio a los curadores del Cementerio General, que, ante lo que llaman su aparente inferioridad numérica, suelen encoger los hombros y argumentar, Con tiempo y paciencia aquí vendrán todos a parar, la Conservaduría del Registro Civil, bien vistas las cosas, no pasa de un afluente del Cementerio General. Excusado será decir que para la Conservaduría es un insulto llamarla afluente. A pesar de estas rivalidades, de esta emulación profesional, las relaciones entre los funcionarios de la Conservaduría y del Cementerio son claramente amistosas, de respeto mutuo, porque, en el fondo además de la colaboración institucional a que están obligados por la comunidad formal y contigüidad objetiva de sus respectivos estatutos, saben que andan cavando en los dos extremos de la misma viña, esta que se llama vida y está situada entre la nada y la nada.

No era la primera vez que don José aparecía en el Cementerio General. La necesidad burocrática de realizar algunas verificaciones, el esclarecimiento de discrepancias, la confrontación de datos, la dilucidación de diferencias obligan a trasladarse, con relativa frecuencia, a los funcionarios de la Conservaduría al Cementerio, casi siempre los escribientes, poco los oficiales y nunca, ni necesario sería referirlo, los subdirectores o el conservador. También los escribientes y alguna que otra vez los oficiales del Cementerio General, por motivos semejantes, van a la Conservaduría, también allí los reciben con la misma cordialidad con que van a acoger aquí a don José. Tal como la fachada, el interior del edificio es una copia fidelísima de la Conservaduría, debiendo en todo caso precisarse que los funcionarios del Cementerio General suelen afirmar que es la Conservaduría del Registro Civil la copia del Cementerio, y además, considerando que le falta el portón, incompleta, a lo que los de la Conservaduría responden que buen portón es ése, que está siempre cerrado. Sea como sea, aquí se encuentra el mismo mostrador largo que atraviesa el enorme salón, las mismas altísimas estanterías, la misma disposición del personal, en triángulo, con los ocho escribientes en la primera línea, los cuatro oficiales a continuación, los dos subcuradores, que así es como se llaman aquí, y no subdirectores, tal como el curador, en el vértice, no es conservador, y sí curador. Sin embargo, el personal burocrático no es todo el personal del Cementerio. Sentados en dos bancos corridos, a un lado y a otro de la puerta de entrada, frente al mostrador, están los guías. Hay quien, crudamente, sigue llamándoles enterradores, como en los pri-

meros tiempos, pero la designación de su categoría profesional, en el boletín oficial de la ciudad,
es guía-de-cementerio, lo que, reparando mejor, y
al contrario de lo que se podría imaginar, no corresponde a un eufemismo bien intencionado que
pretendiese disimular la brutalidad dolorosa de
una azada excavando un agujero rectangular en la
tierra, antes bien es la expresión correcta de una
función que no se limita a bajar al muerto a la
profundidad, pues lo conduce también por la superficie. Estos hombres, que trabajan en pareja,
esperan sentados, en silencio, que vengan los cor-
tejos fúnebres, y después, pertrechados de la respectiva guía de marcha, rellenada por el escribiente
a quien le tocó el difunto, se meten en uno de los
coches de servicio que esperan en el aparcamiento,
aquellos que tienen en la parte de atrás un letrero luminoso que se enciende y se apaga y que dice
Sígame, como se usa en los aeropuertos, por lo
menos en este punto tiene toda la razón el curador del Cementerio General cuando afirma que
están más avanzados en la moderna tecnología
que la Conservaduría del Registro Civil, donde
la tradición todavía manda escribir con pluma de
mojar en el tintero. Realmente, cuando se ve al
coche fúnebre y a sus acompañantes siguiendo
obedientemente a los guías por las cuidadas calles de la ciudad y por los malos caminos de los
arrabales, con la luz dale que dale hasta el sitio
donde será la sepultura, Sígame, Sígame, Sígame,
es imposible no concordar que las mudanzas del
mundo no siempre son para peor. Y, aunque el

pormenor no sea de especial importancia para la comprensión global del relato, viene a propósito explicar que una de las características más significativas de la personalidad de estos guías es que creen que el universo está efectivamente regido por un pensamiento superior permanentemente atento a las necesidades humanas, porque si así no fuese, argumentan ellos, los automóviles no habrían sido inventados precisamente en el momento en que comenzaban a ser más necesarios, o sea, cuando el Cementerio General se había vuelto tan extenso que sería un verdadero calvario llevar al difunto al gólgota por medios tradicionales, fuese el palo y la cuerda, fuese la carreta de dos ruedas. Cuando sensatamente se les observa que deberían ser más cuidadosos con las palabras, pues gólgota y calvario son una y la misma cosa, y que no tiene sentido usar términos que anuncian el dolor a propósito del transporte de alguien que ya no tendrá que sufrir más, es seguro y garantizado que nos responderán con malos modos, que cada uno sabe de sí y sólo Dios sabe de todos.

Entró pues don José y avanzó directamente al mostrador, lanzando al pasar una mirada fría a los guías sentados, con quienes no simpatizaba porque su existencia desequilibraba numéricamente la relación de personal a favor del Cementerio. Siendo conocido de la casa, no necesitaría presentar el carné que lo identificaba como funcionario del Registro Civil, y, en cuanto a la famosa credencial, ni siquiera se le había pasado por la cabeza traerla, porque hasta el más inexperto de los escribientes, de un golpe de vista, sería capaz de percatarse de que era falsa desde la primera a la última línea. De los ocho funcionarios que se alineaban tras el mostrador, don José escogió uno de los que mejor le caían, un hombre algo mayor que él, con el aire ausente de quien ya no espera otra vida. Tal como a los otros, cualquiera que fuese el día, siempre lo había encontrado allí. Al principio llegó a pensar que los funcionarios del Cementerio no disfrutaban de descanso semanal ni de vacaciones, que trabajaban todos los días del año, hasta que alguien le dijo que no era así, que había grupos de eventuales contratados para trabajar los domingos, ya no estamos en el tiempo de la esclavitud, don José. Parece inútil decir que el deseo de los funcionarios del Cementerio General, desde hace mucho tiempo, es que los eventuales se encarguen también de las tardes de sábado, pero, por alegadas razones de presupuesto y partida económica, la reivindicación no ha sido aún satisfecha, no sirviéndole de nada al personal del Cementerio la invocación del ejemplo de la Conservaduría del Registro Civil, que los sábados sólo trabaja por la mañana, por cuanto, según el sibilino despacho superior que negó el requerimiento, Los vivos pueden esperar, los muertos no. De todos modos, era insólito que un funcionario de la Conservaduría apareciese por allí de servicio precisamente en una tarde de sábado, cuando se suponía que estuviera disfrutando del ocio semanal con la familia, paseando por el campo u ocupado en ajustes domésticos que se guardan para cuando haya tiempo, o apenas vagueando, o, todavía, preguntándose para qué sirve el descanso cuando no sabemos qué hacer con él. Con el fin de evitar inoportunas extrañezas, que fácilmente se tornarían embarazosas, don José tuvo el cuidado de adelantarse a la curiosidad del interlocutor, dando la justificación que ya traía preparada, es un caso excepcional, de urgencia, mi subdirector necesita esta información el lunes a primera hora, por eso me pidió que viniese hoy al Cementerio General, en mis horas libres, Ah, bien, dígame de qué se trata, Es muy simple, sólo queríamos saber cuándo fue enterrada esta mujer. El hombre tomó la ficha que don José le presentaba, copió en un papel el nombre y la fecha del fallecimiento y fue a consultar con el oficial respectivo. Don José no entendió lo que decían, aquí, tal como en la Conservaduría, sólo se puede hablar en voz baja, en este caso hay que contar también con la distancia, pero vio que afirmaba con la cabeza y, por el movimiento de los labios, no tuvo dudas de que decía, Puede informar. El hombre buscó en el fichero que se encontraba debajo del mostrador, donde estaban archivadas las fichas de los fallecidos en los últimos cincuenta años, los otros llenan las altas estanterías que se prolongan hacia el interior del edificio, abrió uno de los cajones, encontró la ficha de la mujer, copió en el papel la fecha necesaria y volvió donde se hallaba don José, Aquí tiene, dijo, y añadió, como si creyese que la información podía ser útil, Está en los suicidas. Don José sintió una contracción súbita en la boca del estómago, que es, más o menos, el lugar donde, según un artículo que leyera tiempos atrás en una

revista de divulgación científica, existe una especie
de estrella de nervios con muchas puntas, un enla-
ce irradiante al que llaman plexo solar, sin embargo
consiguió disimular la sorpresa con un fingimiento
automático de indiferencia, la causa de la muerte
constaría forzosamente en el certificado de defunción perdido, que él nunca ha visto, pero que, como funcionario de la Conservaduría, y más viniendo
al Cementerio en misión oficial, no podía mostrar
que desconocía. Con todo cuidado dobló el papel
y lo guardó en la cartera, dio las gracias al informa-
dor, no olvidándose de añadir, entre oficiales del
mismo oficio, manera simple de decir, pues no pasaban ambos de escribientes, que quedaba a su disposición para todo lo que necesitase de la Conservaduría y estuviese a su alcance. Cuando ya había
dado dos pasos en dirección a la puerta se volvió,
Se me ha ocurrido ahora una idea, aprovechar un
rato de la tarde para dar un paseo por el Cementerio, si me autorizasen a entrar por aquí, evitaría dar
un rodeo, Espere que voy a preguntar, dijo el escribiente. Comunicó la petición al oficial con quien
antes había hablado, pero éste, en lugar de responder, se levantó y se dirigió al subcurador de su sección. A pesar de que la distancia era mayor, don
José entendió por el gesto de la cabeza y por el movimiento de los labios que iba a ser autorizado para
servirse de la puerta interior. El escribiente no volvió en seguida al mostrador, abrió primero un armario de donde retiró un gran cartón que después
colocó debajo de la tapa de una máquina que tenía
unas lucecitas de colores. Presionó un botón, se

oyó el ruido de un mecanismo, se encendieron otras luces y luego salió una hoja de papel más pequeña por una abertura lateral. El escribiente volvió a guardar el cartón en el armario y por fin regresó al mostrador, Es mejor que se lleve un mapa, ya hemos tenido casos de personas que se pierden, después es una enorme complicación encontrarlas, los guías tienen que andar buscándolas con los coches y por esa causa se entorpece el servicio, se juntan los funerales ahí fuera a la espera, Las personas entran en pánico fácilmente, bastaría que siguiesen siempre en línea recta en una misma dirección, a alguna parte llegarían, en el archivo de los muertos de la Conservaduría General sí que es difícil, no hay líneas rectas, En teoría tiene razón, pero las líneas rectas de aquí son como las de los laberintos de corredores, están constantemente interrumpiéndose, cambiando de sentido, se da la vuelta a una sepultura y de pronto dejamos de saber dónde estamos, En la Conservaduría solemos usar el hilo de Ariadna, nunca falla, Hubo también una época en que nosotros lo utilizamos, pero duró poco tiempo, el hilo apareció cortado en varias ocasiones y nunca se llegó a saber quién había sido el autor de la tropelía ni la razón que tuvo para cometerla, Los muertos no fueron, seguro, Quién sabe, Esas personas que se perdieron eran gente sin iniciativa, podrían haberse guiado por el sol, Alguna lo habrá hecho, lo malo es que ese día el cielo estuviera cubierto, En la Conservaduría no tenemos de aquellas máquinas, Pues le digo que dan mucho apaño al servicio. La conversación no podía proseguir por más tiempo, el oficial ya había mirado dos veces, y la segunda con el ceño fruncido, fue don José quien lo observó en voz baja, Su oficial ya nos ha echado dos miradas, no quiero que tenga problemas por mi causa, Le indico sólo el lugar donde la mujer está enterrada, repare en el extremo de este ramal, la línea ondulada que se ve aquí es un riachuelo que todavía va sirviendo de frontera, la sepultura se encuentra en este recodo, la identificará por el número, Y por el nombre, Sí, si ya lo tiene, pero son los números los que cuentan, los nombres no cabrían en el mapa, sería necesario uno del mismo tamaño del mundo, Escala uno por uno, Sí, escala uno por uno, e incluso así habría superposiciones, Está actualizado, Lo actualizamos todos los días, Y ya puestos, dígame qué le induce a imaginar que pretendo ver la sepultura de esta mujer, Nada, tal vez porque yo habría hecho lo mismo si estuviese en su lugar, Por qué, Para tener la certeza, De que está muerta, No, la certeza de que estuvo viva. El oficial miró por tercera vez, hizo el movimiento de quien se va a levantar, pero no llegó a terminarlo, don José se despidió precipitadamente del escribiente, Gracias, gracias, dijo, a la vez que inclinaba ligeramente la cabeza en dirección al curador, entidad a quien las reverencias debían ir siempre encomendadas, como cuando se da gracias al cielo, aunque esté cubierto, con la importante diferencia de que en aquel caso la cabeza no se baja, se levanta.

La parte más antigua del Cementerio General, la que se ensanchaba unas cuantas decenas de metros por la parte trasera del edificio administrativo, era la que los arqueólogos preferían para sus investigaciones. Las vetustas piedras, algunas tan gastadas por el tiempo que sólo se conseguía distinguir en ellas unas rayas medio desvanecidas que tanto podrían ser restos de letras como el resultado de desvíos de un escoplo torpe, continuaban siendo objeto de intensos debates y polémicas en las que, perdida definitivamente, en la mayor parte de los casos, la esperanza de saber quién había sido puesto bajo ellas, apenas se discutía, como una cuestión vital, la datación probable de los túmulos. Diferencias tan insignificantes como unos míseros cien años para atrás o para delante eran motivo de larguísimas controversias, tanto públicas como académicas, de las que resultaban, casi siempre, no sólo violentas rupturas de relaciones personales, sino algunas mortales enemistades. Las cosas, si es posible, iban a peor cuando los historiadores y los críticos de arte aparecían metiendo la cuchara en el asunto, pues si era relativamente fácil, todavía, poner de acuerdo al cuerpo de arqueólogos sobre un concepto amplio de antigüedad aceptable para todos, dejando las fechas para después, ya la cuestión de lo bello y de lo verdadero situaba a los hombres y a las mujeres de la estética y de la historia tirando cada uno para su lado, no siendo nada raro ver a un crítico mudar súbitamente de opinión sólo porque la mudanza de opinión de otro crítico hiciera coincidir las dos. A lo largo de los siglos, la inefable paz del Cementerio General, con sus alas de vegetación espontánea, sus flores, sus trepadoras, sus densos macizos, sus festones y guir-

naldas, sus ortigas y sus cardos, los poderosos árboles cuyas raíces muchas veces desenterraban las
piedras tumulares y hacían subir hasta la luz del
sol unos sorprendidos huesos, había sido objetivo
y testigo de feroces guerras de palabras y de uno u
otro paso a vías expeditivas. Siempre que inciden-
tes de esta naturaleza sucedían, el curador comenzaba ordenando a los guías disponibles que acu-
diesen a separar a los ilustrados díscolos, dándose
el caso, cuando alguna situación de imperiosa necesidad lo exigió, de presentarse en persona y figura para recordar irónicamente a los peleadores que
no valía la pena despeinarse por tan poco en vida,
puesto que, tarde o temprano, allí se reunirían todos
calvos. Del mismo modo que el jefe de la Conservaduría del Registro Civil, el curador del Cementerio
General cultiva con brillantez el sarcasmo, quedan-
do así confirmada la presunción de que este trazo
de carácter sea considerado indispensable para
acceder a sus altas y respectivas funciones, a la par,
obviamente, de los competentes conocimientos
prácticos y teóricos de técnica archivística. En alguna cosa, no obstante, historiadores, críticos de
arte y arqueólogos reconocen estar en consonan-
cia, el hecho evidente de que el Cementerio General
es un catálogo perfecto, un muestrario, un resumen de todos los estilos, sobre todo de arquitectura, escultura y decoración, y por tanto un inventario
de todos los modos de ver, estar y habitar existentes hasta hoy, desde el primer dibujo elemental de
un perfil de cuerpo humano, después abierto y ex-
cavado con el pico en la piedra viva, hasta el acero

cromado, los paneles reflectores, las fibras sintéticas y las vidrieras de espejo usadas de forma disparatada en la actualidad de la que se ha venido hablando.

Los primeros monumentos funerarios estaban constituidos por dólmenes, cistas y estelas, después aparecían, como una gran página extendida, en relieve, los nichos, las aras, los tabernáculos, las duernas de granito, las vasijas de mármol, las lápidas lisas y labradas, las columnas dóricas, jónicas, corintias y compósitas, las cariátides, los frisos, los acantos, los entablamentos y los frontones, las bóvedas falsas, las bóvedas verdaderas, y también los paños de muro montados con tejas sobrepuestas, las fundaciones de murallas ciclópeas, los tragaluces, los rosetones, las gárgolas, los ventanales, los tímpanos, los pináculos, los enlosados, los arbotantes, los pilares, las pilastras, las estatuas yacentes representando hombres de yelmo, espada y armadura, los capiteles con historias y sin historias, las granadas, los lirios, las perpetuas, los campanarios, las cúpulas, las estatuas yacentes representando mujeres de tetas apretadas, las pinturas, los arcos, los fieles perros recostados, los niños enfajados, las portadoras de ofrendas, las plañideras con la cabeza cubierta por un manto, las agujas, las nervaduras, los vitrales, las tribunas, los púlpitos, los balcones, otros tímpanos, otros capiteles, otros arcos, unos ángeles de alas abiertas, unos ángeles de alas caídas, medallones, urnas vacías, o fingiendo llamas de piedra, o dejando salir lánguidamente un crespón, melancolías, lágrimas, hombres majestuosos, mujeres magníficas, niños amorosos cercenados en la flor de la edad, ancianos y ancianas que ya no podían esperar más, cruces enteras y cruces partidas, escaleras, clavos, coronas de espinas, lanzas, triángulos enigmáticos, alguna insólita paloma marmórea, bandas de palomas auténticas volando en círculo sobre el camposanto. Y silencio. Un silencio sólo interrumpido de cuando en cuando por los pasos de algún ocasional y ansioso amante de la soledad, a quien una repentina tristeza le llega desde las rumorosas cercanías, donde aún se oyen llantos a la vera del túmulo y en él se depositan ramos de flores frescas, todavía húmedas por la savia, atravesando, por decirlo así, el propio corazón del tiempo, estos tres mil años de sepulturas de todas las formas, espíritus y condiciones, unidas por el mismo abandono, por la misma soledad, pues los dolores que de ellas nacieron un día ya son demasiado antiguos para tener herederos. Orientándose por el mapa, sin embargo lamentando algunas veces la falta de una brújula, don José camina en dirección al sector de los suicidas, donde está enterrada la mujer de la ficha, pero su paso es ahora menos rápido, menos decidido, de vez en cuando se detiene contemplando un pormenor escultórico manchado por los líquenes o por el escurrir de la lluvia, unas plañideras calladas en el intervalo de dos gritos, unas declaraciones solemnes, unas plegarias hieráticas, o deletrea con dificultad una inscripción cuya grafía, de paso, lo atrae, se comprende que ya desde la primera línea lleve tanto tiempo descifrándola, es que este funcionario a pesar de haber tenido que examinar algunas veces, allá en la Conservaduría, pergaminos más o menos coetáneos de esos tiempos, no es versado en escrituras antiguas, por eso nunca consiguió pasar de escribiente. En lo alto de un cerro suave, a la sombra de un obelisco que fue antes marco geodésico, don José se pone a mirar alrededor, hasta donde la vista le alcanza y no encuentra más que túmulos subiendo y bajando los accidentes del terreno, ladeando alguna vertiente abrupta, explayándose en las planicies, Son millones, murmuró, entonces piensa en la enorme cantidad de espacio que se habría ahorrado si los muertos hubiesen sido enterrados de pie, hombro con hombro, en formación cerrada, como un ejército en posición de firmes, teniendo cada uno, como única señal de su presencia allí, un cubo de piedra colocado en la vertical de la cabeza, en el que se relatarían, en las cinco caras visibles, los hechos principales de la vida del fallecido, cinco cuadrados de piedra como cinco páginas, resumen del libro entero que había sido imposible escribir. Casi tocando el horizonte, más allá, más allá, más allá, don José ve unas luces que se van moviendo despacio, como relámpagos amarillos encendiéndose y apagándose a intervalos constantes, son los coches de los guías llamando a la gente que viene detrás, Sígame, Sígame, uno de ellos para de repente, la luz desaparece, quiere decir que ya llegó a su destino. Don José miró la altura del sol, después el reloj, se está haciendo tarde, tendrá que caminar a paso rápido si quiere llegar a la mujer de la ficha antes del crepúsculo. Consultó el

mapa, deslizó por él el dedo indicador para re-
construir, aproximadamente, el camino que había
recorrido desde el edificio de la administración
hasta el sitio en que ahora se encuentra, lo compa-
ró con lo que todavía le faltaba por andar, y estuvo
a punto de perder el coraje. En línea recta, según
la escala, serán unos cinco kilómetros, pero la línea recta continua, en el Cementerio General, como ya quedó dicho, no es cosa que dure mucho, a
estos cinco kilómetros a vuelo de pájaro será necesario añadirles dos más, o incluso tres, viajando
por la superficie. Don José echó cuentas del tiempo y del vigor que aún le restaba en las piernas,
oyó la voz de la prudencia diciéndole que dejase
para otro día, con más calma, la visita a la sepultura de la mujer desconocida, toda vez que sabiendo
dónde está, cualquier taxi o un autobús de línea,
podrían llevarlo, rodeando por fuera el Cementerio, hasta las proximidades del lugar, como hacen
las familias cuando tienen que ir a llorar a sus seres
queridos y a ponerles flores nuevas en los jarrones
o a renovarles el agua, sobre todo en el verano. Estaba don José dirimiendo esta perplejidad cuando
le vino el recuerdo de su aventura en el colegio,
aquella tenebrosa noche de lluvia, aquel empinado
flanco de montaña en que se había transformado la
cubierta del alpende, y después la búsqueda ansio-
sa en el interior del edificio, chorreando de los pies
a la cabeza, con las rodillas desolladas rozándole do-
lorosamente en los pantalones y cómo, por obra
de tenacidad e inteligencia, consiguiera vencer sus
propios miedos y sobreponerse a las mil dificulta-

des que le trabaran el paso, hasta descubrir y finalmente penetrar en la buhardilla misteriosa, enfrentando una oscuridad aún más aterradora que la del archivo de los muertos. Quien a tanto fue capaz de atreverse no tiene ahora derecho a desanimarse ante el esfuerzo de una caminata, por más larga que sea, sobre todo si la está haciendo bajo la luz franca del claro sol, que, como sabemos, es amigo de los héroes. Si las sombras del crepúsculo lo alcanzaran antes de llegar a la sepultura de la mujer desconocida, si la noche viniera cortándole los caminos, diseminando en ellos sus invisibles asombros e impidiéndole seguir adelante, podría esperar el nacimiento del nuevo día tumbado en una de estas piedras musgosas, con un ángel de piedra triste velándole el sueño. O bajo la protección de unos arbotantes como aquéllos de allí, pensó don José, pero después se acordó de que un poco más adelante ya no encontraría arbotantes. Gracias a las generaciones que están por venir y al consiguiente desarrollo de la construcción civil, pronto comenzarán a inventarse maneras menos dispendiosas de sostener una pared en pie, de hecho en un cementerio es donde los resultados del progreso se encuentran más a la vista de los estudiosos o simples curiosos, hay incluso quien afirma que un cementerio así es como una especie de biblioteca donde el lugar de los libros se encontrase ocupado por personas enterradas, en verdad es indiferente, tanto se puede aprender con ellas como con ellos. Don José miró para atrás, desde donde estaba sólo conseguía alcanzar con la vista, por encima de las obras altas de los monumentos fúnebres, el dibujo distante del tejado del edificio administrativo, No imaginaba que hubiese llegado tan lejos, murmuró, y habiendo hecho esta observación, como si, para tomar una decisión, sólo esperase oír el sonido de su propia voz, puso otra vez los pies en el camino.

Cuando por fin llegó al departamento de los suicidas, con el cielo tamizando las cenizas aún blancas del crepúsculo, pensó que se había equivocado de orientación, o que el mapa estaba mal dibujado. Tenía ante sí una gran extensión campestre, con numerosos árboles, casi un bosque, donde las sepulturas, si no fuese por las poco visibles piedras tumulares, más parecerían macizos de vegetación natural. Desde aquí no se podía ver el arroyuelo, pero se sentía el levísimo rumor deslizándose sobre las piedras, y en la atmósfera, que era como cristal verde, flotaba una frescura que no era sólo la de la primera hora del anochecer. Siendo tan reciente, de tan pocos días, la sepultura de la mujer desconocida tendría que estar forzosamente en el límite exterior del terreno ocupado, la cuestión, ahora, es saber en qué dirección. Don José pensó que lo mejor, para no perderse, sería desviarse hacia la orilla del pequeño curso de agua y seguir después a lo largo del margen hasta encontrar las últimas sepulturas. La sombra de los árboles lo cubrió en seguida, como si la noche hubiese caído de pronto. Yo debería tener miedo, murmuró don José, en medio de este silencio, entre estos túmulos, con estos árboles que me rodean, y a pesar de eso me

siento tranquilo como si estuviese en mi casa, sólo
me duelen las piernas de haber andado tanto, aquí
está el regato, si tuviese miedo podría irme de
aquí en este mismo instante, bastaba atravesarlo,
sólo me tengo que descalzar y remangar los pantalones, colgarme los zapatos al cuello y atravesar, el
agua no me llegará ni a las rodillas, en poco tiempo estaría con gente viva, con esas luces que acaban de encenderse. Media hora después, don José
alcanzó el extremo del campo, cuando la luna,
casi llena, casi redonda, salía por el horizonte. Allí
las tumbas todavía no tenían piedras grabadas con
nombres cubriéndolas ni adornos escultóricos, sólo podían ser identificadas por los números blancos pintados en chapas negras clavados a la cabecera, como mariposas atrapadas. La luz de la luna
se derramaba poco a poco por el campo, insinuán-
dose despacio por entre los árboles como un fantasma habitual y benévolo. En un claro, don José
encontró lo que buscaba. No se sacó del bolsillo el
papel que el escribiente del Cementerio le había
dado, no hizo ningún esfuerzo para retener el número en la memoria, pero lo supo cuando necesitó
de él, y ahora lo tenía delante, iluminado de lleno,
como si hubiera sido pintado con tinta fosfores-
cente. Está aquí, dijo.

Don José pasó frío durante la noche. Después de haber proferido aquellas palabras rotundas e inútiles, Está aquí, se quedó sin saber qué más podría hacer. Era cierto que, al cabo de muchos y costosos trabajos, había conseguido, por fin, encontrar a la mujer desconocida, o mejor dicho, el lugar donde yacía, siete palmos contados bajo un suelo que todavía lo sustentaba a él, pero, en sus adentros, pensaba que lo más natural sería sentir miedo, estar asustado con el sitio, con la hora, con el runrunear de los árboles, con la misteriosa luz de la luna y particularmente con el singular cementerio que le rodeaba, una asamblea de suicidas, un ayuntamiento de silencios que de un momento a otro podrá comenzar a gritar, Vinimos antes de acabar nuestro tiempo, nos trajo nuestra propia voluntad, pero lo que percibía en su interior se parecía mucho más a una indecisión, a una duda, como si, creyendo haber llegado al fin de todo, su búsqueda todavía no hubiese terminado, como si haber venido aquí no representase sino otro paso, sin mayor importancia que la casa de la señora mayor del entresuelo derecha, o el colegio, o la farmacia donde hizo preguntas, o el archivo en que, allá en la Conservaduría, se guardan los papeles de los muertos. La impresión fue tan fuerte que llegó al extremo de murmurar, como si pretendiese convencerse a sí mismo, Está muerta, ya no puedo hacer nada más, contra la muerte no se puede hacer nada. Durante largas horas había caminado a través del Cementerio General, pasó por tiempos, épocas y dinastías, por reinos, imperios y repúblicas, por guerras y epidemias, por infinitas muertes cotidianas, comenzando en el primer dolor de la humanidad y acabando en esta mujer que se suicidó hace tan pocos días, de manera que don José tiene la obligación de saber que contra la muerte no se puede hacer nada. En un camino hecho de tantos muertos, ninguno de ellos se levantó cuando lo oyó pasar, ninguno de ellos le rogó que le ayudase a reunir el polvo esparcido de la carne con los huesos descoyuntados, ninguno le pidió, Ven a soplarme en los ojos el hálito de la vida, ellos saben bien que contra la muerte no se puede hacer nada, lo saben ellos, todos lo sabemos, mas siendo así, de dónde viene esta angustia que atenaza la garganta de don José, de dónde esta inquietud del espíritu, como si cobardemente hubiese abandonado un trabajo a la mitad y ahora no supiese cómo volver a retomarlo con dignidad. En el otro lado del regato, no muy lejos, se ven algunas casas con las ventanas iluminadas, los focos mortecinos de las farolas públicas del suburbio, una ráfaga fugitiva de automóvil que transita por la carretera. Y al frente, apenas a unos treinta pasos, como tenía que suceder más lejos o más cerca, un pequeño puente que liga los dos márgenes del riachuelo, por tanto don José no tendrá que quitarse los zapatos y arremangarse los pantalones cuando quiera alcanzar la otra orilla. En circunstancias normales ya lo habría hecho, sobre todo teniendo en cuenta que no lo conocemos como persona de extremo coraje, que es el que necesitará para permanecer impasible en un cementerio por la noche, con un muerto bajo los pies y con una luna capaz de hacer caminar las sombras. Las circunstancias, sin embargo, son éstas y no otras, aquí no se trata de corajes o cobardías, aquí se trata de la muerte y la vida, por eso don José, aun sabiendo que tendrá miedo muchas veces esta noche, aun sabiendo que le aterrorizarán los suspiros del viento, que de madrugada el frío que baja del cielo se juntará al frío que sube de la tierra, don José se sentará bajo un árbol, acogiéndose al abrigo de la cavidad providencial de un tronco. Se alza el cuello de la chaqueta, se encoge todo lo que puede para guardar el calor del cuerpo, cruza los brazos resguardando las manos debajo de los sobacos y se dispone a esperar el día. Siente el estómago pidiéndole comida, pero no le importa, nunca nadie ha muerto por haber prolongado el intervalo entre dos refecciones, salvo cuando la segunda tardó tanto en ser servida que no llegó a tiempo de servir. Don José quiere saber si realmente está todo terminado, o si por el contrario, todavía falta alguna cosa que se le hubiese olvidado, o mucho más importante, algo en que no haya pensado nunca y que sea, por fin, lo esencial de esta extraña aventura que el azar le ha deparado. Había buscado a la mujer desconocida por todas partes y acabó encontrándola aquí, debajo de aquel montículo de tierra que las hierbas salvajes no tardarán en tapar, si antes no viene el marmolista aplanándolo para sentar la lápida de mármol con la habitual inscripción de fechas, la primera y la última, y el nombre, aunque puede suceder que la familia sea de las que prefieren para sus difuntos un simple marco rectangular en cuyo interior después se sembrará un césped decorativo, solución que ofrece la doble ventaja de ser menos cara y de servir de casa a los insectos de la superficie. La mujer está, pues, allí, se cerraron para ella todos los caminos del mundo, anduvo lo que tenía que andar, paró donde quiso, punto final, sin embargo don José no consigue liberarse de una idea fija, la de que nadie más, a no ser él, podrá mover la última pieza que quedó en el tablero, la pieza definitiva, aquella que, desplazada en la dirección correcta, dará sentido real al juego, bajo pena, si no se hace, de dejarlo empatado para la eternidad. No sabe qué mágico lance será ése, si decidió pasar la noche aquí no es porque albergue esperanzas de que el silencio le confíe al oído el secreto ni que la luz de la luna amablemente se lo dibuje entre las sombras de los árboles, está apenas como alguien que, habiendo subido a una montaña para divisar desde allí los paisajes, se resiste a regresar al valle mientras no sienta que en sus ojos deslumbrados ya no quepan más amplitudes.

El árbol al que don José se acogió es un olivo antiguo, cuyos frutos sigue recogiendo la gen-

te del extrarradio a pesar de que el olivar se haya
convertido en cementerio. Con la mucha edad, el
tronco se ha ido abriendo de un lado, de arriba
abajo, como una cuna que hubiese sido puesta de
pie para que ocupe menos espacio, y es ahí donde don José dormita de vez en cuando, es ahí donde
despierta bruscamente asustado por un golpe de
viento que le abofetea la cara, o si el silencio y la
inmovilidad del aire se hacen tan profundos que el
espíritu en duermevela comienza a soñar con los
gritos de un mundo que resbala hacia la nada. A
cierta altura, como quien decide limpiarse la mancha de una mora con otra, don José resolvió servirse de la fantasía para recrear mentalmente todos los
horrores clásicos del lugar donde se encontraba, las
procesiones de almas en pena envueltas en sábanas
blancas, las danzas macabras de esqueletos resta-
llándoles los huesos al compás, la figura ominosa
de la muerte rasando el suelo con una guadaña en-
sangrentada para que los muertos se resignen a seguir muertos, mas, porque nada de esto sucedía en
realidad, porque era sólo obra de la imaginación,
don José, poco a poco, fue cayendo en una enorme
paz interior, sólo perturbada a veces por las carreras
irresponsables de los fuegos fatuos, capaces de poner al borde de un ataque de nervios a cualquier
persona, por muy fuerte de ánimo que sea o cono-
cedora de los principios elementales de la química
orgánica. Y es que el timorato don José está de-
mostrando aquí un valor que los muchos descon-
ciertos y aflicciones que le vimos pasar antes no
permitían esperar de su parte, lo que viene a pro-

bar, una vez más, que es en las ocasiones de mayor apuro cuando el espíritu da la auténtica medida de su grandeza. Cerca de la madrugada, ya medio curado de espantos, reconfortado por el calor suave del árbol que lo abrazaba, don José entró en el sueño con notable tranquilidad, mientras el mundo a su entorno, lentamente, iba surgiendo de las sombras malévolas de la noche y de las claridades ambiguas de la luna que se despedía. Cuando don José abrió los ojos, el día clareaba. Estaba aterido, el amigable abrazo vegetal no debió de ser más que otro sueño engañoso, a no ser que el árbol, considerando cumplido el deber de hospitalidad a que todos los olivos, por propia naturaleza, están obligados, lo hubiera soltado de sí antes de tiempo y abandonado sin recursos a la frialdad de la finísima neblina que flotaba, a ras de suelo, sobre el cementerio. Don José se levantó con dificultad, sintiendo que le crujían todas las articulaciones del cuerpo, y avanzó torpemente buscando el sol, al mismo tiempo que sacudía los brazos con fuerza para calentarse. Al lado de la sepultura de la mujer desconocida, mordisqueando la hierba húmeda, había una oveja blanca. Alrededor, aquí y allí, otras ovejas pastaban. Y un hombre mayor, con un cayado en la mano, venía hacia don José. Lo acompañaba un perro vulgar, ni grande ni pequeño, que no daba señales de hostilidad, aunque tenía todo el aire de estar esperando una orden del dueño para manifestarse. El hombre paró al otro lado de la tumba con la actitud inquisitiva de quien, sin pedir una explicación, cree que se la deben, y don Jo-

sé dijo, Buenos días, a lo que el otro respondió,
Buenos días, Bonita mañana, No está mal, Me
dormí, dijo después don José, Ah, se durmió, repitió el hombre en tono de duda, Vine aquí para ver
la tumba de una persona amiga, me senté a descansar debajo de aquel olivo y me dormí, Pasó aquí la
noche, Sí, Es la primera vez que encuentro a alguien a estas horas, cuando traigo las ovejas a pas-
tar, Durante el resto del día, no, preguntó don
José, Parecería mal, sería una falta de respeto, las
ovejas metiéndose por medio de los entierros o dejando cagarrutas cuando las personas que vienen a
recordar a sus seres queridos andan por ahí rezando
y llorando, aparte de eso, los guías no quieren que
se les incomode cuando están cavando las fosas,
por eso no tengo otro remedio que traerles unos
quesos alguna que otra vez para que no se quejen al
curador, Siendo el Cementerio General, por todos
lados, un campo abierto, cualquier persona puede
entrar, y quien dice personas, dice bichos, me sorprende no haber visto ni un perro o un gato desde
el edificio de la administración hasta aquí, Perros y
gatos vagabundos no faltan, Pues yo no encontré
ninguno, Anduvo todos esos kilómetros a pie, Sí,
Podía haber venido en el autobús de línea, o en
taxi, o en su automóvil, si lo tiene, No sabía cuál
era la sepultura, por eso tuve que informarme primero en la administración, y después, como el día
estaba tan hermoso, decidí venir andando, Es raro
que no le hayan mandado que dé la vuelta, como
hacen siempre, Les pedí que me dejasen pasar, y
ellos me autorizaron, Es arqueólogo, No, Historia-

dor, Tampoco, Crítico de arte, Ni pensarlo, Investigador heráldico, Por favor, Entonces no entiendo por qué quiso hacer toda esa caminata, ni cómo consiguió dormir en medio de las sepulturas, acostumbrado estoy yo al paisaje y no me quedaría ni un minuto después de la puesta del sol, Ya ve, me senté y me quedé dormido, Es usted un hombre de valor, Tampoco soy hombre de valor, Descubrió a la persona que buscaba, Es esa que está ahí, a sus pies, Es hombre o mujer, Es mujer, Todavía no tiene nombre, Supongo que la familia estará tratando lo de la lápida, He observado que las familias de los suicidas, más que las otras, descuidan esa obligación elemental, quizá tengan remordimientos, deben de pensar que son culpables, Es posible, Si no nos conocemos de ninguna parte, por qué responde a todas las preguntas que le hago, lo más natural sería que me dijese que no tengo por qué meterme en su vida, Es ésta mi manera de ser, siempre respondo cuando me preguntan, Es subalterno, subordinado, dependiente, camarero, mozo de recados, Soy escribiente de la Conservaduría General del Registro Civil, Entonces vino aposta para saber la verdad sobre el terreno de los suicidas, pero antes de que se la cuente, tendrá que jurarme solemnemente que nunca desvelará el secreto a nadie, Lo juro por lo más sagrado que tengo en la vida, Y qué es para usted, ya puestos, lo más sagrado de su vida, No sé, Todo, O nada, Tiene que reconocer que va a ser un juramento un tanto vago, No veo otro que valga más, Hombre, jure por su honra, antes era el juramento más seguro, Pues sí,

juraré por mi honra, pero mire que el jefe de la
Conservaduría se hartaría de reír si oyese a uno de
sus escribientes jurando por la honra, Entre pastor
de ovejas y escribiente es un juramento suficientemente serio, un juramento que no da ganas de reír,
por lo tanto nos quedaremos con él, Cuál es la verdad del terreno de los suicidas, preguntó don José,
Que en este lugar no todo es lo que parece, Es un
cementerio, es el Cementerio General, Es un laberinto, Los laberintos pueden verse desde fuera, No
todos, éste pertenece a los invisibles, No comprendo, Por ejemplo, la persona que está aquí, dijo el
pastor tocando con la punta del cayado el montículo de tierra, no es quien usted cree. De repente,
el suelo osciló bajo los pies de don José, la última
pieza del tablero, su última certeza, la mujer desconocida finalmente encontrada, acababa de desaparecer, Quiere decir que ese número está equivocado, preguntó temblando, Un número es un
número, un número nunca engaña, respondió el
pastor, si levantasen de aquí éste y lo colocaran en
otro sitio, aunque fuese en el fin del mundo, segui-
ría siendo el número que es, No le entiendo, Ya va
a entenderme, Por favor, mi cabeza está confusa,
Ninguno de los cuerpos que están aquí enterrados
corresponde a los nombres que se leen en las placas
de mármol, No me lo creo, Se lo digo yo, Y los números, Están todos cambiados, Por qué, Porque alguien los muda antes de que traigan y coloquen las
piedras con los nombres, Quién hace eso, Yo, Pero
eso es un crimen, protestó indignado don José, No
hay ninguna ley que lo diga, Voy a denunciarlo

ahora mismo a la administración del Cementerio, Acuérdese de que ha jurado, Retiro el juramento, en esta situación no vale, Puede siempre poner la palabra buena sobre la mala palabra, pero ni una ni otra podrán ser retiradas, palabra es palabra, juramento es juramento, La muerte es sagrada, Lo que es sagrado es la vida, señor escribiente, por lo menos así se dice, Pero tiene que haber, en nombre de la decencia, un mínimo de respeto por los muertos, vienen aquí las personas a recordar a sus parientes y amigos, a meditar o a rezar, a poner flores o a llorar delante de un nombre querido, y ya ve, por culpa de la malicia de un pastor de ovejas, el nombre auténtico del enterrado es otro, los restos mortales venerados no son de quien se supone, la muerte, así, es una farsa, No creo que haya mayor respeto que llorar por alguien que no se ha conocido, Pero la muerte, Qué, La muerte debe ser respetada, Me gustaría que me dijera en qué consiste, en su opinión, el respeto por la muerte, Sobre todo, en no profanarla, La muerte, como tal, no se puede profanar, Sabe muy bien que estoy hablando de los muertos, no de la muerte en sí misma, Dígame dónde encuentra aquí el menor indicio de profanación, Haberles trocado los nombres no es chica profanación, Comprendo que un escribiente de la Conservaduría del Registro Civil tenga esas ideas acerca de los nombres. El pastor se interrumpió, hizo una señal al perro para que fuera a buscar a una oveja descarriada, después continuó, Todavía no le he dicho por qué razón comencé a cambiar las chapas en que están escritos los números de las sepulturas, Dudo que me interese saberlo, Dudo que no le interese, Dígame, Si fuese cierto, como es mi convicción, que las personas se suicidan porque no quieren ser encontradas, éstas de aquí, gracias a lo que usted llamó la malicia del pastor de ovejas, quedarán definitivamente libres de intromisiones, la verdad es que ni yo mismo, aunque lo quisiese, sería capaz de acordarme de los sitios cabales, sólo sé lo que pienso cuando paso ante una de esas lápidas con el nombre completo y las respectivas fechas de nacimiento y muerte, Qué piensa, Que es posible no ver la mentira incluso cuando la tenemos delante de los ojos. Ya hacía mucho tiempo que la neblina había desaparecido, ahora se advertía cómo era de grande el rebaño. El pastor hizo con el cayado un movimiento sobre la cabeza, era una orden al perro para que fuese reuniendo al ganado. Dijo el pastor, Es hora de irme con las ovejas, no sea que comiencen a llegar los guías, ya veo las luces de los coches, pero aquéllos no vienen aquí, Yo me quedo, dijo don José, Realmente está pensando en denunciarme, preguntó el pastor, Soy un hombre de palabra, lo que juré está jurado, Además, seguro que le aconsejarían callarse, Por qué, Imagínese el trabajo que daría desenterrar a todas estas personas, identificarlas, muchas de ellas no son más que polvo entre polvo. Las ovejas ya estaban reunidas, alguna, algo retrasada, saltaba con agilidad sobre las tumbas para huir del perro y juntarse a sus hermanas. El pastor preguntó, Era amigo o pariente de la persona que vino a visitar, Ni siquiera la conocía, Y a pesar de eso la buscaba,

La buscaba porque no la conocía, Ve cómo yo
tenía razón cuando le dije que no hay mayor respeto que llorar a una persona que no se ha conocido, Adiós, Puede ser que todavía nos encontremos
alguna vez, No creo, Nunca se sabe, Quién es usted,
Soy el pastor de estas ovejas, Nada más, Nada más.
Una luz centelleó a lo lejos, Aquél viene hacia aquí,
dijo don José, Así parece, dijo el pastor. Con el
perro al frente, el rebaño comenzó a moverse en dirección al puente. Antes de desaparecer tras los árboles de la otra orilla, el pastor se volvió e hizo un
gesto de despedida. Don José levantó también el
brazo. Se veía ahora mejor la luz intermitente del
coche de los guías. De vez en cuando desaparecía,
escondida por los accidentes del terreno o por las
construcciones irregulares del Cementerio, las to-
rres, los obeliscos, las pirámides, después reaparecía
más fuerte y más próxima, y venía deprisa, señal
evidente de que los acompañantes no eran muchos. La intención de don José, cuando dijo al pastor, Yo me quedo, era permanecer a solas unos minutos más antes de ponerse de nuevo en camino.
La única cosa que quería era pensar un poco en sí
mismo, encontrar la medida justa de su decepción,
aceptarla, poner el espíritu en paz, decir de una
vez, Se acabó, pero ahora le había surgido otra
idea. Se aproximó a una sepultura y adoptó la actitud de alguien que está meditando profundamente
en la irremisible precariedad de la existencia, en la
vacuidad de todos los sueños y de todas las esperanzas, en la fragilidad absoluta de las glorias mun-
danas y divinas. Cavilaba con tanta concentración

que no dio muestras de haber reparado en la llegada de los guías y de la media docena de personas, o poco más, que acompañaban al entierro. No se movió durante el tiempo que duró la apertura de la fosa, la bajada del ataúd, el relleno del hueco, la formación del acostumbrado montículo con la tierra sobrante. No se movió cuando uno de los guías clavó en la parte de la cabecera la chapa metálica negra con el número de la sepultura en blanco. No se movió cuando el automóvil de los guías y el coche fúnebre se apartaban, no se movió durante los escasos dos minutos que los acompañantes aún se mantuvieron al pie de la sepultura diciendo palabras inútiles y enjugando alguna lágrima, no se movió cuando los dos automóviles que los trajeron se pusieron en marcha y atravesaron el puente. No se movió hasta que no se quedó solo. Entonces retiró el número que correspondía a la mujer desconocida y lo colocó en la sepultura nueva. Después, el número de ésta fue a ocupar el lugar del otro. El trueque estaba hecho, la verdad se había convertido en mentira. En todo caso, bien podría suceder que el pastor, mañana, encontrando allí una nueva tumba, lleve, sin saberlo, el número falso que en ella se ve a la sepultura de la mujer desconocida, posibilidad irónica en que la mentira, pareciendo repetirse a sí misma, volvería a ser verdad. Las obras de la casualidad son infinitas. Don José se marchó a casa. Por el camino, entró en una pastelería. Tomó un café con leche y una tostada. Ya no aguantaba más el hambre.

Decidido a recuperar el sueño perdido, don José se metió en la cama nada más llegar a casa, pero todavía no habrían transcurrido dos horas ya estaba otra vez despierto. Tuvo un sueño extraño, enigmático, se vio a sí mismo en medio del cementerio, entre una multitud de ovejas, tan numerosas que apenas dejaban distinguir los montículos de los túmulos, y cada una tenía en la cabeza un número que mudaba continuamente, mas, siendo todas iguales, no conseguía advertir si eran las ovejas las que cambiaban de número o eran los números los que cambiaban de oveja. Se oía una voz que gritaba, Estoy aquí, estoy aquí, no podía venir de las ovejas porque hace mucho tiempo que dejaron de hablar, tampoco podían ser las sepulturas porque no hay memoria de que alguna vez hayan hablado y, sin embargo, insistente, la voz seguía llamando, Estoy aquí, estoy aquí, don José miraba en aquella dirección y sólo veía los hocicos levantados de los animales, después las mismas palabras resonaban a sus espaldas, a la derecha o a la izquierda, Estoy aquí, estoy aquí, y él se volvía rápidamente, pero no lograba saber de dónde venían. Don José estaba afligido, quería despertar y no lo conseguía, el sueño continuaba, ahora aparecía el pastor con el perro, entonces don José pensó, No hay nada que este pastor no sepa, él me va a decir de quién es esta voz, pero el pastor no habló, sólo hizo un gesto con el cayado sobre la cabeza, el perro rodeó a las ovejas, obligándolas a moverse en dirección a un puente por donde pasaban silenciosamente automóviles con letreros luminosos encendiéndose y apagándose que decían Sígame, Sígame, Sígame, en un instante el rebaño desapareció, desapareció el perro, desapareció el pastor, sólo se quedó el suelo del cementerio cubierto de números, los mismos que antes estuvieran en las cabezas de las ovejas, pero, porque se encontraban ahora todos juntos, todos pegados por los extremos, en una espiral ininterrumpida de la que él mismo era el centro, no se podía distinguir dónde comenzaba uno y terminaba otro. Angustiado, cubierto de sudor, don José se despertó diciendo, Estoy aquí. Tenía los párpados cerrados, estaba semiconsciente, pero repitió dos veces con fuerza, Estoy aquí, estoy aquí, después abrió los ojos al mezquino espacio en que vivía hacía tantos años, vio el techo bajo, de estuco agrietado, el suelo con las tablas combadas, la mesa y las dos sillas en medio de la sala, si tal nombre tiene sentido en un lugar como éste, el armario donde guardaba las noticias y las imágenes de las celebridades, la esquina que llevaba a la cocina, el cubículo que servía de cuarto de baño, entonces fue cuando dijo, Tengo que descubrir una manera de liberarme de esta locura, se refería, obviamente, a la mujer ahora para siempre desconocida, la casa, pobre de ella, no tenía

ninguna culpa, sólo era una casa triste. Por miedo
a que el sueño se repitiera, don José no intentó dormirse otra vez. Estaba acostado boca arriba, mirando al techo, esperando que éste le preguntase,
Por qué me miras, pero el techo no le hizo caso, se
limitó a observarlo sin mudar de expresión. Don
José desistió de esperar que de allí le viniera ayuda, tendría que resolver el problema él solo, y la
mejor manera seguía siendo convencerse de que
no había problema alguno, Muerto el perro, se
acabó la rabia, fue el dictado poco respetuoso que
le salió de la boca, llamar perro rabioso a la mujer
desconocida, olvidando por un momento que hay
venenos tan lentos que cuando llegan a producir
efecto ya ni nos acordamos de su origen. En seguida, cayendo en la cuenta, murmuró, Cuidado, la
muerte es muchas veces un veneno lento, después
se preguntó, Cuándo y por qué comenzaría ella a
morir. Entonces fue cuando el techo, sin que parezca existir alguna relación, directa o indirecta,
con lo que acababa de oír, salió de su indiferencia
para recordar, Por lo menos hay todavía tres personas con quienes no has hablado, Quiénes son,
preguntó don José, Los padres y el ex marido, Realmente, no sería mala idea hablar con los padres, al
principio llegué a pensar en eso, pero decidí dejarlo para otra ocasión, O lo haces ahora o nunca,
aún te puedes divertir andando un poco más de
camino, antes de darte de bruces, definitivamente,
con el muro, Si no estuvieses ahí agarrado todo el
tiempo, como techo que eres, sabrías que no ha sido un divertimento, Pero ha sido una diversión,

Cuál es la diferencia, Ve a buscarla a los diccionarios, que para eso existen, Pregunté por preguntar, cualquier persona sabe que una maniobra de diversión no es una maniobra de divertimento, Y qué me dices del otro, El otro, quién, El ex marido, probablemente será quien más cosas podrá contar acerca de esa tu mujer desconocida, imagino que la vida de casados, la vida en común, será como una especie de lente de aumento, imagino que no debe haber reserva o secreto capaces de resistir durante mucho tiempo al microscopio de una observación continua, Hay quien dice, por el contrario, que cuanto más se mira menos se ve, sea como sea no creo que valga la pena hablar con ese hombre, Tienes miedo de que se ponga a explicarte las causas del divorcio, no quieres oír nada que vaya en detrimento suyo, En general las personas no consiguen ser justas, ni consigo mismas, ni con los otros, de manera que él me contaría el caso tratando de mantener toda la razón, Inteligente análisis, sí señor, No soy estúpido, Pues no, estúpido no eres, lo que pasa es que empleas demasiado tiempo en entender las cosas, sobre todo las más simples, Por ejemplo, Que no tenías ningún motivo para buscar a esa mujer, a no ser, A no ser, qué, A no ser el amor, Es necesario ser un techo para tener una idea tan absurda, Creo haberte dicho alguna vez que los techos de las casas son el ojo múltiple de Dios, No me acuerdo, Si no te lo dije con estas precisas palabras, te lo digo ahora, Entonces dime también cómo podría querer a una mujer a la que no conocía, a quien nunca había visto, La pregunta es pertinente, sin duda, pero sólo tú podrás darle respuesta, Esa idea no tiene pies ni cabeza, Es indiferente que tenga cabeza o tenga pies, te hablo de otra parte del cuerpo, del corazón, ése del que decís que es el motor y la sede de los afectos, Repito que no podía querer a una mujer que no conozco, a la que nunca he visto, salvo en retratos antiguos, Querías verla, querías conocerla, y eso, concuerdes o no, ya es amar, Fantasías de techo, Fantasías tuyas, de hombre, no mías, Eres pretencioso, te crees que sabes todo sobre mí, Todo, no, pero alguna cosa habré aprendido después de tantos años de vida en común, apuesto a que nunca habías pensado que tú y yo vivimos en común, la gran diferencia que existe entre nosotros es que tú sólo me prestas atención cuando necesitas consejos y levantas los ojos para arriba, mientras que yo me paso todo el tiempo mirándote, El ojo de Dios, Toma mis metáforas en serio, si quieres, pero no las repitas como si fuesen tuyas. Después de esto, el techo decidió callarse, comprendió que los pensamientos de don José estaban encaminados a la visita que iba a realizar a los padres de la mujer desconocida, el último paso antes de darse de bruces con el muro, expresión igualmente metafórica que significa, Llegaste al final.

Don José salió de la cama, se aseó como debía, preparó algo de comer y, recuperado el vigor físico de esta manera, apeló al vigor moral para telefonear, con la indispensable frialdad burocrática, a los padres de la mujer desconocida, en primer lugar para saber si estaban en casa, después para preguntar si podrían, hoy mismo, recibir a un funcionario de la Conservaduría General del Registro Civil que necesitaba tratar con ellos de un asunto relacionado con la hija fallecida. Tratándose de cualquier otra llamada, don José habría salido para hablar desde la cabina pública que se encontraba al otro lado de la calle, pero, en este caso, cabía el peligro de que, al atender, distinguieran el ruido de la moneda cayendo en el interior de la máquina, hasta la menos suspicaz de las personas requeriría que le explicasen por qué razón un funcionario de la Conservaduría General telefoneaba desde una cabina, y además en domingo, sobre cuestiones de trabajo. Aparentemente, la solución de la dificultad no se encontraba lejos de don José, le bastaba entrar furtivamente una vez más en la Conservaduría y usar el teléfono de la mesa del jefe, pero el riesgo de este acto no sería menor, pues en la relación de llamadas telefónicas, todos los meses enviada por la central y verificada, número a número, por el conservador, forzosamente constaría la clandestina comunicación, Qué llamada es ésta, hecha desde aquí un domingo, preguntaría el conservador a los subdirectores, y en seguida, sin esperar respuesta ordenaría, Procédase a una investigación, ya. Resolver el misterio de la llamada secreta sería la cosa más fácil del mundo, era sólo darse el trabajo de conectar con el número sospechoso y oír de allí la información, Sí señor, en ese día nos telefoneó un funcionario de la Conservaduría General del Registro Civil, y no sólo telefoneó, vino aquí, quería saber las razones por las que nuestra hija se suicidó, alegó que era para la estadística, Para la estadística, Sí señor, para la estadística, por lo menos fue lo que nos dijo, Muy bien, ahora escúcheme con atención, Dígame, Con vistas al completo esclarecimiento de este asunto es indispensable que usted y su marido se dispongan a colaborar con la autoridad de la Conservaduría, Qué debemos hacer, Mañana vienen a la Conservaduría para identificar al funcionario que los visitó, Allí estaremos, Pasará un coche a buscarlos. La imaginación de don José no se limitó a crear este inquietante diálogo, terminado éste pasó a las representaciones mentales de lo que acontecería después, los padres de la mujer desconocida entrando en la Conservaduría y apuntando, Es aquél, o dentro del coche que los recogió, observando la entrada de los funcionarios y señalando, Fue aquél. Don José murmuró, Estoy perdido, no tengo ninguna salida. Sí, la tenía y cómoda, y definitiva, si renunciase a ir a casa de los padres de la mujer desconocida, o si fuese sin avisar antes, si simplemente llamase a la puerta y dijese, Buenas tardes, soy funcionario de la Conservaduría General del Registro Civil, disculpen que venga a incomodarlos en domingo, pero el servicio en la Conservaduría se ha acumulado hasta tal punto, con tanta gente naciendo y muriendo, que hemos adoptado un régimen laboral de horas extraordinarias permanentes. Sería sin ninguna duda el procedimiento más inteligente, aquel que podría dar a don José las máximas garantías posibles sobre su seguridad futura, pero parecía que las últimas horas vividas, aquel enorme cementerio con sus brazos de pulpo extendidos, la noche de luna opaca y de sombras caminando, el baile convulsivo de los fuegos fatuos, el pastor viejo y las ovejas, el perro silencioso, como si le hubiesen extraído las cuerdas vocales, las tumbas con los números cambiados, parecía que todo esto le había confundido los pensamientos, en general suficientemente lúcidos y claros para el gobierno de la vida, de otra manera no se entendería por qué continúa empeñado en su idea de telefonear, menos se entiende aún que, ante sí mismo, la pretenda justificar con el argumento pueril de que una llamada previa le facilitará el camino para recoger las informaciones. Piensa que tiene una fórmula capaz de disipar de entrada la más leve desconfianza, que será decir, como ya está diciendo, sentado en el sillón del jefe, Soy del retén de la Conservaduría General del Registro Civil, esa palabra retén, cree él, es la ganzúa que le abrirá todas las puertas, y parece que no le faltaba razón, del otro lado ya están respondiéndole que Sí señor, venga cuando quiera, hoy no salimos de casa. Un último vestigio de sensatez hizo cruzar por la cabeza de don José el pensamiento de que, probablemente, acababa de hacer el nudo en la cuerda que lo ahorcará, pero la locura le tranquilizó, le dijo que la relación de llamadas tardaría unas cuantas semanas en ser remitida por la central, y, quién sabe, puede suceder que el conservador se encuentre de vacaciones esos días, o esté enfermo en casa, o simplemente ordene a uno de los subdirectores conferir los números, no sería la primera vez, lo que, con bastante probabilidad, significaría que el delito no se descubrirá, teniendo en cuenta que a ninguno de los subdirectores le agrada el encargo, Bueno, mientras el palo va y viene, descansa la espalda, murmuró don José para concluir, resignándose a los dictados del destino. Colocó la guía de teléfonos en el sitio justo de la mesa, encuadrándola rigurosamente con el ángulo recto de la tapa, limpió el auricular con el pañuelo para borrar las impresiones digitales y entró en casa. Comenzó por abrillantar los zapatos, después cepilló el traje, se puso una camisa limpia, la mejor corbata y ya tenía en la mano el tirador de la puerta cuando se acordó de la credencial. Presentarse en casa de los padres de la mujer desconocida diciendo simplemente, Soy la persona que telefoneó de la Conservaduría, no tendría, seguro, en cuanto a poder de convicción y autoridad, el mismo efecto que ponerles ante los ojos un papel timbrado, sellado y firmado, otorgando al portador plenos derechos y facultades en el ejercicio de sus funciones y para cabal cumplimiento de la misión que le había sido asignada. Abrió el armario, buscó el expediente del obispo y retiró la credencial, sin embargo, de un primer vistazo, comprendió que no servía. En primer lugar, por la fecha, anterior al suicidio, y en segundo lugar, por los propios términos de la redacción, por ejemplo, aquella orden de averiguar hasta el fondo todo lo concerniente a la vida pasada, presente y futura de la mujer desconocida, Ni siquiera sé dónde está ella ahora, pensó don José, y en cuanto a una vida futura, en ese mo-

mento recordó la copla popular que dice, Lo que
está tras la muerte, nunca nadie lo vio ni lo verá, de
tantos que allí fueron, nunca ninguno volvió acá.
Iba a reponer la credencial en su lugar, pero en el
último instante tuvo que obedecer una vez más al
estado de espíritu que lo viene obligando a con-
centrarse de manera obsesiva en una idea y a persistir en ella hasta verla realizada. Ya que se había
acordado de la credencial, tendría, indefectible-
mente, que llevar una credencial. Volvió a entrar
en la Conservaduría, fue al armario de los impresos, mas se había olvidado de que el armario de los
impresos, desde la investigación, estaba siempre
cerrado. Por primera vez en su vida de persona pa-
cífica sintió un ímpetu de furia, hasta el punto de
pasársele por la cabeza dar un golpe en el cristal y
mandar al diablo las consecuencias. Felizmente recordó a tiempo que el subdirector encargado de
velar por el consumo de impresos guardaba la llave del armario respectivo en un cajón de la mesa,
y que los cajones de los subdirectores, como era
norma rigurosa en la Conservaduría General, no
podían estar cerrados, El único que aquí tiene derecho a guardar secretos soy yo, dijo el jefe, y su
palabra era ley, que al menos por esta vez no se
aplicaba a los oficiales y a los escribientes por la
simple razón de que ésos, como se ha visto, trabajan en mesas simples, sin cajones. Don José se envolvió la mano derecha en el pañuelo para no
dejar la menor señal de dedos que lo denunciase,
tomó la llave y abrió el armario de los impresos.
Sacó una hoja de papel con el timbre de la Con-

servaduría, cerró el armario, repuso la llave en el cajón del subdirector, en ese momento la cerradura de la puerta exterior del edificio crujió, oyó deslizarse la lengüeta una vez, durante un instante don José se quedó paralizado, pero en seguida, como en aquellos viejos sueños de su infancia, en que, sin peso, sobrevolaba los jardines y los tejados, se movió ligerísimo sobre las puntas de los pies, cuando la cerradura acabó de abrirse ya don José estaba en casa, jadeante, como si el corazón se le hubiese subido a la boca. Pasó un largo minuto hasta que del otro lado de la puerta se oyó que alguien tosía, El jefe, pensó don José, sintiendo las piernas flaquear, escapé de puro milagro. De nuevo se oyó la tos, más fuerte, tal vez más próxima, con la diferencia de que ahora parecía deliberada, intencional, como si quien entró estuviese anunciando su presencia. Don José miraba aterrorizado la cerradura de la delgada puerta que lo separaba de la Conservaduría. No tuvo tiempo de girar la llave, sólo el picaporte mantenía la puerta cerrada, Si él viene, si mueve el picaporte, si entra aquí, gritaba una voz dentro de la cabeza de don José, te sorprende en flagrante delito, con ese papel en la mano, la credencial sobre la mesa, la voz no le decía nada más que esto, tenía pena del escribiente, no le hablaba de las consecuencias. Don José retrocedió despacio hasta la mesa, tomó la credencial y la escondió, así como la hoja sacada del armario, entre la ropa de la cama, todavía por hacer. Después se sentó y quedó a la espera. Si le preguntasen qué esperaba, no sabría responder. Pasó una hora y don José comenzó a impacientarse. Del otro lado de la puerta no venía ningún otro ruido. Los padres de la mujer desconocida ya estarían extrañándose por la demora del funcionario de la Conservaduría, se parte del principio de que la urgencia es la característica principal de los asuntos que están a cargo de un retén, sea cual sea su naturaleza, agua, gas, electricidad o suicidio. Don José esperó un cuarto de hora más sin moverse de la silla. Al fin de ese tiempo reparó en que había tomado una decisión, no era simplemente seguir una idea fija como de costumbre, se trataba de una decisión, aunque él mismo no supiese explicar cómo la había tomado. Dijo casi en voz alta, Lo que tenga que ocurrir ocurrirá, el miedo no resuelve nada. Con una serenidad que ya no lo sorprendía, recogió la credencial y la hoja de papel, se sentó a la mesa, colocó el tintero delante y, copiando, abreviando y adaptando, redactó el nuevo documento, Hago saber, como Conservador de esta Conservaduría General del Registro Civil, a todos cuantos, civiles o militares, particulares o públicos, vean, lean y compulsen esta credencial, que Fulano de Tal recibió directamente de mí la orden y el encargo de averiguar todo lo que se relacione con las circunstancias del suicidio de Fulana de Tal, en particular de sus causas, tanto próximas como remotas, tras este punto el texto quedó más o menos idéntico, hasta el rotundo imperativo final, Cúmplase. Lamentablemente, el papel no podría llevar el sello, inaccesible ahora por la entrada del jefe en la Conservaduría, pero lo que contaba era la autoridad expresa en cada palabra. Don José guardó la primera credencial con los recortes del obispo, introdujo en el bolsillo interior de la chaqueta la que acababa de escribir y miró con aire desafiante la puerta de comunicación. El silencio del otro lado continuaba. Entonces don José murmuró, Me da igual que estés ahí como que no estés. Avanzó hacia la puerta y la cerró con llave, bruscamente, con dos vueltas rápidas de muñeca, zap, zap.

Un taxi lo llevó a la casa de los padres de la mujer desconocida. Llamó al timbre, apareció una señora que aparentaba unos sesenta y pocos años, más joven por tanto que la señora del entresuelo derecha, con quien el marido la había engañado hacía treinta años, Soy la persona que telefoneó de la Conservaduría General, dijo don José, Haga el favor de entrar, estábamos esperándolo, Disculpe por no haber venido en seguida, pero aún tuve que tratar de otra cuestión muy urgente, No tiene importancia, entre, entre, yo voy delante. La casa tenía un aire sombrío, había cortinas tapando las puertas y las ventanas, los muebles eran pesados, en las paredes oscurecían cuadros con paisajes que nunca debieron de existir. La dueña de la casa hizo pasar a don José a lo que parecía un despacho, donde esperaba un hombre bastante mayor que ella, Es el señor de la Conservaduría, dijo la mujer, Quiere sentarse, invitó el hombre, señalando una silla. Don José sacó la credencial del bolsillo, sosteniéndola en la mano mientras decía, Lamento tener que incomodarles en su luto, pero el tra-

bajo así lo exige, este documento les dirá con toda
precisión en qué consiste mi misión aquí. Entregó
el papel al hombre, que lo leyó acercándoselo mucho a los ojos y al final dijo, Debe de ser impor-
tantísima su misión, para que un documento redactado en tales términos se justifique, Es el estilo
de la Conservaduría General, incluso tratándose de
una misión simple como ésta, de investigación
de causas de suicidio, Le parece poco, No me in-
terprete mal, lo que quise decir es que cualquiera
que sea la misión que se nos encargue y para la
que se considere necesario llevar credencial, es ése
el estilo, Una retórica de autoridad, Puede llamarla así. La mujer intervino preguntando, Y qué pretende la Conservaduría saber de nosotros, La causa inmediata del suicidio, en primer lugar, Y en
segundo lugar, preguntó el hombre, Los antecedentes, las circunstancias, los indicios, todo lo que
pueda ayudarnos a comprender mejor lo sucedido, No es suficiente para la Conservaduría saber
que mi hija se mató, Cuando les dije que necesitaba hablar con ustedes por razones de estadística, estaba simplificando la cuestión, Ahora podrá
explicarse, Ha pasado el tiempo de contentarnos
con los números, hoy en día lo que se pretende es
conocer, lo más completamente posible, el cuadro
psicológico en que se desarrolla el proceso de suicidio, Para qué, preguntó la mujer, si eso no resti-
tuye la vida a mi hija, La idea es establecer parámetros de intervención, No le entiendo, dijo el
hombre. Don José sudaba, el caso se presentaba
más complicado de lo que previera, Qué calor, ex-

clamó, Quiere un vaso de agua, preguntó la mujer, Si no es una molestia, Por favor, la mujer se levantó y salió, en un minuto estaba de vuelta. Don José, mientras bebía, decidió que tenía que mudar de táctica. Posó el vaso en la bandeja que la mujer sostenía y dijo, Imagínense que su hija no se ha suicidado aún, imagínense que la investigación en que la Conservaduría General del Registro Civil se encuentra empeñada ya ha permitido definir ciertos consejos y recomendaciones, capaces, eventualmente, si son aplicados a tiempo, de detener lo que antes designé como proceso de suicidio, Fue a eso a lo que llamó parámetros de intervención, preguntó el hombre, Exactamente, dijo don José, y sin dar tiempo a otro comentario asestó la primera estocada, Si no pudimos impedir que su hija se suicidase, tal vez podamos, con la colaboración de ustedes y de otras personas en situación idéntica, evitar muchos disgustos y muchas lágrimas. La mujer lloraba, murmurando, Mi querida hija, mientras el hombre se secaba los ojos pasándoles, con violencia contenida, el dorso de la mano. Don José esperaba no sentirse obligado a usar un último recurso, que sería, pensó, la lectura de la credencial en voz alta y severa, palabra por palabra, como puertas que sucesivamente se fuesen cerrando, hasta dejar una salida única al oyente, cumplir inmediatamente el deber de hablar. Si esta posibilidad fallara, no le quedaría otro remedio que encontrar a toda prisa una disculpa para retirarse lo más airosamente posible. Y rezar para que a este obstinado padre de la mujer desco-

nocida no se le ocurriera telefonear a la Conservaduría para pedir aclaraciones sobre la visita de un
funcionario llamado don José, no me acuerdo del
apellido. No fue necesario. El hombre dobló la
credencial y se la devolvió. Después dijo, Estamos
a su disposición. Don José respiró aliviado, tenía,
por fin, el camino abierto para entrar en materia,
Su hija dejó alguna carta, Ninguna carta, ninguna
palabra, Quiere decir que se suicidó así, sin más ni
menos, No sería sin más ni menos, ciertamente
tendría sus razones, pero nosotros no las conocemos, Mi hija era infeliz, dijo la mujer, Nadie que
sea feliz se suicida, cortó el marido impaciente, Y
era infeliz por qué, preguntó don José, No sé, ya
de chiquilla era triste, yo le pedía que me contase lo
que le pasaba y ella me respondía siempre con las
mismas palabras, no me pasa nada, madre, En ese
caso la causa del suicidio no fue el divorcio, Al
contrario, si alguna vez llegué a ver a mi hija con-
tenta fue cuando se separó, No tenía buena relación con el marido, Ni buena ni mala, fue un
matrimonio como tantos, Quién pidió el divorcio, Ella, Hubo algún motivo concreto, Que nosotros supiésemos, no, fue como si hubiesen llegado los dos al final de un camino, Cómo es él,
Normal, es una persona bastante normal, de buen
carácter, nunca nos dio motivos de queja, Y él la
quería, Creo que sí, Y ella, le quería, Creo que sí,
Y a pesar de eso no eran felices, Nunca lo fueron,
Qué extraña situación, La vida es extraña, dijo el
hombre. Hubo un silencio, la mujer se levantó y salió. Don José se quedó en suspenso, no sabía si sería

mejor esperar a que ella regresase o continuar la conversación. Temía que la interrupción le hubiese desencaminado el interrogatorio, la tensión ambiental casi se podía tocar. Don José se preguntaba si aquellas palabras del hombre, La vida es extraña, no serían aún el eco de su antigua relación con la señora del entresuelo derecha, y si la brusca salida de la mujer no habría sido la respuesta de quien en aquel momento no podía dar otra. Don José tomó el vaso, bebió un poco de agua para ganar tiempo, después hizo una pregunta sin pensar, Su hija trabajaba, Sí, era profesora de matemáticas, Dónde, En el mismo colegio en que había estudiado antes de ir a la universidad. Don José tomó otra vez el vaso, estuvo a punto de tirarlo con la precipitación, ridículamente tartamudeó, Disculpe, disculpe, y de pronto le faltó la voz, el hombre lo miraba con una expresión de curiosidad desdeñosa, mientras él bebía, le parecía que la Conservaduría General del Registro Civil, a juzgar por la muestra, estaba bastante mal servida de funcionarios, no merecía la pena que apareciera uno armado con una credencial de ésas para después comportarse como un imbécil. La mujer entró en el momento en que el marido estaba preguntándole irónicamente, No querrá que le dé el nombre del colegio, tal vez pueda serle de alguna utilidad para el buen resultado de su misión, Se lo agradezco mucho. El hombre se inclinó en la mesa, escribió en un papel el nombre del colegio y la dirección, lo entregó con un gesto seco a don José, pero la persona que tenía ahora delante ya no era la misma de momentos atrás, don José había recuperado la serenidad al acordarse de que conocía un secreto de esta familia, un viejo secreto que ninguno de los dos podría imaginar que él conociese. De este pensamiento nació la pregunta que hizo a continuación, Saben si su hija tenía algún diario, No creo, por lo menos no encontré nada parecido, dijo la madre, Pero habría papeles escritos, anotaciones, apuntes, siempre los hay, si me autorizaran a echar un vistazo tal vez pudiese encontrar algo interesante, Todavía no hemos sacado nada de la casa, dijo el padre, ni sé cuándo lo haremos, La casa de su hija era de alquiler, No, era de su propiedad, Comprendo. Hubo una pausa, don José desdobló lentamente la credencial, la miró de arriba abajo como si estuviese certificándose de los poderes que aún podría usar, después dijo, Si me permitiesen ir allí, contando con su presencia, claro, No, la respuesta fue seca, cortante, Mi credencial, recordó don José, Su credencial se contentará por ahora con las informaciones que ya tiene, dijo el hombre, y añadió, Podemos, si quiere, continuar nuestra conversación mañana, en la Conservaduría, ahora dispense, tengo otros asuntos que resolver, No es necesario que vaya a la Conservaduría, lo que he oído sobre los antecedentes del suicidio me parece suficiente, respondió don José, pero tengo todavía tres preguntas, Diga, De qué murió su hija, Ingirió una cantidad excesiva de pastillas para dormir, Se encontraba sola en casa, Sí, Y la lápida de la sepultura, ya la colocaron, Estamos ocupándonos de eso, por qué esta pregunta, Por nada, simple curiosidad. Don José se levantó. Yo lo acompaño, dijo la mujer. Cuando llegaron al pasillo, ella se llevó un dedo a los labios y le hizo señal para que esperase. Del cajón de una pequeña mesa que había allí, arrimada a la pared, retiró sin ruido un pequeño manojo de llaves. Después, mientras abría la puerta, las introdujo en la mano de don José, Son de ella, susurró, uno de estos días paso por la Conservaduría para recogerlas. Y aproximándose más, casi en un suspiro, dijo la dirección.

Don José durmió como una piedra. Después de regresar de la arriesgada aunque bien resuelta visita a los padres de la mujer desconocida, quiso aún pasar al cuaderno los acontecimientos extraordinarios de su fin de semana, pero el sueño era tanto que no consiguió ir más allá de la conversación con el escribiente del Cementerio General. Se fue a la cama sin cenar, en menos de dos minutos estaba dormido, y cuando abrió los ojos, con la primera claridad del amanecer, descubrió que, sin saber cómo ni cuándo, había tomado la decisión de no ir a trabajar. Era lunes, justamente el peor día para faltar al servicio, en particular tratándose de un escribiente. Cualquiera que fuese el motivo alegado, y por muy convincente que hubiera podido ser en otra ocasión, era considerado sospechoso de no ser más que un falso pretexto, destinado a justificar la prolongación de la indolencia dominical en un día legal y como norma dedicado al trabajo. Después de las sucesivas y cada vez más graves irregularidades de conducta cometidas desde que iniciara la búsqueda de la mujer desconocida, don José es consciente de que la falta al trabajo podrá convertirse en la gota de agua que colmará de una vez el vaso de la paciencia del jefe. Esta amenazadora perspectiva, sin embargo, no fue bastante para disminuir la firmeza de la decisión. Por dos poderosas razones, aquello que don José tiene que hacer no puede quedarse a la espera de una tarde libre. La primera de esas razones es que uno de estos días vendrá la madre de la mujer desconocida a la Conservaduría para recuperar las llaves, la segunda es que el colegio, como muy bien sabe don José, y con un saber hecho de dura experiencia, está cerrado los fines de semana.

A pesar de haber decidido que no iría a trabajar, don José se levantó muy temprano. Quería estar lejos de allí cuando la Conservaduría abriese, no vaya a suceder que al subdirector de su sección se le ocurra mandar a alguien a su casa, para preguntar si está otra vez enfermo. Mientras se afeitaba, ponderó si sería preferible comenzar yendo a casa de la mujer desconocida o al colegio, pero acabó inclinándose por el colegio, este hombre pertenece a la multitud de los que siempre van dejando lo más importante para después. También se preguntó si debía llevar consigo la credencial o si por el contrario sería peligroso exhibirla, teniendo en cuenta que un director de colegio, por deber del cargo, tiene que ser una persona instruida e informada, de muchas lecturas, imaginemos que los términos en que el documento se encuentra redactado le parecen insólitos, extravagantes, hiperbólicos, imaginemos que exige conocer el motivo de la falta de sello, la prudencia manda que deje esta credencial junto a la otra, entre la inocente papelada del obispo, El carné de identidad que me acredita como funcionario de la Conservaduría General deberá ser más que suficiente, concluyó don José, a fin de cuentas sólo voy a confirmar un dato concreto, objetivo, factual, que ha sido profesora de matemáticas en aquel colegio una mujer que se ha suicidado. Todavía era muy temprano cuando salió de casa, las tiendas estaban cerradas, sin luces, con las persianas bajadas, el tránsito de los coches apenas se notaba, probablemente sólo ahora el más madrugador de los funcionarios de la Conservaduría estará levantándose de la cama. Para no ser visto en las inmediaciones, don José se escondió en un jardín que había dos manzanas más allá en la avenida principal, aquélla por donde circulaba el autobús que lo llevó a casa de la señora del entresuelo derecha, la tarde en que vio entrar al jefe a la Conservaduría. Salvo que se supiese de antemano que estaba allí, nadie conseguiría distinguirlo en medio de los arbustos, entre las ramas bajas del arbolado. Debido a la humedad nocturna, don José no se sentó en un banco, empleó el tiempo paseando por las alamedas, se distrajo mirando las flores y preguntándose qué nombres tendrían, no es de sorprender que sepa tan poco de botánica quien se ha pasado toda su vida metido entre cuatro paredes y respirando el olor punzante de los papeles viejos, más punzante siempre que atraviesa el aire aquel olor de crisantemo y rosa a que se hizo mención en la primera página de este relato. Cuando el reloj marcó la hora de apertura de la Conservaduría General al público, don José, ya a salvo de posibles malos encuentros, se puso en camino del colegio. No tenía prisa, el día era todo suyo, por eso decidió ir a pie. Como partía del jardín tuvo dudas sobre la dirección a seguir, pensó que si hubiera comprado el mapa de la ciudad, como fuera su intención, no necesitaría estar ahora pidiéndole a un agente de la policía que lo orientase, pero es verdad que la situación, la ley aconsejando al crimen, le proporcionó un cierto placer subversivo. El caso de la mujer desconocida había llegado al final, sólo faltaba esta indagación en el colegio, después la inspección de la casa, si tuviera tiempo todavía haría una visita rápida a la señora del entresuelo derecha para narrarle los últimos acontecimientos, y después nada más. Se preguntó cómo viviría su vida de ahora en adelante, si volvería a sus colecciones de gente famosa, durante rápidos segundos apreció la imagen de sí mimo, sentado a la mesa en la velada, recortando noticias y fotografías con una pila de periódicos y revistas al lado, intuyendo una celebridad que despuntaba o que, por el contrario, fenecía, alguna que otra vez, en el pasado, tuvo la visión anticipada del destino de ciertas personas que después se convertirían en importantes, alguna que otra vez había sido el primero en sospechar que los laureles de este hombre o de aquella mujer iban a comenzar a marchitarse, a secarse, a convertirse en polvo, Todo acaba en la basura, dijo don José, sin percatarse en aquel momento si estaba pensando en las famas perdidas o en su colección.

Con el sol dando de lleno en la fachada, el reverdecer de los árboles del patio, los arriates flo-

reciendo, la apariencia del colegio no recordaba
en nada al tenebroso edificio donde este don José
penetró, en una noche de lluvia, por escalo y efracción. Ahora estaba entrando por la puerta principal, le decía a una empleada, Necesito hablar con
el director, no, no soy encargado de educación, tampoco soy repartidor de material escolar, soy funcionario de la Conservaduría General del Registro
Civil, se trata de un asunto de trabajo. La empleada informó por el teléfono interior, dio conocimiento a alguien de la llegada del visitante, después dijo, Haga el favor de subir, el señor director
está en secretaría, es en el segundo piso, Muchas
gracias, dijo don José, y comenzó a subir la escalera tranquilamente, que la secretaría estaba en el
segundo piso él ya lo sabía. El director estaba hablando con una mujer que debía de ser la jefa, le
decía, Necesito el gráfico mañana mismo, y ella
respondía, Cuente con ello, director, don José se
había detenido en la entrada esperando que re-
parasen en su presencia. El director terminó la
conversación, lo miró, sólo entonces don José dijo,
Buenos días, señor director, después, ya con el carné de identidad en la mano, dio tres pasos adelante, Como podrá verificar, soy funcionario de la
Conservaduría General del Registro Civil, vengo
por una cuestión de trabajo. El director hizo el gesto de rechazar el carné, después preguntó, De qué
se trata, Es por causa de una profesora, Y qué tiene que ver la Conservaduría General con los profesores de este colegio, Como profesores, nada, aunque
sí con las personas que ellos son o fueron, Explí-

quese, por favor, Andamos trabajando en una investigación sobre el fenómeno del suicidio, tanto en sus aspectos psicológicos como en sus incidencias sociológicas, y yo estoy encargado del caso de una señora que era profesora de matemáticas en este colegio y que se suicidó. El director puso cara de pena, Pobre señora, dijo, es una historia muy triste que ninguno de nosotros, hasta hoy, consigue comprender, El primer acto a que procederé, dijo don José, usando el lenguaje más oficial que podía, será confrontar los elementos de identificación que constan en los archivos de la Conservaduría con la inscripción profesional de la profesora, Supongo que se refiere al registro como integrante de nuestra plantilla, Sí señor. El director se volvió hacia la encargada de la secretaría, Búsqueme esa ficha, Todavía no la habíamos retirado del cajón, dijo en tono de disculpa la mujer, al mismo tiempo que recorría con los dedos las fichas de un archivador, Aquí está, dijo. Don José sintió una contracción brusca en la boca del estómago, un conato de mareo que felizmente no fue a más le recorrió la cabeza, de hecho el sistema nervioso de este hombre se encuentra en un estado lastimoso, pero tenemos que reconocer que el caso no es para menos, basta recordar que tuvo al alcance de la mano la ficha que le está siendo mostrada en este momento, sólo con haber abierto aquel cajón, el que tiene el rótulo que dice Profesores, pero cómo podría entonces imaginar que la chiquilla que él buscaba vendría a enseñar matemáticas precisamente en el colegio en que había estudiado. Disimulando la perturbación aunque no el temblor de las manos, don José fingió que comparaba la ficha del colegio con la copia de la ficha de la Conservaduría, después dijo, Es la misma persona. El director lo miraba con interés, No se siente bien, preguntó, y él respondió simplemente, Es natural, ya no soy joven, Supongo que querrá hacerme algunas preguntas, Así es, Venga conmigo, vamos a mi despacho. Don José sonrió para sus adentros mientras seguía al director, Yo no sabía que su ficha estaba allí, y tú no sabes que me quedé una noche en tu sofá. Entraron en el gabinete, el director avisó, No tengo mucho tiempo, pero estoy a su disposición, siéntese, y apuntó al sofá que sirviera de cama al visitante, Desearía saber, dijo don José, si notaron alguna alteración en su habitual estado de ánimo en los días que antecedieron al suicidio, Ninguna, siempre fue una persona discreta, muy callada, Era buena profesora, De las mejores que el colegio ha tenido, Tenía amistad con algún colega, Amistad, en qué sentido, Amistad, sin más, Era amable, delicada con toda la gente, pero no creo que alguien de aquí pueda decir que tenía con ella relaciones de amistad, Y los alumnos, la estimaban, Mucho, Era saludable, Tanto cuanto creo saber, sí, Es extraño, Qué es extraño, Ya hablé con los padres y todo lo que oí de sus bocas, más lo que estoy oyendo ahora, parece apuntar a un suicidio sin explicación, Me pregunto, dijo el director, si el suicidio podrá ser explicado, Se refiere a éste, Me refiero al suicidio en general, A veces dejan cartas, Es cierto, lo que no sé es si podrá llamarse explicación a lo que en ellas se dice, en la vida no faltan cosas por explicar, Eso es verdad, Qué explicación podrá tener, por ejemplo, lo que sucedió aquí unos cuantos días antes del suicidio, Qué sucedió, Me asaltaron el colegio, Sí, Cómo lo sabe, Perdone, mi sí quería ser interrogativo, tal vez no le haya dado la suficiente entonación, en cualquier caso los asaltos generalmente son fáciles de explicar, Excepto cuando el asaltante sube por un tejadillo, entra por una ventana después de partir el vidrio, anda por toda la casa, duerme en mi sofá, come de lo que encuentra en el frigorífico, usa material de la enfermería y después se va sin llevarse nada, Por qué dice que durmió en su sofá, Porque estaba en el suelo la manta con la que suelo cubrirme las rodillas para que no se me enfríen, tampoco yo soy joven, tal como usted ha dicho, Presentó denuncia a la policía, Para qué, al no haber robo, no merecía la pena, la policía diría que está para investigar delitos y no para descifrar misterios, Es extraño, no hay duda, Verificamos en todas partes, todas las instalaciones, la caja estaba intacta, todo se encontraba en su sitio, Excepto la manta, Sí, excepto la manta, ahora dígame si encuentra alguna explicación para esto, Habría que preguntarle al asaltante, él deberá saberlo, habiendo dicho estas palabras don José se levantó, Señor director, no le robo más tiempo, le agradezco la atención que se dignó prestar al infeliz asunto que me ha traído aquí, No creo que le haya ayudado mucho, Probablemente tenía razón cuando dijo que tal vez ningún suicidio pueda ser explicado,

Racionalmente explicado, se entiende, Todo ha pasado como si ella no hubiese hecho más que abrir una puerta y salir, O entrar, Sí, o entrar, según el punto de vista, Pues ahí tiene una excelente explicación, Era una metáfora, La metáfora es siempre la mejor forma de explicar las cosas, Buenos días, señor director, se lo agradezco de todo corazón, Buenos días, fue un placer conversar con usted, evidentemente no me estoy refiriendo al triste asunto, sino a su persona, Claro, son maneras de decir, Le acompaño a la escalera. Cuando don José ya estaba bajando el segundo tramo, el director se acordó de que no le había preguntado cómo se llamaba, No tiene importancia, reconsideró a continuación, es una historia terminada.

No podía decir lo mismo don José, a él todavía le faltaba dar el último paso, buscar y encontrar en casa de la mujer desconocida una carta, un diario, un simple papel donde cupiese el desahogo, el grito, el no puedo más que todo suicida tiene la estricta obligación de dejar tras de sí antes de retirarse por aquella puerta, para que los que aún van a continuar de este lado puedan tranquilizar las alarmas de su propia consciencia diciendo, Pobrecillo, tuvo sus razones. El espíritu humano, sin embargo, cuántas veces será necesario decirlo, es el lugar predilecto de las contradicciones, además ni se ha observado últimamente que ellas prosperen o simplemente tengan condiciones de existencia viable fuera de él, y ésa debe de ser la causa de que don José ande dando vueltas por la ciudad, de lado a lado, arriba y abajo, como perdido sin mapa ni guía, cuando sabe perfectamente lo que tiene que hacer en este último día, que mañana ya será otro tiempo, o que él será otro en un tiempo igual a éste, y la prueba de que lo sabe es haber pensado, Después de esto, quién seré yo mañana, qué especie de escribiente va a tener la Conservaduría General del Registro Civil. Dos veces pasó frente a la casa de la mujer desconocida, dos veces no paró, tenía miedo, no le preguntemos de qué, esta contradicción es de las que están más a la vista, don José quiere y no quiere, desea y teme lo que desea, toda su vida ha sido así. Ahora, para ganar tiempo, para retrasar lo que sabe que será inevitable, decide que primero tiene que almorzar, en un restaurante barato, como impone su magra bolsa, pero sobre todo que quede lejos de estos sitios, no sea que a un vecino curioso le dé por sospechar de las intenciones del hombre que ya pasó dos veces. Aunque su aspecto no se distinga del que tienen habitualmente las personas honestas, lo cierto es que nunca tenemos garantías firmes sobre lo que se ve, las apariencias engañan mucho, por eso las llamamos apariencias, a pesar de que en el caso a examen, atendiendo al peso de la edad y a la frágil constitución física, a nadie se le ocurrirá decir, por ejemplo, que don José vive de escalar casas con nocturnidad. Prolongó el frugal almuerzo lo más que pudo, cuando se levantó de la mesa ya pasaba mucho de las tres, y sin prisa, como si arrastrara los pies, se fue aproximando a la calle donde la mujer desconocida había vivido. Antes de torcer la última esquina paró, respiró hondo, No soy miedoso, pensó para darse ánimos, pero era, como les sucede a tantas personas de coraje, valiente para unas cosas, cobarde para otras, no es por el hecho de haber pasado una noche en el cementerio por lo que se le quitará el temblor de piernas de ahora. Metió la mano en el bolsillo exterior de la chaqueta, palpó las llaves, una, la del buzón de correos, pequeña, estrecha, quedaba excluida por naturaleza, las dos restantes eran casi iguales, una era de la puerta de la calle, otra de la puerta del apartamento, ojalá acierte en seguida, si el edificio tiene portera y es de las que asoman la nariz al menor ruido, qué explicación dará, podrá decir que está allí autorizado por los padres de la señora que se suicidó, que viene por causa del inventario de los bienes, soy funcionario de la Conservaduría General del Registro Civil, señora, aquí tiene mi carné y, como se ve, me confiaron las llaves de la casa. Don José acertó con la llave a la primera tentativa, la guardiana de la puerta, si la finca la tenía, no apareció preguntándole, Adónde va, señor, aunque es bien cierto lo que se dice, que el mejor guarda de la viña es el miedo a que el guarda venga, por tanto se aconseja comenzar venciendo el miedo, después veremos si el guarda aparece. El edificio, a pesar de antiguo, tiene ascensor, con lo que le están pesando las piernas a don José nunca conseguiría alcanzar el sexto piso donde la profesora de matemáticas vivía. La puerta chirrió al abrirse, sobresaltando al visitante, repentinamente con dudas sobre la eficacia de la justificación que había pensado dar a la portera en el caso de que lo interpelara. Se deslizó con rapidez al interior de la casa, cerró la puerta con todo cuidado y se encontró en medio de una penumbra densa, a la que le faltaba poco para ser oscuridad. Palpó la pared junto al marco de la puerta, encontró un interruptor, pero prudentemente no lo hizo funcionar, podría ser peligroso encender las luces. Poco a poco los ojos de don José estaban habituándose a la penumbra, se diría que en situación semejante lo mismo le ocurre a cualquier persona, pero lo que comúnmente no se sabe es que los escribientes de la Conservaduría General, dada la frecuentación regular al archivo de los muertos a que están obligados, adquieren, al cabo de cierto tiempo, facultades de adecuación óptica absolutamente fuera de lo común. Llegarían a tener ojos de gato si no los alcanzase primero la edad de la jubilación.

Aunque el suelo estuviese enmoquetado, don José creyó que sería mejor descalzarse los zapatos para evitar cualquier choque o vibración que pudiese denunciar su presencia a los inquilinos del piso de abajo. Con mil cuidados descorrió los cerrojos de los postigos de una de las ventanas que daba a la calle, pero sólo los abrió lo suficiente para que entrase alguna luz. Estaba en un dormitorio. Había una cómoda, un armario, una mesilla de noche. La cama, estrecha, de soltera, como se decía antes. Los muebles eran de líneas simples y claras, lo contrario del estilo bazo y pesado del mobiliario de la casa de los padres. Don José dio una vuelta por las restantes habitaciones del apartamento, que se limitaban a una sala de estar amueblada con los sofás de costumbre y una estantería de libros que ocupaba de extremo a extremo una pared, una habitación más pequeña que servía de despacho, la cocina minúscula, el cuarto de baño reducido a lo indispensable. Aquí vivió una mujer que se suicidó por motivos desconocidos, que había estado casada y se divorció, que podría haber vuelto a vivir con los padres después del divorcio, pero que prefirió continuar sola, una mujer que como todas fue niña y muchacha, que ya en ese tiempo, de una cierta e indefinible manera, era la mujer que llegó a ser, una profesora de matemáticas que tuvo su nombre de viva en el Registro Civil junto a los nombres de todas las personas vivas de esta ciudad, una mujer cuyo nombre de muerta volvió al mundo vivo porque este don José fue a rescatarlo al mundo de los muertos, apenas el nombre, no a ella, que no podría un escribiente tanto. Con las puertas de comunicación interiores todas abiertas, la claridad del día ilumina más o menos la casa, pero don José tendrá que despacharse en la búsqueda si no quiere dejarla a medias. Abrió un cajón de la mesa del despacho, pasó los ojos vagamente por lo que había dentro, le parecieron ejercicios escolares de matemáticas, cálculos, ecuaciones, nada que le pudiese explicar las razones de la vida y de la muerte de la mujer que se sentaba en este sillón, que encendía esta lámpara, que sostenía este lápiz y con él escribía. Don José cerró lentamente el cajón, todavía comenzó a abrir otro pero no llegó al final del movimiento, se detuvo pensando un largo minuto, o fueron solamente unos pocos segundos que parecieron horas, después empujó el cajón con firmeza, después salió del despacho, después se sentó en uno de los sofás de la sala y allí se quedó. Miraba los viejos calcetines zurcidos que traía puestos, los pantalones sin raya un poco subidos, las canillas blancas y delgadas, con escaso vello. Sentía que su cuerpo se acomodaba a la concavidad suave del tapizado y de los muelles del sofá dejada por otro cuerpo, Nunca más se sentará aquí, murmuró. El silencio, que le había parecido absoluto, era cortado ahora por los sonidos de la calle, sobre todo, de vez en cuando, con el paso de un coche, pero había en el aire también una respiración pausada, un latir lento, sería tal vez la respiración de las casas cuando las dejan solas, ésta, probablemente, aún no se percató de que tiene alguien dentro. Don José se dice a sí mismo que aún hay cajones para examinar, los de la cómoda, donde se suelen guardar las ropas más íntimas, los de la mesilla de noche, donde intimidades de otra naturaleza son generalmente recogidas, el armario, piensa que si abre el armario no resistirá al deseo de recorrer con los dedos los vestidos colgados, así, como si estuviese acariciando las teclas de un piano mudo, piensa que levantará la falda de uno para aspirarle el aroma, el perfume, el simple olor. Y están los cajones de la mesa del despacho que no llegó a investigar, y la pequeña cajonera de la estantería, en algún sitio tendrá que estar guardado aquello que busca, la carta, el diario, la palabra de despedida, la señal de la última lágrima. Para qué, preguntó, supon-

gamos que tal papel existe, que lo encuentro, que
lo leo, no será por leerlo por lo que los vestidos
dejarán de estar vacíos, a partir de ahora los ejercicios de matemáticas no tendrán solución, no se
descubrirán las incógnitas de las ecuaciones, la colcha de la cama no será apartada, el embozo de la
sábana no se ajustará sobre el pecho, la lámpara de
la cabecera no iluminará la página del libro, lo que
acabó, acabó. Don José se inclinó hacia delante,
dejó caer la frente sobre las manos, como si quisiese seguir pensando, pero no era así, se le habían
acabado los pensamientos. La luz se quebró de pronto, alguna nube está pasando en el cielo. En ese
momento el teléfono sonó. No se había fijado antes, pero allí estaba, en una pequeña mesa, en un
rincón, como un objeto que pocas veces se utiliza.
El mecanismo del grabador de llamadas funcio-
nó, una voz femenina dijo el número de teléfono,
después añadió, No estoy en casa, deje el recado después de oír la señal. Quien quiera que hubiese
llamado, colgó, hay personas que detestan hablar-
le a una máquina o, en este caso, se trató de una
equivocación, de hecho si no reconocemos la voz
que sale de la grabadora no merece la pena continuar. Esto habría que explicárselo a don José, que
nunca en su vida había visto un aparato de éstos de
cerca, aunque lo más probable sería que él no pres-
tase atención a las explicaciones, tan perturbado
lo pusieron las pocas palabras que oyó, No estoy
en casa, deje el recado después de oír la señal, sí,
no está en casa, nunca más estará en casa, quedó
apenas su voz, grave, velada, como distraída, como

si estuviera pensando en otra cosa cuando realizó la grabación. Don José dijo, Puede ser que vuelvan a telefonear, y con esa esperanza no se movió del sofá durante más de una hora, poco a poco la penumbra de la casa se iba haciendo más densa y el teléfono no sonó más. Entonces don José se levantó, Tengo que irme, murmuró, pero antes de salir todavía dio una última vuelta por la casa, entró en el dormitorio, donde había más luz, se sentó un momento en el borde de la cama, una y otra vez deslizó la mano despacio por el embozo bordado de la sábana, después abrió el armario, allí estaban los vestidos de la mujer que había dicho las definitivas palabras, No estoy en casa. Se inclinó hacia ellos hasta tocarlos con la cara, el olor que desprendían podría llamarse olor de ausencia, o será aquel perfume mixto de rosa y crisantemo que de vez en cuando recorre la Conservaduría General.

La portera no apareció preguntándole de dónde venía, el edificio está silencioso, parece deshabitado. Fue este silencio lo que hizo nacer en la cabeza de don José una idea, la más osada de su vida, Y si me quedo aquí esta noche, si yo duermo en su cama, nadie lo sabría. Dígase a don José que no hay nada más fácil, que sólo tiene que subir otra vez en el ascensor, entrar en el apartamento, quitarse los zapatos, hasta puede suceder que alguien vuelva a equivocarse de número, Si es así tendrás el gusto de oír una vez más la voz velada y grave de la profesora de matemáticas, No estoy en casa, dirá ella, y si, durante la noche, acostado en su cama, algún sueño agradable excita tu viejo cuerpo, ya sabes, el remedio está a mano, sólo tendrás que tener cuidado con las sábanas. Son sarcasmos y groserías que don José no merece, su osada idea, más romántica que osada, así como vino, así se fue, él ya no está dentro del edificio, sino fuera, parece que lo ayudó a salir el recuerdo doloroso de la imagen de sus viejos calcetines zurcidos y de sus canillas delgadas y blancas, de escaso vello. Nada en el mundo tiene sentido, murmuró don José, y se encaminó hacia la calle donde vive la señora del entresuelo derecha. La tarde está en el fin, la Conservaduría General ya cerró, no son muchas las horas que restan al escribiente para inventar la historia que justifique haber faltado al trabajo durante un día entero. Todos saben que no tiene familiares a quienes necesite acudir de urgencia, y, aunque los tuviese, no puede haber disculpa para su caso, compartiendo pared con la Conservaduría, era sólo entrar y decir desde la puerta, Adiós, hasta mañana, tengo una prima muriéndose. Don José decide que está todo hecho, que lo pueden despedir si quieren, expulsarlo del funcionariado, tal vez el pastor de ovejas necesite un ayudante para cambiar los números de las tumbas, sobre todo si anda pensando en ensanchar su campo de actividad, de hecho no hay motivo para que quede limitado a los suicidas, a fin de cuentas los muertos son iguales, lo que es posible hacer con unos puede ser hecho con todos, confundirlos, mezclarlos, qué más da, el mundo no tiene sentido.

Cuando don José llamó a la puerta de la señora del entresuelo derecha, sólo tenía pensamientos para la taza de té que tomaría. Tocó una vez, dos veces, pero nadie abrió. Perplejo, inquieto, llamó al timbre del entresuelo izquierda. Apareció una mujer que preguntó en tono seco, Qué desea, Nadie atiende en aquel lado, Y qué, Puede decirme si ocurrió alguna cosa, Qué cosa, Un accidente, una enfermedad, por ejemplo, Es posible, vino una ambulancia a buscarla, Y eso cuándo ha sido, Hace tres días, Y no ha habido más noticias, sabe por casualidad dónde está, No señor, disculpe. La mujer cerró la puerta dejando a don José a oscuras. Mañana tendré que ir a los hospitales, pensó. Se sentía exhausto, todo el día andando de un lado para otro, emociones todo el día, ahora este choque para rematar. Salió del edificio y se quedó parado en la acera preguntándose si podría hacer algo más, preguntar a otros inquilinos, no todos serán tan desagradables como la mujer del entresuelo izquierda, don José volvió a entrar en el edificio, subió la escalera hasta el segundo piso, llamó a la puerta de la casa de la madre de la niña y del marido celoso, a esta hora ya habrá vuelto del trabajo, pero eso no tiene importancia, don José sólo va allí para preguntar si saben alguna cosa de la vecina del entresuelo derecha. La luz de la escalera está encendida, la puerta se abrió, la mujer no trae a la criatura en brazos y no reconoce a don José, Qué desea, preguntó, Perdone que la incomode, venía a visitar a la señora del entresuelo derecha, pero ella no está y la inquilina del otro lado me ha dicho que se la llevaron hace tres días en una ambulancia, Sí, es cierto, Sabe por casualidad dónde se encuentra, en qué hospital, o en casa de algún familiar. Antes de que la madre de la criatura tuviera tiempo de responder, una voz de hombre preguntó desde dentro, Quién es, ella volvió la cabeza, Es una persona preguntando por la señora del entresuelo, después miró a don José y dijo, No, no sabemos nada. Don José bajó la voz y preguntó, No me reconoce, ella dudó, Ah, sí, me acuerdo, dijo en un susurro, y, lentamente, cerró la puerta.

En la calle don José hizo señal a un taxi, Lléveme a la Conservaduría, dijo distraídamente al conductor. Hubiera preferido ir andando, para ahorrar su poco dinero y para terminar el día como lo había comenzado, pero la fatiga no le permitía dar un paso. Creía él. Cuando el conductor anunció, Llegamos, don José vio que no estaba frente a su casa, sino ante la puerta de la Conservaduría. No merecía la pena explicar al hombre que debía dar la vuelta a la plaza y seguir por la calle lateral, finalmente sólo tendría que caminar unos cincuenta metros, ni tanto. Pagó con las últimas monedas, salió y cuando asentó los pies en la calzada y levantó la cabeza vio que las ventanas de la Conservaduría estaban iluminadas, Otra vez, pensó, inmediatamente se le desvaneció la preocupación por la suerte de la señora del entresuelo derecha y el recuerdo de la madre de la criatura, el problema, ahora, es encontrar la justificación para el día siguiente. Volvió la esquina, allí estaba su casa, baja, casi una ruina, empotrada en la alta pared del edificio, que parecía presto a aplastarla. Entonces unos dedos brutales apretaron el corazón de don José. Había luz dentro de casa. Estaba seguro de haberla apagado cuando salió, pero, teniendo en cuenta la confusión que reina desde hace tantos días en su cabeza, admitiría que se hubiese olvidado, si no fuese por aquella otra luz, la de la Conservaduría, las cinco ventanas iluminadas intensamente. Metió la llave en la puerta, sabía a quién iba a ver, pero se detuvo en el umbral, como si las convenciones sociales le impusiesen mostrarse sorprendido. El jefe se encontraba sentado a la mesa, delante tenía algunos papeles cuidadosamente alineados. Don José no necesitaba aproximarse para saber de qué se trataba, las dos falsas credenciales, las fichas escolares de la mujer desconocida, el cuaderno de apuntes, la carpeta del expediente de la Conservaduría con los documentos oficiales. Entre, dijo el jefe, la casa es suya. El escribiente cerró la puerta, avanzó hacia la mesa y paró. No habló, sentía en el cerebro un remolino líquido donde todos los pensamientos se disolvían. Siéntese, ya le he dicho que está en su casa. Don José observó que encima de las fichas escolares había una llave igual que la suya. Está mirando la llave, preguntó el conservador, y con calma prosiguió, No piense que se trata de una copia fraudulenta, las casas de los funcionarios, cuando las había, siempre tuvieron dos llaves de comunicación interna, una, claro está, era para uso del inquilino, la otra quedaba en poder de la Conservaduría, todo se armoniza, como ve, Excepto que haya entrado aquí sin mi autorización, consiguió decir don José, No la necesitaba, el dueño de la llave es el dueño de la casa,

digamos que ambos somos dueños de esta casa, tal
como usted parece que se considera lo bastante dueño de la Conservaduría para distraer documentos
oficiales del archivo, Puedo explicarlo, No es necesario, he seguido regularmente sus actividades,
además su cuaderno de apuntes me ha sido de
gran ayuda, aprovecho la ocasión para felicitarlo
por la buena redacción y propiedad del lenguaje,
Mañana presentaré mi dimisión, Que yo no aceptaré. Don José lo miró sorprendido, Que no acepta-
rá, No señor, no aceptaré, Por qué, si puedo preguntarle, Puede, una vez que estoy dispuesto a
convertirme en cómplice de sus irregulares acciones, No comprendo. El conservador tomó el expediente de la mujer desconocida, después dijo, Ya
va a comprender, pero antes cuénteme lo que pasó
en el cementerio, su narración se detiene en la conversación que tuvo con el escribiente de allí, Lle-
vará mucho tiempo decirlo, En pocas palabras, para
que me quede con el cuadro completo, Atravesé a
pie el Cementerio General hasta la zona de los suicidas, dormí debajo de un olivo, a la mañana siguiente, cuando me desperté, estaba en medio de
un rebaño de ovejas, y después supe que el pastor
se entretiene cambiando los números de las tumbas antes de que coloquen las lápidas, Por qué, Es
difícil de explicar, todo gira alrededor de saber dónde se encuentran realmente las personas que bus-
camos, él cree que nunca lo sabremos, Como aquella a la que ha llamado la mujer desconocida, Sí
señor, Qué ha hecho hoy, He ido al colegio donde
ella había sido profesora, he ido a la casa donde vi-

vió, Descubrió alguna cosa, No señor, y creo que no
quería descubrir nada. El conservador abrió el expediente, sacó la ficha que viniera pegada a las de
las cinco últimas personas famosas de quien don
José se había ocupado, Sabe lo que yo haría si estuviese en su lugar, preguntó, No señor, Sabe cuál
es la única conclusión lógica de todo lo que ha sucedido hasta este momento, No señor, Hacer para
esta mujer una ficha nueva, igual que la antigua,
con todos los datos exactos, pero sin la fecha del
fallecimiento, Y luego, Luego la coloca en el fichero de los vivos como si ella no hubiese muerto,
Sería un fraude, Sí, sería un fraude, pero nada de
lo que hemos hecho y dicho, usted y yo, tendría
sentido si no lo cometiésemos, No consigo comprender. El conservador se recostó en la silla, se
pasó lentamente las manos por la cara, después
preguntó, Se acuerda de lo que dije allí dentro el
viernes, cuando se presentó en el trabajo sin afei-
tar, Sí señor, De todo, De todo, Por lo tanto recordará que yo hice referencia a ciertos hechos sin
los cuales nunca habría llegado a comprender lo
absurdo que es separar los muertos de los vivos, Sí
señor, Necesitaré decirle a qué hechos me refería,
No señor.

El conservador se levantó, Le dejo aquí la
llave, no pretendo volver a usarla, y añadió sin dar
tiempo a que don José hablase, Hay todavía una
última cuestión por resolver, Cuál, señor, En el
expediente de su mujer desconocida falta el certificado de defunción, No conseguí descubrirlo,
debe de haberse quedado en el fondo del archivo

o se me cayó por el camino, Mientras no lo encuentre esa mujer estará muerta, Estará muerta
aunque lo encuentre, A no ser que lo destruya, dijo
el conservador. Se volvió de espaldas sobre estas
palabras, en seguida se oyó el ruido de la puerta de
la Conservaduría cerrándose. Don José se quedó
parado en medio de la casa. No era necesario rellenar una nueva ficha porque ya tenía la copia en el
expediente. Era necesario, sí, rasgar o quemar la
original donde había sido escriturada una fecha de
muerte. Y todavía estaba allí dentro el certificado
de defunción. Don José entró en la Conservaduría, fue a la mesa del jefe, abrió el cajón donde lo
esperaban la linterna y el hilo de Ariadna. Se ató
una punta del hilo al tobillo y avanzó hacia la
oscuridad.

Todos los nombres terminó de imprimirse en octubre de 1998, en Litográfica Ingramex, S.A. de C.V. Centeno 162, Col. Granjas Esmeralda, C. P. 09810, México, D.F.